U0946733

智慧简史

从旧石器到人工智能

翟玉忠 著

揭示人类文明最核心的奥秘

华龄出版社
HUALING PRESS

责任编辑：董　巍
责任印刷：李未圻

图书在版编目（CIP）数据
智慧简史 / 翟玉忠著. —北京：华龄出版社，2020.9
ISBN 978-7-5169-1719-0
Ⅰ. ①智… Ⅱ. ①翟… Ⅲ. ①道教—宗教文化—研究—中国 Ⅳ. ①B958
中国版本图书馆CIP数据核字（2020）第146542号

书　　名：智慧简史
著　　者：翟玉忠

出 版 人：胡福君
出版发行：华龄出版社
地　　址：北京市东城区安定门外大街甲57号　邮　编：100011
电　　话：010-58122246　传　真：010-84049572
网　　址：http://www.hualingpress.com

印　　刷：北京大宝装璜印刷厂
版　　次：2021年1月第1版　2021年1月第1次印刷
开　　本：710mm × 1000mm　1/16　印　张：16.5
字　　数：230千字
定　　价：68.00元

版权所有　翻印必究
本书如有破损、缺页、装订错误，请与本社联系调换

目 录

导言　人类文明超新星的爆发

中华文化的初基，夏王朝是东西方文明大碰撞的结果，是人类文明超新星的爆发。没有欧亚大陆西部的青铜技术，没有对畜力的深度开发，没有诸多西方文化因子的传入，夏王朝会迥然不同；夏王朝的建立者大禹早已成为中华民族深入骨髓的象征。他三过家门而不入、大公无私的自我牺牲精神；他超越党派、天下为公（《尚书·洪范》的“建中立极”）的政治经济思想，夯实了中华政教，光大了去私立公，内圣外王一以贯之的中华大道！

21 世纪人工智能时代，地球村的发展日新月异，全球化、智能化、世俗化成为不可逆转的潮流。人类需要超越地域性、排他性宗教信仰的大道智慧，以应对可持续发展问题，以及民族国家治理体制落后于全球化经济基础的矛盾——中华大道必将发挥重要的作用！

宇宙洪荒，辰宿列张。

在广漠无边的宇宙中，人类生活在米粒般大小的地球上。

我们如此渺小，又如此伟大！

“夫天生百物，人为贵”，因为，人创造了超凡的大道智慧。

按照近代科学分类，人类属于灵长类人属中的智人（Homo sapiens），且是人属中仅存的一种，因为尼安德特人（Homo neanderthalensis）、丹尼索瓦人（Homo Denisova），还有其他我们尚未知晓的人属近亲，都已消逝于时间长河之中。他们除了极少量基因留在我们体内，极少数化石被考古学家发现，到目前为止，对于这些近亲，我们的理解实在不多。

人类不能确定，为何自己没有灭绝，生生不息至今。

有学者说，我们自称“智人”，明智的人，如果不是无耻，也是厚颜——我不这样认为。

近几十年来，科学家对黑猩猩、倭黑猩猩的深入研究表明，过去数千年里无数哲人似乎错划了人与动物的分界线，这些灵长类动物和我们一样，具有情感、能用抽象概念交流，有复杂的内部关系网络，还有能力制造各种工具（包括石器），它们甚至有代代相传的文化（图 0-1）。

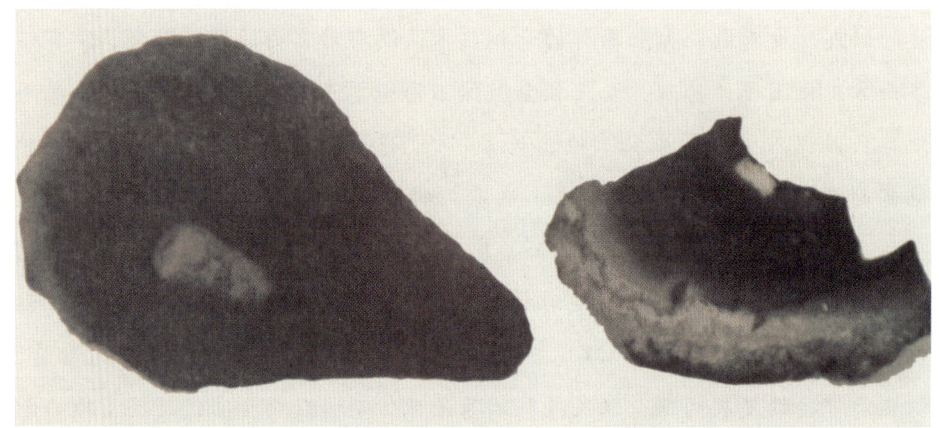

图 0-1 左边是人类学家 Nick Toth 打制的石器，右边是著名倭黑猩猩坎齐（Kanzi）打制的石器，Nick 的石器按原型多次打击而成，坎齐只是为得到更为锋利的外缘。但坎齐知道 Nick 石器的优点，在两选一的情况下，坎齐会毫无犹豫地选择 Nick 的石器。（图片来源：Sue Savage - Rumbaugh and Roger Lewin，Kanzi: The ape at the brink of the human mind，New York: John Wiley & Sons. 1994，P.220.）

科学家发现，坦桑尼亚冈贝的黑猩猩会用树枝钓白蚁，但几内亚共和国博苏村的黑猩猩则不会，他们只能享用生命周期中爬出蚁穴的白蚁；博苏村的黑猩猩会用石器敲开油棕榈种子坚硬的外壳，取出核仁来吃，而冈贝的黑猩猩则不会用石器，他们似乎不知道身边油棕榈种子外壳中还有美味儿。所有这些技能，都是黑猩猩世代相传的技术，需要后代习得——如同东方人从小学用筷子。

日本京都大学灵长类研究所所长松泽哲郎在比较了上述两种黑猩猩的行为后写道："日本人会用筷子吃生鱼片，但并非世界上所有人类，都会用两根细长的棍子当餐具，吃没煮过的生鱼。每个不同的地区，各有自己的文化传统，以什么为食物，用什么当餐具，皆有所本。而我们也渐渐了解到，这种和人类一模一样的情况，在黑猩猩的社会里也同样存在。"①

人类是过去数百万年长期演化的结果，其文化因子甚至可以上推到黑猩猩和尼安德特人这些灵长类近亲身上。比如我们石器时代的先人和三万年前灭绝的尼安德特人一样，使用红色赭石颜料用于绘画或其他仪式、施行古老的屈肢葬式。

人类与动物，以及其他人属灵长类最大的不同，似乎只能是高度发展的智慧——即运用知识，适应环境的能力。所以，"智人"的称号，名副其实！

从旧石器时代的萨满（巫师）到今天的环保主义者，对可持续发展之路，生生不息智慧的追求，是人类文明最为突出的现象，其发展的主要动力之一。

4000年前，超越不同信仰、地域和血缘的政教体系夏朝，已经在东亚大陆文明的腹心地区中原形成。人类轴心时代（公元前800～公元前200年），夏商周三代官方学术王官之学，经孔子及其弟子开创的德行、政事、言语、文学"孔门四科"，流变为诸子百家，极大地丰富了人类智慧。中国文化在人道中修行，身修、家齐、国治、天下平的磅礴理想，构成了中华大道的核心。孔子激昂地写道："大道之行也，天下为公，选贤与能，讲信修睦。故人不独亲其亲，不独子其子，使老有所终，壮有所用，幼有所长，鳏、寡、孤、独、废疾者皆有所养……"（《礼记·礼运篇》）

21世纪人工智能时代，地球村的发展日新月异，全球化、智能化、世俗化成为不可逆转的潮流。人类需要超越地域性、排他性宗教信仰的大道智慧，以应对可持续发展问题，以及民族国家治理体制落后于全球化经济基础的矛盾。

① 〔日〕松泽哲郎：《想像的力量》，梁世英译，台湾经济新潮社，2013年，第68～69页。

——中华大道必将发挥重要的作用！

一、维纳斯走过的史前丝绸之路

过去十万年是人类发展的重要时期。智人已经遍布地球上每个大洲，其文化经历了三次大爆发。

首先是四五万年前的认知革命，智人开始用大量象形和抽象符号表达所思所想，那是人类超越小型游猎集团，走向复杂化大型社会的开始。这个过程极其缓慢，却十分重要。旧石器时代晚期，由于环境的变化和猛犸象之类原始先民依赖的大型动物的消失，智人在不同大陆开始独立驯化动、植物，农业革命开始，奠定了人类文明的初基，影响至今。

四五千年前的次级产品革命（Secondary Products Revolution），以青铜器的传播、牲畜能源的多次重复利用为代表。欧亚大陆范围内的一体化全面展开，高度复杂化的、边境模糊的早期国家形成。这一革命的最高成果是公元前 500 年前后欧亚大陆轴心时代的形成，东西方圣人不同程度地放弃神性，开始理性和心性的探索。轴心时代的智慧成果是当代东西方文化的基因，自此以后，东西方所有文明的主要创新都要回归轴心时代的思想宝库，以此为起点开出时代所需的新思想。

四五百年前欧洲人大航海引发的工业革命，这场革命持续到今天的智能化时代，仍在迅猛发展。携欧亚大陆数千年积累的文明成果（包括高度的免疫力），大航海从根本上摧毁了欧亚大陆以外的所有文明体系，甚至在欧亚大陆上，东部深厚的中国文明也面对严重的政治、军事、经济、文化挑战，这种情况一直持续 21 世纪的今天。总之，到 1600 年，美洲白银已经成为世界性的货币，连那些不使用货币的台湾岛上的达悟族，也开始利用美洲白银制造祭祀用头盔。全球化整体上以不可逆转的形式展开，由于工业革命距离当今时代太短，我们还难以对它做出全面评价。可以肯定的是，鉴于技术进步并不与文明的进步和个人的幸福同步，以轴心时代地中海东部古希腊和古希伯来文明为基础的现代西方文化，没能很好地解决技术进步引发的诸多社会问题。

从四万年前的狩猎采集时代开始，在以野生动物为主要表现题材的旧石器时代晚期，人类就用具有夸张生殖特征的女性小雕像（学者们雅称之为“维纳斯”），表达生生不息的观念。尽管民族学的研究表明，人形小雕像的意义不能简单归为农业时代常见的生殖崇拜。因为对于要不断更换宿营地的原始族群妇女来说，太多孩子是负担，她们用药物、延长哺乳期等多种办法节育。这些女性小雕像在不同社会中有多种实际用途，包括：成年礼中教导青年性行为的物品；儿童用的护身符；纯粹娱乐性的儿童玩偶。[①]但其生生不息的意义仍然十分明显，它与表达祖先及世系的蹲踞式人形几乎同时出现，二者应有一定联系。

这些小雕像在欧亚大陆的广泛分布告诉我们，四万年前开始，以东欧为中心，大西洋到太平洋之间存在一条传播文明的“丝绸之路”。匈牙利天体物理学家和音乐家格兰德皮埃尔·奥蒂拉（Atilla Grandpierre）写道：“最古老的、约公元前40000年前的维纳斯雕像发现于中欧，多瑙河源头霍赫勒·菲尔斯（Hohle Fels）附近。从西欧到安纳托利亚，再到太平洋，在如此广大区域内有超过250个高度精美，在许多方面相似的维纳斯雕像被发现，其相似性显示：存在一种有高度发展水平的、连贯的文化。许多维纳斯雕像具有宗教特征，其他一些表现了当时的衣饰和发型，这些小雕像显示出持续数万年的统一性和一致性。”[②]

最早的“维纳斯”雕像可能产生于智人出现以前。1981年夏，耶路撒冷希伯来大学的考古学家高林·印巴尔（N. Goren-Inbar）在戈兰高地发掘出贝雷克哈特·雷姆维纳斯（The Venus of Berekhat Ram，图0-2），因为它夹在两层火山沉积物之间，所以可以推断其距今23万至70万年之间。雕像的脖子和手臂处似有些沟槽，美国研究者亚历山大·玛莎克（Alexander

① 汪宁生：《民族考古学探索》，云南人民出版社，2008年，第16页。

② Atilla Grandpierre, The New Silk Road and the Ancient Eurasian Civilisation, Hungarian Geopolitics, 2017/3.

Marshack）对它进行微观分析表明，这些沟槽是人为的。和与其同时代的、发现于摩洛哥的坦坦维纳斯（Venus of Tan-Tan）一样，学者对它们究竟是不是人为仍有分歧。

图 0–2 贝雷克哈特·雷姆维纳斯，只有 35 毫米高，由红土石“雕”成。（图片来源：https://www.amusingplanet.com/2016/10/venus-of-berekhat-ram-worlds-oldest.html，访问日期：2018 年 11 月 20 日。）

目前学界公认的最早人形雕像是“霍赫勒·菲尔斯维纳斯”（Venus of Hohle Fels），这尊由猛犸象牙雕刻的人像高 6 厘米，2008 年 9 月在德国南部施瓦本地区霍赫勒·菲尔斯洞穴出土。其丰满的胸部、臀部以及夸张的生殖器与后期的维纳斯雕像类似，年代竟在 4 万年前。“霍赫勒·菲尔斯维纳斯”的左臂和肩膀已经缺失，但能清楚看到她的双腿略微弯曲下蹲（这点几乎总是被研究者忽略）。双手放在腹部，那是此类小雕像造型的一个典型特征，（图 0–3）从 12000 年前的土耳其哥贝克力遗址（Göbekli Tepe）T 形石像到 1200 年前复活节岛（Easter Island）上的代表祖先巨型石像摩艾（Moai），都是如此！

巴登符腾堡州施瓦本地区有极其丰富的旧石器时代文明遗存，包括四万年前的骨笛和有名的霍伦施泰因·施泰德（Hohlenstein Stadel）人面狮身像。目前所知最早的蹲踞式人形也出现在这一地区，这就是 1979 年在盖森科略斯特勒岩洞（Geißenklösterle）出土的礼拜者（Adorant）浮雕，距今 35000 ～ 40000 年。

浮雕刻在一个长 38 毫米、宽 14 毫米、厚 4.5 毫米的长方形猛犸象牙板上，这个蹲踞式人形双臂上举，两腿下蹲，两腿之间有个尾巴似的延长物，与后来蹲踞式人形相比较，我们知道它可能代表生殖器。象牙板的背面由点状物装饰，且发现有锰和赭石的痕迹，边上和手臂刻有线条。（图 0–4）

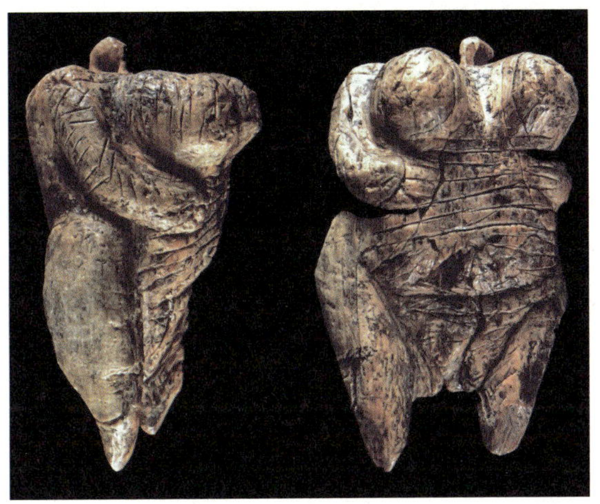

图 0-3　不同侧面拍摄的霍赫勒·菲尔斯维纳斯，这是目前公认的最早的人形雕像。它肩膀上方偏心位置雕刻了一个环，经过抛光处理，可能用来悬挂。（图片来源：https://en.wikipedia.org/wiki/Venus_of_Hohle_Fels，访问日期：2018 年 11 月 21 日。）

图 0-4　目前发现的最早的蹲踞式人形，1979 年在德国巴登符腾堡州施瓦本地区盖森科略斯特勒岩洞（Geißenklösterle）出土，距今 35000 ～ 40000 年。（图片来源：https://en.wikipedia.org/wiki/Adorant_from_the_Geißenklösterle_cave，访问日期：2019 年 8 月 21 日。）

维纳斯小雕像是人类文明史上最令人惊异的现象之一。从西欧比利牛斯山脉一直到中国的北方地区，它们被广泛发现于欧亚大陆——这类形象的使用从四万年前一直持续到当代。美国考古学家马丽加·金芭塔丝（Marija Gimbutas）在《女神的语言：西方文明早期象征符号解读》一书第二部分“生生不息的大地”中，专门讨论了从旧石器晚期，一直持续到铜器时代的维纳斯小雕像，特别是如霍赫勒·菲尔斯维纳斯那样，将手放在腹部上的孕妇形象——“怀孕女神”。她指出：“在史前艺术中，孕妇、成对的卵和性兴奋的男性并非20世纪意义上的性象征。我们的欧洲先祖更为睿智。他们的艺术中没有任何淫秽的成分。史前丰产的象征是关于力量、充裕和繁殖的象征，它涉及不断受死亡威胁的生命的永恒和生命力的保护。”①

欧亚大陆之外，民族学研究在某种程度上证实了金芭塔丝的判断。近代波利尼西亚人的“维纳斯小雕像”与表达世系的雕刻联系在一起，其世代生生不息的意义更为明显。值得注意的是，南太平洋的维纳斯小雕像并不一定是“怀孕女神”，大肚子也是男性祖先的象征。

英国考古学家柯林·马奇（Dr Henry Colley March）指出，在南太平洋波利尼西亚土著中，一串抛光的珍珠贝壳小片，被称为manava，即上帝之魂。而词语te manava roa，字面意思是“大肚子”，意为长寿；表达肚子的另一个词是Opu，用来指“思想”；tii指上帝造的第一个人，他的妻子有时也被称为tii或Hina（月亮），tii同时泛指死后的灵魂。Opu tii意为“如祖先那样十分大的肚子，因为祖先的肚子总是弄得大大的”。②

在波利尼西亚人中，有一种表达世系的雕刻，上面雕有呈蹲踞式的祖先或大神形象，其手常放在突出的肚子上。马奇认为，这表示灵魂和永恒，或者神及先祖长命百岁。（图0-5）

① 马丽加·金芭塔丝：《女神的语言：西方文明早期象征符号解读》，苏永前，吴亚娟译，社会科学文献出版社，2016年，第156页。

② H.Colley March, Polynesion Ornament a Mythography; 0r, a Symbolism of Origin and Descent, The Journal of the Anthropological Institute of Great Britian and Ireland, Vol22, 1893.

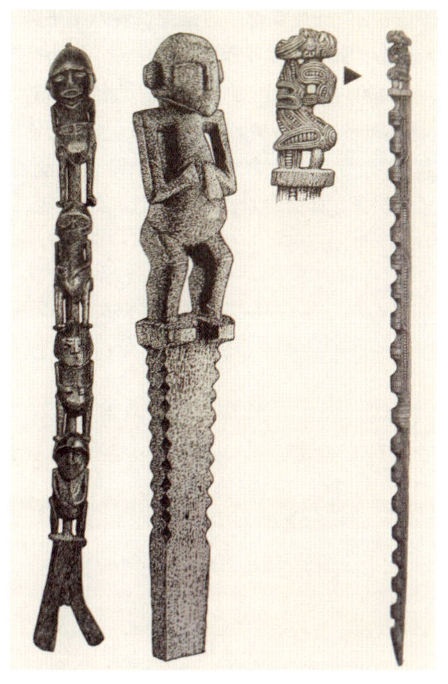

图 0-5 左边和中间两个雕像来自波利尼西亚地区。左边雕像代表神 Terongo 和他的三个儿子；中间雕像是波利尼西亚普遍崇信的大神坦伽罗阿；右图是新西兰毛里人用以帮助计算世系的木棒，最上面的人像当代表祖先。（图片来源：Carl Schuster&Edmund Carpenter，Patterns that Connect: Social Symbolism in Ancient & Tribal Art，Harry N. Abrams Inc, New York, 1996，P64.）

从金芭塔丝教授提供的考古记录看，在新石器时代的古欧洲，维纳斯小雕像曾是当时最受尊崇的神祇之一。在罗马尼亚摩尔达维亚发现了一座神坛模型，维纳斯小雕像威严地坐在奠酒孔前面，两边各发现一件修长的小雕像，三者地位明显不同。模型前墙还有一件微型简约小雕像，可能象征新生儿，这件模型距今约 6000 年。（图 0–6）

在古希腊斯巴达，人们竟发现了类似的维纳斯小雕像及小雕像组合，年代是公元前 6500 ～公元前 5800 年，比罗马尼亚摩尔达维亚发现的神坛模型早两千多年。（图 0–7）这四个小雕像同绿石珠子和白色石头小容器一起发现，显示出它们的礼仪功用。中间的“女祭司”戴有头饰，肩部刻有曲线和棱形花纹。相伴的三个小雕像十分格式化，连手臂的表现方法都相似，不过体态更丰满——从中我们能看到古欧洲文明间的复杂联系。

考古证据表明，在青铜时代，古欧洲维纳斯小雕像在爱琴海的基克拉迪群岛演化为著名的基克拉迪小雕像（Cycladic figurines）。白色大理石雕成的

图 0-6　罗马尼亚摩尔达维亚发现的一座神坛模型，属于东欧库库泰尼文化，年代为公元前 4000 年～公元前 3800 年。直径 17cm。（图片来源：马丽加·金芭塔丝:《女神的语言：西方文明早期象征符号解读》，苏永前，吴亚娟译，社会科学文献出版社，2016 年，第 161 页。）

图 0-7　斯巴达发现的维纳斯小雕像及小雕像组合，与罗马尼亚摩尔达维亚发现的小雕像有异曲同工之妙，显示出古欧洲文明间的复杂联系。2019 年 6 月 16 日笔者摄于雅典国家考古博物馆。

基克拉迪小雕像常常将双手交叉在腹部，双腿略弯，脚尖着地，用简练的线条表达面部和性别特征。研究者认为，这些主要在墓中发现的女性裸体像当是丰产女神、精灵、祖先或英雄的形象。

基克拉迪小雕像很少男性，男性形象看来是为表现某种特殊角色，如猎人、武士和乐手。基克拉迪小雕像高度格式化的外形启发了包括西班牙雕塑家毕加索（Pablo Picasso）和英国雕塑家亨利·摩尔（Henry Moore）在内的现代艺术大师。（图 0–8）

图 0–8 基克拉迪小雕像一般高度只有十厘米左右，这是罕见的真人大小的雕像，公元前 2800 ～公元前 2300 年。2019 年 6 月 16 日笔者摄于雅典国家考古博物馆。

直到今天，辽宁锦州医巫闾山地区的剪纸中还有维纳斯造型，当地百姓称之为“嬷嬷人”，“嬷嬷”是满语对已婚妇女的称呼。在满汉杂居的村落，这种神像剪纸也被称为“媳妇人”。一般年过六旬的老年妇女，都会剪这种图样。（图 0–9）

关于“剪纸维纳斯”的用途，《中国民间剪纸集成·医巫闾山卷》的作者写道：“在传统的满族社会里，剪‘嬷嬷人’，是母亲向儿女晚辈传习民族民间传统文化的重要手段，也是满族女孩最早学会的手工。长辈女性用剪出来的‘嬷嬷人’‘媳妇人’，教孩子‘过家家’，孩子们在模拟成年人生活的‘过家家’游戏中，认老少、懂礼仪，做着她们日后社交生活的演练。‘媳妇人’既是她们的保护神，又是她们沉醉于童话世界的伙伴。世世代代，就是通过剪‘嬷嬷人’‘媳妇人’的民间技艺传承，把满族民间文化的礼仪、信仰习俗，在潜移默化中，向后辈灌输和培养，

图 0-9 辽宁阜新蒙古族自治县大固本乡张喜荣大娘剪纸作品中的“老祖神嬷嬷”，突出了媳妇人“腹乳如山，养育万物”的生殖特征。手放在腹部的姿式，与当地五千多年前红山文化的陶制维纳斯小雕像和德国的霍赫勒·菲尔斯维纳斯，十分相像。（图片来源：冯骥才主编:《中国民间剪纸集成·医巫闾山卷》，河北教育出版社，2011 年，第 24 页。）

代代相承。”①

直到今天，欧亚大陆上的维纳斯形象还在东北农村发挥着生生大道的教化作用，这是怎样深厚的文明底蕴啊！我们不得不对人类文化的顽强生命力惊叹不已！不得不对人类文明顶礼膜拜！

20 世纪 60 年代，日本历史考古学家、中国北方游牧民族史学家江上波夫教授（Egami Namio，1906 ～ 2002 年）根据形态分类，系统研究了欧亚大陆旧石器时代的维纳斯雕像及其传播，在《关于旧石器时代的女神像》一文中，他得出结论:“女神像发源于东欧，分别向东西传播，在接近东西两端强化了其地方变异。不论女神像欧亚各地自生说，还是乌克兰、东西伯利亚起源说，都是难以成立的。而东西伯利亚的女神像直接继乌克兰之后，上溯其源，也是在东欧女神像的间接传播、影响下形成的。”②

学者们在对东西方石器类型的研究中发现，距今四万年前，连接东西

① 冯骥才主编:《中国民间剪纸集成·医巫闾山卷》，河北教育出版社，2011 年，第 24 ～ 25 页。

② 〔日〕江上波夫:《关于旧石器时代的女神像》，载《北方文物》1987 年第 4 期。

方的史前丝绸之路已经形成。在宁夏水洞沟第一地点发现了距今 3.4 万～ 3.8 万年的具有明确西方特色的勒瓦娄哇石器，说明 40 万年前出现在非洲、欧洲和西亚，在欧洲旧石器时代中期十分盛行的勒瓦娄哇剥片技术，当时已经传到中国西北部。

在《水洞沟：东西方文化交流的风向标——兼论华北小石器文化和“石器之路”的假说》一文中，中国科学院古脊椎动物与古人类研究所侯亚梅研究员提出了“石器之路”（Lithic Road）的概念，用以指称从旧石器时代早期开始经过中期一直到晚期，在汉代开通的丝绸之路北部，广大中亚和东亚的北部地区东方与西方人群间的文化传播之路。主要表现为以阿舍利手斧、勒瓦娄哇技术为代表的欧洲文化的东传和含细石器传统的华北小石器文化的西传。[①]（图 0-10）

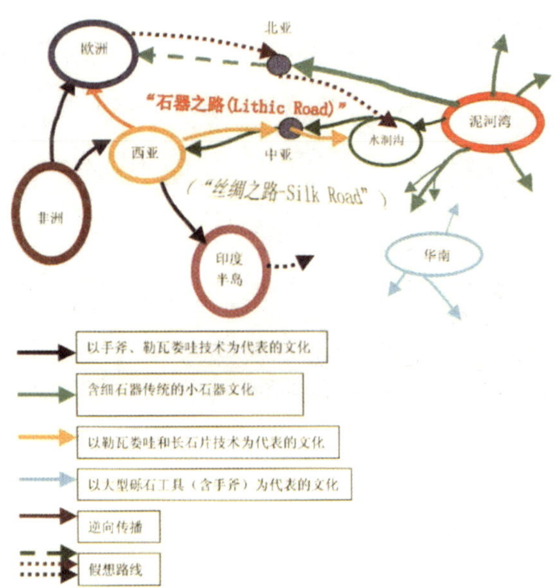

图 0-10　旧石器时代文化传播路线示意图。（图片来源：侯亚梅：《水洞沟：东西方文化交流的风向标——兼论华北小石器文化和“石器之路”的假说》，载《第四纪研究》2005 年第 6 期。）

① 侯亚梅：《水洞沟：东西方文化交流的风向标——兼论华北小石器文化和“石器之路”的假说》，载《第四纪研究》2005 年第 6 期。

考古学家告诉我们，从最早发掘出维纳斯女神像的中欧，到东欧，乌克兰，再到东西伯利亚和中国北方地区，从四万年前的旧石器晚期到汉唐时代，以横亘在青藏高原以北、八千多公里的欧亚大草原为主轴，存在着一条文化传播高速路——一条数万年前“维纳斯”走过的史前丝绸之路——地球北部那条绿色的丝带，是东西方文化的轴心！（图 0-11）

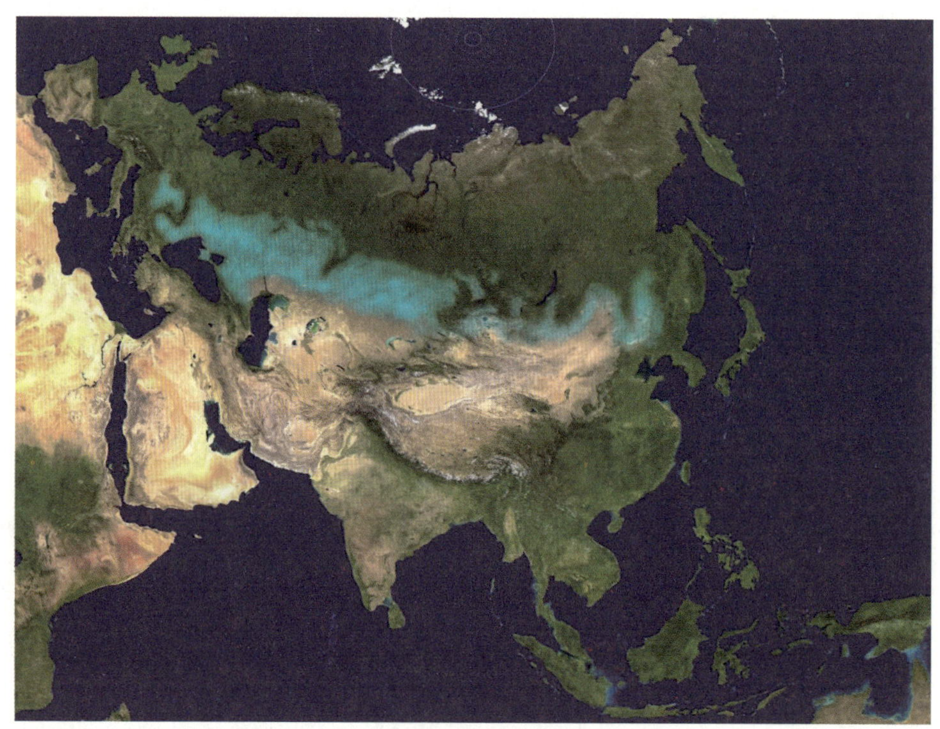

图 0-11　用蓝色标记出的欧亚大草原。在旧石器时代、新石器时代和青铜时代，它都发挥着重要的东西文化交流作用，是旧大陆东西方最早的接触通道。（图片来源：https://upload.wikimedia.org/wikipedia/commons/7/79/Eurasian_steppe_belt.jpg，访问日期：2018 年 11 月 27 日。）

二、人类文明的超新星爆发

与森林、高山不同，海洋和草原一直是文明交往的通衢。正是通过海洋和草原，不同族群得以在过去数万年里建立起复杂的有机联系，推动了人类文明的发展，世界史得以展开。

草原和海洋不适宜农业定居生活，却适合旅行和运输。它们发挥着过去一万年来农业社会所没有的重要功能——文化因子洲际间的传播。所以在沿海地区和草原周边，诸多文化因子常常显示出同质性。这在研究不同语系分布时表现得十分清楚。

比较起来，海洋作为东西方文明交流的渠道，其持续扩张性及全球广度是草原难以企及的。英国历史学家菲利普·德·索萨（Philip de Souza）写道："纵观世界历史，海洋为人类社会的发展和扩张提供了一个强大的舞台，它一直是文明双向传播的渠道。"①

古希腊诗人荷马形象地将草原称为"未经耕种的海洋"，英国历史学家汤因比将语言作为通过海洋和草原文化交流的指示标。他说：

"大家都知道航海的人民很容易把他们的语言传播到他们所居住的海洋周围的四岸上去。古代的希腊航海家们曾经一度把希腊语变成地中海全部沿岸地区的流行语言。马来亚的勇敢的航海家们把他们的马来语传播到西至马达加斯加东至菲律宾的广大地方。在太平洋上，从斐济群岛到复活节岛、从新西兰到夏威夷，几乎到处都使用一样的波利尼西亚语言，虽然自从波利尼西亚人的独木舟在隔离这些岛的广大洋面上定期航行的时候到现在已经过去了许多世代了。此外，由于'英国人统治了海洋'，在近年来英语也就变成世界流行的语言了。

在草原的周围，也有散布着同样语言的现象。由于草原上游牧民族的传布，在今天还有四种这类的语言：柏伯尔语、阿拉伯语、土耳其语和印欧语。"②

汤恩比提到的四种语言中，柏伯尔语是今天撒哈拉沙漠游牧民使用的语言；阿拉伯语主要流行阿拉伯世界，而土耳其语和印欧语则分布在欧亚大草

① 〔英〕菲利普·德·索萨：《极简海洋文明史：航海与世界历史 5000 年》，施诚、张珉璐译，中信出版社，2016 年，第 19 页。

② 〔英〕汤因比：《历史研究》（上），索麦维尔节录，曹未风译，上海人民出版社，1986 年，第 234 页。

原周边。由于印欧语分布于欧洲和东部伊朗、印度及至中国新疆这些相互隔绝的地区，可以推测印欧语曾是欧亚大草原上广泛分布的语言。2018 年 5 月发表的新近基因研究成果再次表明，在公元前第一个和第二个千年里，欧亚大草原上主要是说伊朗语的印欧人。①

印欧人穿越欧亚大草原向东强力扩张，将四五千年前欧亚大陆西部次级产品革命的诸多文明成果带到了中国北方地区，东西方文化在这里碰撞、融合，直接催生了夏商周三代政教，超越地方性宗教信仰的中华大道——那是人类文明的超新星爆发！

青铜时代次级产品革命是英国考古学家安德鲁·谢拉特（Andrew Sherratt, 1946 ～ 2006 年）1981 年提出的概念，指牵犁、拉车、挤奶、剪毛、骑乘等对家养动物反复利用的次级开发，这完全不同于新石器时代对动物吃肉寝皮、敲骨吸髓的一次性初级产品（primary products）利用。次级产品革命极大提高了农业生产力和交通运输能力，形成了以犁耕农业为核心的定居生活方式和以奶为食、以毛为衣的畜牧生活方式，最终促成了复杂城市社会的兴起和游牧民族的诞生。它是一万年前农业革命和近代工业革命之间，人类生产力和生产关系领域最重要的变革。

4000 年前，次级产品革命波及青藏高原以东时，引发了黄河、长江流域超大文明体的巨变、整合和升华。而次级产品革命最早出现的青藏高原以西，却因此陷入长期的冲突、分裂和动荡之中。

在东西文明大碰撞的过程中，欧亚大草原上的印欧人、我国从东北至西南的半月形文化传播带族群发挥了重要作用。夏商周三代文明初始的夏王朝，就与地处半月形文化传播带核心的羌族有关。

传递西方次级产品革命文化因子的，主要是发源于欧亚大草原西部、南俄大草原的印欧人。中国社会科学院民族学与人类学研究所研究员易华教授总结道："古人类学骨骼测量和研究表明，大约四千年前印欧人就至

① 137 ancient human genomes from across the Eurasian steppes, https://www.nature.com/articles/s41586-018-0094-2，访问日期：2018 年 11 月 21 日。

少进入了中国西北，新疆大量木乃伊的发现是有目共睹的证据。根据韩康信等的研究，新疆青铜时代人种以印欧人为主，包括三种类型：帕米尔－费尔干纳型（Pamir-Fergana）、原始欧洲类型（Proto-European）和地中海类型（Mediterranean），蒙古人种只占其中小部分。哈萨克斯坦36具（1300BC～500AD）人骨mtDNA分析表明，早期的均为印欧人，可能与新疆的吐火罗人有关，晚期才出现蒙古人种，共存于哈萨克草原。新疆吐鲁番盆地以及罗布泊地区青铜－早期铁器时代古代居民的mtDNA系统发育分析实验结果表明：至少在汉代以前欧洲和东亚谱系在新疆境内存在双向渗入，亚洲序列向西渗入比较零碎，不如欧洲谱系成分东进活跃。”①

考古学也证明，东亚文化因子向西渗透得相对较弱。以中国彩陶为例，它向西最远到达的区域在里海以东。中国人民大学历史学院韩建业教授将“史前时期以彩陶为代表的早期中国文化和早期西方文化相互交流之路，包括顺此通道中西方文化在金属器、农作物、家畜、宗教、艺术、思想等诸多方面的交流”，称为“彩陶之路”。（图0–12）他指出：“‘彩陶之路’从公元前4千纪一直延续至前2千纪，跨越铜石并用时代、青铜时代和早期铁器时代各个阶段，其中彩陶从西到东的影响至少可达中国甘青地区，从东向西的影响至少可到中亚南部和克什米尔地区。具体路线虽有许多，但大致可概括为以青藏高原为界的北道和南道。”②

和彩陶文化一起传播的，还包括中国北方最早培育的黍等多种文化因子。比如在克什米尔地区的卡西姆巴格（QasimBagh）遗址，发现了测年在公元前2000～前1500年的黍。但在整个青藏高原以西地区，并没有发生4000年前中国北方那样剧烈的文化大碰撞。

越来越多证据表明，约4000年前，曾经发生过一次重要的全球性降温事件。在一万年来多次气候变化中，它如此突出。专家认为，这次气候事件“是世界上许多地区全新世气候演变的转折点，标志着全新世最适宜期的

① 易华：《齐家华夏说》，甘肃人民出版社，2015年，第134～135页。
② 韩建业：《再论丝绸之路前的彩陶之路》，载《文博季刊》2018年1期。

结束”。[①]

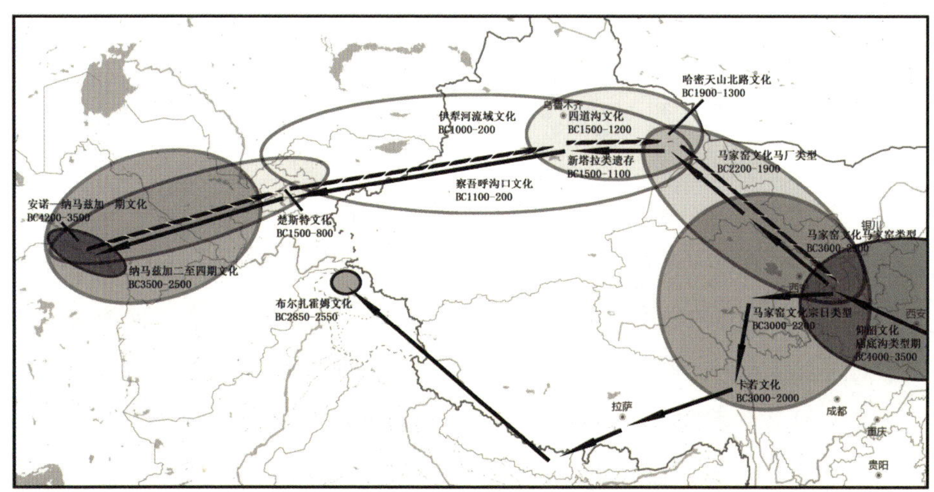

图 0–12　丝绸之路前的彩陶之路示意图。实线代表彩陶从东到西的传播路线；虚线代表舞蹈纹、锯齿纹彩陶由西向东的传播。（图片来源：韩建业：《再论丝绸之路前的彩陶之路》，载《文博季刊》2018 年 1 期。）

这次气候事件影响所及，是整个人类文明的大洗牌。除了中国逆势雄起外，欧亚大陆其他三大古文明都在不同程度上衰落，只有中华文明凭后发优势，容纳万流，崛起于东方——埃及尼罗河流域古王国衰落，金字塔成了过去辉煌历史的见证；西亚两河流域阿卡德帝国衰落，80 年后这里才再现新帝国，从此开始了西亚被持续入侵的时代，阿莫里特人（建立巴比伦王国）、赫梯人、亚述人、波斯人、马其顿人、罗马人、阿拉伯人……；古印度河文明（公元前 2600 ～前 1500 年）衰落，并在几百年后消失在历史尘埃之下。今天，我们知晓古印度河文明，是因为 20 世纪 20 年代初，考古学家发现了哈拉帕、摩亨佐达罗这样伟大的城市。

这场人类文明的大变迁也危及中国，表现为南涝北旱，以及中国新石器时代文明核心区域的衰落。公元前 2300 至前 1500 年，龙山文化和二里头文

① 吴文祥、刘东生：《4000aB. P. 前后东亚季风变迁与中原周围地区新石器文化的衰落》，载《第四纪研究》2004 年 5 月号。

化之间，古老的中国文明出现了整体性危机：先是，长江中下游发达的石家河、良渚文化衰落。公元前 2000 年左右，山东和河南东南部地区继而衰落，仅存新密新砦和洛阳二里头两个 100 万平方米的比较大的遗址。到二里头文化二至四期（约公元前 1700 ～前 1500 年），传统新石器时代核心区域中仅剩下洛阳盆地一块唯一持续发展的地方，临近地区郑州、晋南乃至嵩山东南侧尚好，其余黄河下游、长江中下游、关中地区，都是一片衰败景象。

吴文祥、刘东生认为，中原文化独树一帜的发展与其独特地理位置相关。他们写道："中原地区在气候上位于全新世适宜期时的温带和北亚热带之间的过渡带，在地理上位于中国二级阶地和三级阶地的交接地带，因此它既可以减少降温和干旱对其旱作农业的毁灭性打击，同时又能较好地避免洪涝的袭击。另外，南涝北旱的环境局面促进了中国特色的地理限制的形成并增加了当时的人口压力，人与资源之间的矛盾增加，导致战争的盛行，并由此开辟了中国古代文明的诞生道路。从此，中国古代文明起源的多元性格局开始解体，中原地区统一的中华文明最终形成。"①

这种解释符合文明兴起的一般规律。5000 多年前，尼罗河流域和两河流域文明的兴起，都与生态重压下，人口集中，规模较大的村落、城市建立和发展，以及对复杂技术和复杂社会治理的硬性需求有关。②

正是公元前 4000 年前后，通过史前丝绸之路，西亚和中亚的青铜冶金术、车和驯化的小麦、大麦、马、牛、绵羊、山羊一股脑儿地传入中国，中国直接完成了次级产品革命。一如 20 世纪中国吸收西方文明成果实现了内生性而非掠夺性、文明而非野蛮的工业化，次级产品革命催生了生生不息的中华政教——她的第一个王朝夏朝。相对于此时东西方诸多古文明普遍陷入黑暗，这种融汇百川、逆势雄起显得过于突出，过于灿烂！

---

① 吴文祥、刘东生：《4000aB. P. 前后东亚季风变迁与中原周围地区新石器文化的衰落》，载《第四纪研究》2004 年 5 月号。

② 吴文祥、刘东生：《5500aB. P. 气候事件在三大文明古国古文明和古文化演化中的作用》，载《地学前缘》2002 年 9 月号。

中国也从石器时代的东亚中国，变为青铜时代的欧亚中国！北京大学中国考古学研究中心张弛教授写道："从地缘关系上看，龙山—二里头文化时期是中国历史乃至东亚历史的一个关键时段，此前和此后的中国乃是两个世界。此前中国的世界体系在东亚，东亚的文明中心在黄河、长江两河流域的中下游地区，在这里成长起来了庙底沟二期、大汶口、石家河和良渚文明。这些文明曾四处拓展至西北、东北、西南和华南，并持续影响了中亚、东北亚和东南亚地区的文化。此后中国的世界体系一变而成为欧亚，原来的新石器时代文明在核心地区衰落，处于欧亚接触地带的半月形地带兴起，在与豫西和晋南这一唯一没有衰落并保存了新石器时代以来复杂社会的区域互动中，形成了随后中原地区的青铜时代文明新格局。"①

夏朝是东西方文明大碰撞的结果，是整个人类文明的结晶。正是从夏朝开始，中华文化明确显示出"事鬼敬神而远之""近人（事）"（《礼记·表记第三十二》）的特征，这一点为同样崛起于西部的周人继承，锁定了中华文明超越神话宗教的文化品格——没有欧亚大陆西部的次级产品革命，没有诸多西方文化因子的传入，夏王朝会迥然不同。

为何夏王朝要建立起一个超越宗教、族群，地域的政教体系？这可能是一个超大型文明体面对青铜时代"全球化"以及环境灾难的必然反应。据史料记载，大禹治水过程中选择了尊重所有地方信仰风俗的政策。《淮南子·原道训》中说："禹之裸国，解衣而入，衣带而出，因之也。"行静因之大道，抱法处势，无为而治，而不用排他性信仰的形式整合地方族群，使中国走向了迥异西方的文明路线，直到21世纪的今天。

中国没有青藏高原以南发达的个人启示性宗教，如印度教、佛教；也没有青藏高原以西上帝启示、追求拯救的天启宗教。中华文明以世俗为中心，在人事、人伦中寻求大道智慧，安身立命，生生不息——超越地域性宗教信仰，这是中华大道的主要特征！

---

① 张弛：《龙山／二里头——中国史前文化格局的改变与青铜时代全球化的形成》，载《文物》2017年06期。

夏朝的建立者大禹早已成为中华民族深入骨髓的象征。他三过家门而不入、大公无私的自我牺牲精神；他超越党派、天下为公（《尚书·洪范》的"建中立极"）的政治经济思想，夯实了中华政教，光大了去私立公，内圣外王一以贯之的中华大道！

从甘青的积石山，到河南偃师二里头，再到安徽蚌埠禹会村，今天考古学家已经能够根据历史记载和民间传说，找到大禹治水、建都，以及会诸侯的遗迹。历史从来就没有消褪，它同绵延不绝的中国文化一样，一直保存在华夏人的记忆中。崇德报功，中国人甚至称自己脚下的土地为"禹迹"！

人类永远不要忘记：

4000 年前，在世界气候和人类文明的大灾变面前，一个不屈的人，带领东亚大陆上同样不屈的民众，勇敢地站了起来。他们没有选择乞求神灵，而是选择了奋斗和抗争。他以海纳百川的气魄，融汇东西，铸就了一个天下文明——中国——中华大道由是生焉！

本书将和读者一道，立足地球第三极青藏高原，深入各大洲，探求人类文明的最核心奥秘。结论几乎令所有人惊讶：

东西方文明同源！

西方一神教与东方超越宗教信仰的中华大道本是同根生，都出于原始至上天神。西方将从人类意识和祭祀礼仪中淡出的原始至上神带回现实生活，成为拥有绝对自由、万物唯一的主宰上帝。东方则将原始至上神高度抽象化为宇宙人生的基本法则及其本质道。

无论西方对阴阳不测的神性的探索，还是东方对超越自我的大道的探寻，二者同归于超越天人、包容一切的大道智慧。

我们将彻底摆脱以西方现代性为基础的西方中心论，以中华文化"道"的符号——蹲踞式人形为线索，通过对蹲踞式人形全球分布规律的研究，寻踪过去一万年东西方文化发展的轨迹。

在这一心智探险过程中，最为激动的经历是 2018 年 5 月 20 日到 2018 年 5 月 24 日，笔者在台湾台东地区的考察。我注意到：瑞士天主教神父纪守常

（Alfred Giger）20世纪50年代至70年代在兰屿传教时，教堂竟然用当地土著达悟人绘有蹲踞式人形的拼板舟装饰，拼板舟上面直接立着十字架。（如0–13）纪神父穿的袍子上也绣有蹲踞式人形。同地球上其他民族一样，达悟人拼板舟上的蹲踞式人形象征祖先。据说是为纪念曾经教导他们种植、造船及捕鱼的勇士majamao。[①]

图0–13 兰屿红头天主堂的的祭台及壁画，林曲笃绘制。达悟人拼板舟内外及其他用具，多用格式化的蹲踞式人形装饰。（图片来源：席萳·嘉斐弄:《达悟之父——纪守常影像集》，薛弘道译，台北南天书局，2010年，第152～153页。）

纪守常神父认为，当地达悟人在海边滩头祭祀的“天上的祖父神”，即是“天地的主宰”，是天主，这与天主教的信仰相吻合。[②]

“万物并育而不相害，道并行而不相悖”，（《礼记·中庸》）东西方迥异的

① 林建成:《台湾原住民艺术田野笔记》，台北艺术家出版社，2002年，第233页。
② 席萳·嘉斐弄:《达悟之父——纪守常影像集》，薛弘道译，台北南天书局，2010年，第159页。

文化，可以和而不同地共处，这是人类最重要的生存智慧、生生大道。西周末年，周太史史伯就提出，不同的事物合和，万物才可生长发育，如果相同一致，就无法持续发展，所谓“和实生物，同则不继”(《国语·郑语》)。

我们将会看到，东西方诸多文化因子本来就是共存共生的!

在自由主义泛滥，去道德化愈演愈烈的21世纪，本书是一种道德的回归，一种灵魂的回归——人类应回归智人本具的，生生不息、可持续发展的大道智慧。

——我们期待着!

上卷 大道之象

文字只有五千年的历史。除了口耳相传的神话，史前人类用抽象或具象的图像传递信息，立象尽意。绘画或雕塑因此成为我们了解早期文明的主要窗口。

人类文明史，是超越形上与形下、情感与理性，个人与社会的大道智慧演变的历史。人的自我发现是过去一万年来文明发展的强大趋势——包括神性的逐步消解、世俗化的加强以及对心性、命运的探索。

从旧石器时代晚期开始，五大洲不同民族中蹲踞式人形就是世系中祖先的形象，是人类生生不息的象征。也因此，蹲踞式人形被赋予特殊神圣性，具有辟邪、丰产、再生等灵力——这是全世界蹲踞式人形的普遍特点。

通过对大道智慧符号蹲踞式人形在全球传布规律的研究，见微知著，我们发现西方一神教和东方大道之学都源于史前原始至上天神观念。四五千年前，青藏高原以西地区，蹲踞式人形逐步淡出了历史舞台，原始至上神从幕后走上前台，成为人及万物的主宰，“帝在道先”，“神为人本”，西方走向一神教。两千年前，犹太思想家亚力山大的斐洛说：逻各斯（道）为“上帝之子”。

青藏高原以东，蹲踞式人形密集遍布整个环太平洋地区。在中国，蹲踞式人形演化为大道之符。中国先哲认为，宇宙之间人最贵，所以大、天（帝）、道、太一这些概念都用具有特殊神性的蹲踞式人形表达。东汉许慎《说文解字·大部》解释“大”字形说:“大，天大，地大，人亦大。故大象人形。”《老子·第二十五章》云:“吾不知其名，字之曰道，强为之名曰大。”

与西方相反，中国先哲认为道“象帝之先”(《老子·第四章》),“道在帝先”“人为神本”“神不胜道”。超越地域性“以神为本”的宗教信仰，“以人为本”的中国文化内圣、外王智慧高度发展、高度融合，建立了内圣与外王不二、政治教化统一的文明体，中华大道由是生焉!

当今世界，随着科学技术的发展和全球化程度的提高，人类急需一种超越地域、信仰和种族的文化认同，急需一种可持续发展的道路，用以平衡理性与信仰之间、人与人之间、人与自然之间的巨大张力。

今天，欧亚大陆四大原生古文明：黄河流域的中国文明、两河流域的古巴比伦文明、尼罗河流域的古埃及文明、印度河流域的古印度文明。除中国文明之外，都已经消逝在历史黄沙之下——中华文明是人类现存唯一的原生古文明!

中华民族5000年生生不息的背后是生生不息的宇宙大道——我们有责任将它从历史岩层中开采出来，贡献给全人类——那是人类持久和平和可持续发展的最宝贵经验之一!

甲编　地球之帆：世界历史的展开

人是陆地动物，地理深深影响了人类文化。

地球上催生了东西方主要文明的交流路线正好组成一个大三角，大三角的三个顶点落在非洲、澳大利亚和美洲。中间是人类文明的核心区域欧亚大陆。欧亚大陆以青藏高原为界，陆上丝绸之路和海洋丝绸之路横列南北，青藏高原以西催生出了现代西方文明的基础希伯来和希腊文化，青藏高原以东催生出了东亚文化的基础中国文化。

我们不防将这种“活的”、历史的、有机的文明演化称为“地球之帆”，那些路线如同文明的血管，滋养着不同文化。在竖版世界地图上，将欧亚大草原和沿陆地海洋构成的主要文明交流路线连接起来，的确像三角帆——在黑暗广寒的宇宙中，蓝色的地球犹如生命之舟，世界史不就是其前进之帆吗！

第一章　全球化时代的全球新视野

过去100年来，科学技术呈一日千里发展的态势，但人文领域整体上还停滞在现代人文社会学科形成初期的19世纪——一切都以狭隘的族群、地域为出发点研究问题，即使偶然将目光转向整个地球，也将别人看做自身投下的阴影。

以最近半个世纪越来越流行的全球史（Global history）研究为例，尽管学者已经不再满足于“世界史等于国别史和地区史的加和”——这一世界史的老套路，开始将历史的纵深延长到宇宙大爆炸（Big history），发现了越来越多的文明网络（Human web），却没有一个建立于经验基础上的模型，动态描述世界历史的进程。

究其原因，在于我们无法从根本上摆脱西方话语体系，当以自由主义为基础的西方现代性成为一切标准的时候，其他地区的历史只能在西方话语体系中重塑。正如美国学者查克拉巴迪（Dipish Chakrabartry）指出的那样，既然整个现代知识体系都是欧洲人确定的，并且已经被全世界所接受，那么彻底改造历史学中的欧洲中心主义就是无法想象的。①

当我们说哥伦布“发现美洲”或库克船长“发现南方大陆”的时候，已经落入“欧洲中心论”的陷阱，因为亚洲人和南岛语族凭借高超的技术，早就移民到了美洲和澳大利亚。没有他们的本土知识，西方人不可能那么快征服全世界——1770年4月29日，和库克一起登上澳大利亚的，是他的向导

---

①〔美〕马克斯：《现代世界的起源》，夏继果译，商务出版社，2006年，“全球史译丛总序”第6页。

兼翻译图皮亚（Tupia），一位熟悉南太平洋海情的塔希提岛土著！

与库克同行的植物学家约瑟夫·班克斯爵士为我们留下了这样的记录：图皮亚能说出远方大批岛屿的位置，将长达20天的航行视为家常便饭。[①]

由于西方殖民主义者长期的傲慢与偏见，使他们失去了太多理解其他文明的机会，更不用说内圣外王高度发展又高度融合的中华政教。直到21世纪的今天，这种情况仍没有太多改变，中国的政教体系仍然被冠以“威权主义”“专制主义”“强权政治”的标签，并为西化知识分子鹦鹉学舌般地复制。

摆脱西方中心论需要学术上的巨大勇气和自我牺牲精神。世界史的研究中，需要结合东西方的研究成果，建立起一个新的世界图景——我们的研究从一幅新的世界地图开始。

一、地球之帆——世界历史的新图景

人是陆地动物，地理深深影响了人类文化。

过去数百年来，世界地图都是沿经线横向展开的。2014年，中国科学院测量与地球物理研究所的郝晓光先生出版了竖版世界地图。（图1-1）竖版世界地图沿纬线展开，相当于将世界“竖”了起来。

接受媒体采访时，郝晓光曾说：“地图的变革，意味着对世界地理的再发现、再认识，一幅好的世界地图，能够培养更加全面的世界观，激发人们对于世界的想象，催生探索世界的愿望。”[②]

郝晓光先生是对的。竖版世界地图比较完整地展示了世界各大洲之间的关系！世界各大陆（无常住人口的南极洲除外）实际上是由陆桥和岛链联系在一起的整体！

过去几年来，笔者曾一次次在竖版世界地图前驻足，大脑中勾勒出一条

---

① 〔美〕林肯·佩恩：《海洋与文明》，陈建军、罗燚英译，天津人民出版社，2017年，第20页。

② 程远州：《郝晓光和他的竖版世界地图：让世界“竖”起来》，载2016年05月20日《人民日报》。

图 1-1 中国学者郝晓光绘制的竖版世界地势图，该图由湖南地图出版社 2014 年 1 月出版。

条由史前文明传播高速路——海洋和草原构成的人类交流干线。一天，我突然意识到，这些催生了东西方主要文明的路线正好组成一个大三角，大三角的三个顶点落在非洲、澳大利亚和美洲。中间是人类文明的核心区域欧亚大陆。欧亚大陆以青藏高原为界，陆上丝绸之路和海洋丝绸之路横列南北，青藏高原以西催生出了现代西方文明的基础希伯来和希腊文化，青藏高原以东催生出了东亚文化的基础中国文化。（图 1–2）

我们不防将这种“活的”、历史的、有机的文明演化称为“地球之帆”，那些路线就如同文明的血管，滋养着不同文化。在竖版世界地图上，将欧亚大草原和沿陆地海洋构成的主要文明交流路线连接起来，的确像三角帆——在黑暗广寒的宇宙中，蓝色的地球犹如生命之舟，世界史不就是其前进之帆吗！

人类是地球上唯一遍布各大洲的动物，20 世纪开始小心翼翼地探索地球以外的世界。此一事实表明，人类具有非凡的拓展和交流的能力。“地球之帆”绘出的文明交流主干线在欧洲大航海前已经全部开通，西方殖民者只是强化了这一网络，并将它按照欧洲的面貌在全球范围内重新打造。事实上，在 18 世纪后半叶精准的经线仪投入使用之前，欧洲人的海上导航能力并不比太平洋地区的土著居民水平高。即使在当地居民的帮助下，他们也用了 300 年的时间（1500 ～ 1800 年），经过反复航行才将太平洋水域探索完。

二、海洋大通道上的弄潮儿——南岛语族

近代以前，印度洋与太平洋地区的人们展现了惊人的航海能力。新几内亚、俾斯麦群岛和所罗门群岛的最早考古遗存距今约四万年，在澳大利亚，发现了五万年前的考古遗存。这些证据表明，人类在四五万年前就有了相当程度的航海能力。

一万年前，今天西印度尼西亚群岛的各个岛屿仍与亚洲东南部的大陆相连，称为“巽他古陆”（Sunda），而澳大利亚、新几内亚岛和塔斯马尼亚岛则构成了“萨胡尔大陆”（Sahul），或称“大澳大利亚”（Great Australia），二

地球之帆：世界历史的展开

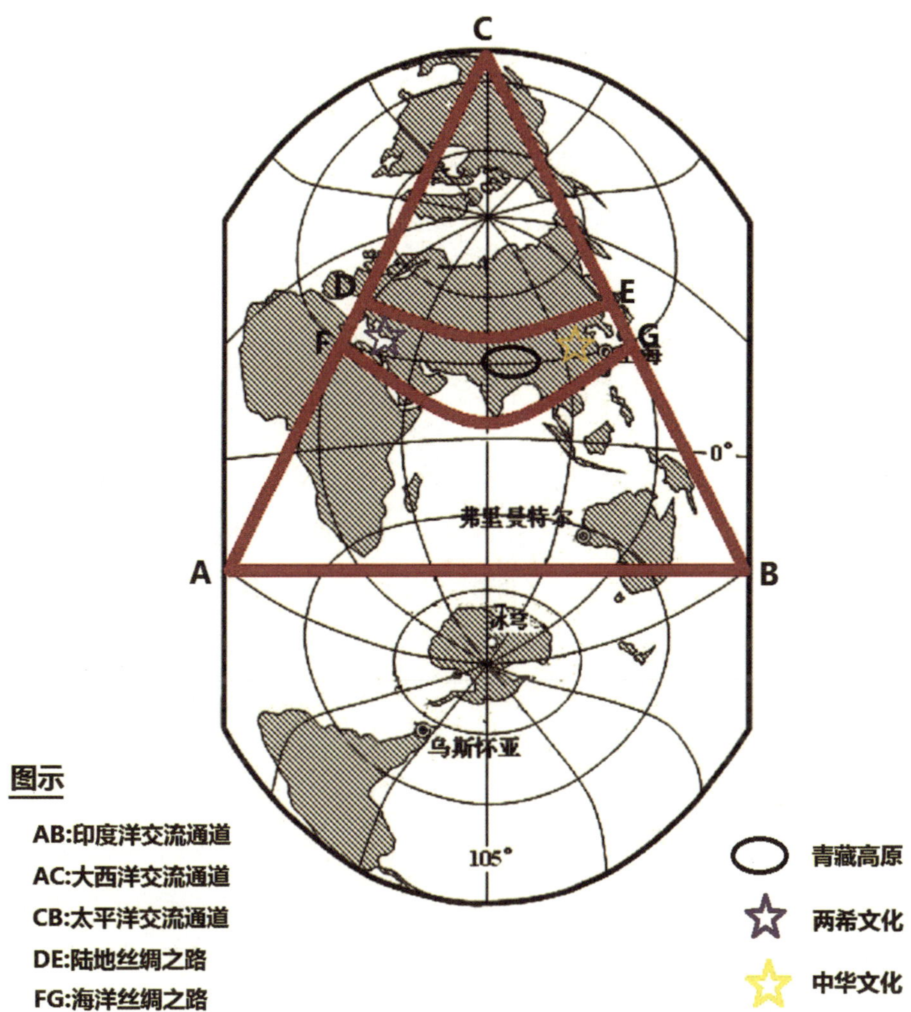

图 1-2　“地球之帆：世界历史的展开”示意图。图中的红线代表人类文明的血脉，由海洋和草原组成的文明交流大通道；“两希文化”指希腊－罗马文化、希伯来－基督教文化，那是现代西方文明的源头。

者中间的一片广阔海域和岛屿被称为“华莱士区”。华莱士线（Wallace line）是远东地区的边界，莱德克线（Lydekker line）是澳大利亚大陆的西线，“华莱士区”居中，成为陆生动物的地理障碍，使得澳大利亚有袋类和亚洲的胎盘哺乳类走上了完全不同的演化道路。（图 1-3）

史前不断有动物穿越华莱士线进入澳大利亚，人类是其中之一。五万年前，当时海平面要比现在低约 120 米，来自巽他古陆的亚洲人可以从所在的岛屿，看到直到所罗门群岛的下一个岛屿，这为他们远洋航行提供了方便。学者们推测，由于制造独木舟不可或缺的石器工具只有 20000 年的历史，所以最早的航海将不得不借助原木或竹子制成的木筏。①

航海史上最激动人心的篇章由分布在印度洋和太平洋上的南岛语族完成。如果我们也如汤因比那样，将语言作为一个族群扩张的指示灯，就会发现“地球之帆”上的 AB 和 GB 海洋通道都是由南岛语族开拓的。考古证据表明，在哥伦布到达美洲之前，他们已经来到美洲。并且，这个族群也已抵达非洲东海岸，并将树皮布制作技术传到了非洲大陆南部地区。

图 1-4 显示出了南岛语系惊人的分布范围，西至马达加斯加群岛，东至复活节岛。北至台湾，南抵新西兰，是古代世界分布最广的语系。

16 世纪欧洲水手们穿越太平洋的时候，他们震惊于太平洋上银河星星般密布的岛屿上，多数岛屿有人定居的事实。1786 年，法家探险家路易斯 · 布干维尔（Louis Antoine de Bougainville）第一次来到东太平洋的土阿莫土群岛，面对这里的居民不禁惊叹：“是什么样的恶魔把他们安置在这样一个远离大陆的小沙丘上！”②

最初，西方人不相信当地人的远洋航海能力，尽管他们早就知道装有边架、风帆的独木舟和自己的船一样具有远洋航行能力。（图 1-5）计算机模拟

① 〔美〕林肯 · 佩恩:《海洋与文明》，陈建军、罗燚英译，天津人民出版社，2017 年，第 12 页。

② 〔美〕林肯 · 佩恩:《海洋与文明》，陈建军、罗燚英译，天津人民出版社，2017 年，第 12 页。

图 1–3　更新世（2588000 ~ 11700 年前）的“巽他古陆”和“萨胡尔大陆”。（图片来源：台湾史前博物馆、台湾自然科学博物馆编:《太平洋之舟：南岛祖先的海洋之旅》，2007 年，第 30 页。）

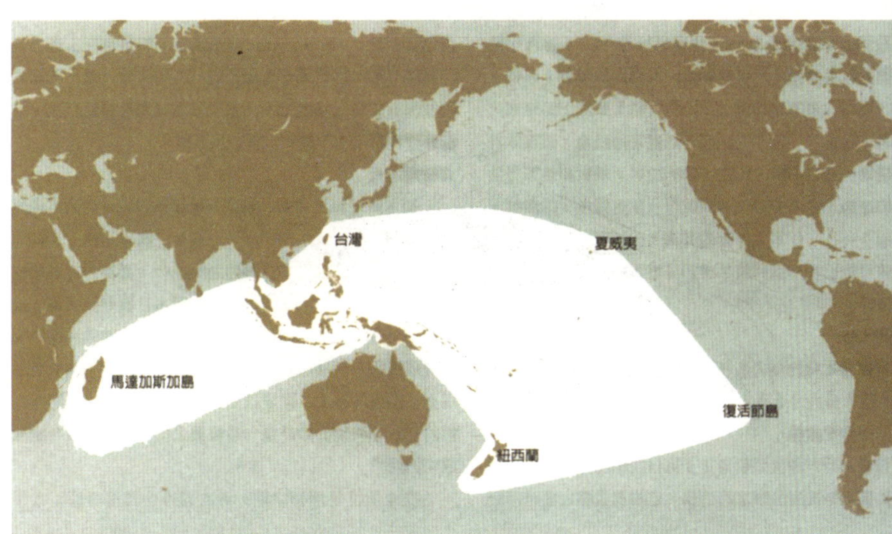

图 1–4　南岛语系的分布。南岛语系（Austronesian），又称“马来–波利尼西亚”语系（Malay-Polynesian），包括约 1200 种语言，3 亿人口。（图片来源：台湾史前博物馆、台湾自然科学博物馆编:《太平洋之舟：南岛祖先的海洋之旅》，2007 年，第 34 页。）

和人类学的研究都表明，南岛族群的太平洋航行是出于复杂的导航技术和精细准备。Levison 等人在一项开创性的电脑模拟实验中，将一艘独木舟放入太平洋，任由模拟的实际气候影响，结果发现南岛族群的航行不可能是“意外漂流”的结果。他们特别指出，夏威夷是被设定向北航行的航海者发现的。①

事实上，15 世纪以前，地处亚欧非旧大陆东西两端族群的航海能力迥异。相对的，亚洲东部一线民族的航海能力较强，欧洲一线民族的航海能力较弱。英国皇家艺术学会会员、历史作家胡果·达文波特（Hugo Davenport）这样描述太平洋地区民族的航海能力：“在太平洋上，古代的波利尼西亚人乘独木

图 1-5　1616 年，德国航海家 Schouten 和 Le Maire 在波利尼西亚萨摩亚群岛看到的航海独木舟。（图片来源：台湾史前博物馆、台湾自然科学博物馆编：《太平洋之舟：南岛祖先的海洋之旅》，2007 年，第 48 页。）

① 台湾史前博物馆、台湾自然科学博物馆编：《太平洋之舟：南岛祖先的海洋之旅》，2007 年，第 50 页。

舟下海，轻松自如地航行在大片海域里。他们在复活节岛上——在被欧洲人发现时，它是地球上人烟最稀少的岛——建起神秘的雕像，该岛东面离智利海岸3700千米（2300英里），西北离塔西提岛4000千米（2500英里）。即使它最近的邻居小小的皮特克恩岛也在正西2250千米（1400英里）处。波利尼西亚人生活在水的世界中，他们就像两栖动物一样在太平洋上来去自如。同时代在中国，航海的平底帆船出现于大约公元前1500年，随后又传播到亚洲其他地区，包括朝鲜和日本。”①

太平洋地区族群很早就发明了有边架的独木舟和双体独木舟，加上丰富的航海知识，使他们成为真正的海洋民族。《大历史》的作者写道：“波利尼西亚航海家能够通过星星、风向甚至对大洋浪涌的感觉来操控船只。他们也使用牢记在心的大量地理知识，其中包括覆盖太平洋几千英里的心理地图。”②

人类学家凌纯声教授（1902～1981年）发现：“在太平洋上至今尚保有原始的固有的筏排、方舟（Double Canoe）、戈船（Outrigger Canoe）、楼船四种航海的交通工具。太平洋上的民族在远古的时代即利用这四种航海的筏舟，自亚洲远航而移殖到各岛屿去的。而此四种航海工具可说都是起源于中国的。”③这里，凌纯声教授所说的方舟，即波利尼西亚人的双体独木舟；戈船，即有边架的独木舟（边架艇）。

南岛语族的船只制造和航海技术可能都源自中国。在2001～2002年的考古发掘中，浙江萧山跨湖桥遗址出土了我国新石器时代最早的独木舟，年代距今7000～8000年。（图1-6）该独木舟长5.6米，船头宽29厘米，船身最宽处为52厘米，船体深15厘米，由松木制作。除了独木舟，还在两侧各发现了一只木桨，周边散布着许多圆木和剖木材料。独木舟东北侧出土了多块竹篾编制的席状物，其中一块残长60厘米，残宽50厘米。考古学家推

---

① 〔英〕胡果·达文波特:《震惊世界的日子》，刘娜译，东方出版社，2005年，第145页。

② 〔美〕大卫·克里斯蒂安等:《大历史：虚无与万物之间》，刘耀辉译，北京联合出版公司，2016年，第302页。

③ 凌纯声:《太平洋上的中国远古文化》，收入《中国边疆民族与环太平洋文化》，台北联经出版事业公司，1979年。

断：独木舟加工现场的诸多材料，可能与南岛语族使用的边架艇有关。[①]那些竹篾编制的席状物当是原始船帆——太平洋上的土著和我国宋元时代的先民都用竹篾编制船帆。

图 1–6 浙江省萧山跨湖桥遗址出土的独木舟，很可能是一艘边架艇。（图片来源：浙江省文物考古研究所：《跨湖桥》，文物出版社，2004 年，彩版十。）

今天，边架艇的分布范围北到马来西亚、菲律宾，南到澳大利亚、斯里兰卡、印度、马达加斯加，南美海岸也能见到他们的遗迹。

导航技术方面，中国华南地区船民和南太平洋土著，都有以日月星辰的升降分辨东西的“星象罗盘”术，以星斗高低测量远近的“裸掌测星”术。厦门大学吴春明教授由此推断：“华南海洋民族与太平洋土著间存在一个天文导航术乃至原始航海术的共同体。”[②]

对于南岛语族人群的来源，经过语言学家、考古学家、生物学家、人类学家过去一百多年的深入研究，目前基本能确定他们来自亚洲东南部地区，包括中国的南部和东南亚。公元前 4000 年，台湾原住民遗址中出土了来自中国大陆的陶器和磨制石器。公元前 1000 年，南岛先民已经到达斐济。公元前 3 世纪到公元 5 世纪之间，随信风和赤道洋流，自印度尼西亚群岛横跨印度洋到达马达加斯加，成为定居在马达加斯加东部高原上的马拉加什人，并最终在公元 1200 年左右到达新西兰。

南岛语族人群对非洲产生了重要影响，尽管除了语言和葬俗，马达加斯加的亚洲移民很少保存祖先的文化印记。2000 年前，芋头、香蕉和水山药等

---

① 浙江省文物考古研究所：《跨湖桥》，文物出版社，2004 年，第 50 页。

② 吴春明：《涨海行舟：海洋遗产的考古与历史探索》，海洋出版社，2016 年，第 58 页。

从东南亚引入非洲，成为撒哈拉沙漠以南地区的主要食物。南岛族群似乎还将造船技术和一些乐器引入了非洲。按照印度尼西亚的传统，船首和船尾都绘有鹰眼，沿斯瓦希里沿海进行贸易的一种小船也这样设计。① 特别需要指出的是，非洲与亚洲早期文化传播同样是双向的：源自非洲的高粱在公元前1世纪成为南亚的重要农作物，而班图人则将南岛语族人群传入的农作物带到非洲内陆广大地区。②

1492年哥伦布来到美洲前，波利尼西亚人已踏上南美大陆。在智利，考古学家发现了波利尼西亚的鸡骨头残骸，年代为公元1304～1424年；③ 南美洲的甘薯则西传到波利尼西亚西部，两地对甘薯的称呼相近，南美盖丘亚族称甘薯为kumar，波利尼西亚人称其为kumara。④ 相距遥远的南美与波利尼西亚之间实现互通——这是环太平洋文化圈形成的一个重要标志。

与南岛语族远洋探索同步的文化因子，除了南岛语，还有树皮布。树皮布的分布范围包括非洲中南部，东亚，东南亚，太平洋诸岛及中南美洲。太平洋地区的部分岛屿，如萨摩亚、夏威夷、斐济等地，至今仍有精湛的树皮布制作工艺。

或许树皮布更能体现南岛语族的文化扩张能力。香港中文大学中国考古艺术研究中心邓聪教授认为："树皮布技术是南岛语民族最重要的文化要素之一"。⑤

近年来，考古学家在深圳咸头岭遗址发现了制造树皮布的工具石拍，年代为距今6600年甚至更早，这是迄今发现的最早的树皮布石拍，比东南亚地区已发现的石拍早了3000多年。在南中国发现的诸多石拍是树皮布起源于中

① 〔美〕林肯·佩恩:《海洋与文明》，陈建军、罗燚英译，天津人民出版社，2017年，第172页。

② 菲利普·李·拉尔夫、罗伯特·E·勒纳、斯坦迪什·米查姆、爱德华·伯恩斯:《世界文明史》【上】，商务印书馆，2001年，第457～458页。

③ 〔美〕大卫·克里斯蒂安等:《大历史：虚无与万物之间》，刘耀辉译，北京联合出版公司，2016年，第212页。

④ Miguel Covarrubias，the Eagle, the Jaguar, and the Serpent，Alfred A. Knopf, Pub., NY, 1954, P.28.

⑤ 邓聪主编:《衣服的起源——树皮布》展览图册，第16页；展览日期：2011年8月5日—2012年1月4日，展览地点：香港中文大学中国文化研究所。

国的关键证据。早在20世纪60年代，凌纯声教授就指出："根据作者近年对于中国古代树皮布文化的研究，现在我们可以假设树皮布起源于华东及华南，经中南半岛及马来半岛，向西渡印度洋 Madagascar[①] 而抵非洲；东行入太平洋经美拉尼西亚和波利尼西亚而达中南美洲，它的主要分布区域是在环太平洋地区。"[②]

邓聪教授对树皮布做了更为细致的民族学和考古学研究，他的结论与凌纯声教授的观点相似："树皮布技术自南中国南向进发中南半岛，席卷东南亚岛屿后，从海路上跨过太平洋岛屿进入中美洲。树皮布在中美洲更广泛被用作纸，具有记载文字的功能，对中美洲的历史影响至为深巨。东亚树皮布文化传统，是南部蒙古人种海洋扩散最重要的特征性代表之一，与东北亚洲旧石器晚期楔形细石叶石核的角色可以媲美。"[③] 邓聪教授还根据前人的成果绘制了树皮布文化扩散路线图。（图 1-7）该图显示2000年前，树皮布已经传播到了南美和东非。

从打制砾石石器、有段石锛、吹箭筒，到吐舌、拔牙风俗，南岛语族产生与迁徙的过程还有太多奥秘有待揭开。可以肯定的是，在欧洲人深入大洋远航之前，南岛语族才是海洋大通道上的弄潮儿！

三、海洋大通道上的其他族群

"地球之帆"上 CE 海洋通道连接着西北亚和北美洲。白令海峡极窄，最窄处仅37千米，对于数万年前适应了西伯利亚酷寒的原始先民来说，北美大陆和亚洲大陆"隔海相望"。

跨越白令海峡，旧石器时代晚期亚洲东部的文化因子已进入北美大陆，最典型的器物是楔状石核。楔状石核指古人用来剥取石片的石块，上宽下窄，

---

① 马达加斯加岛——笔者注

② 凌纯声：《树皮布印文陶与造纸印刷术发明》，台湾"中央研究院"民族学研究所，1963年，第191页。

③ 邓聪：《史前蒙古人种海洋扩散研究——岭南树皮布文化发现及其意义》，载《东南文化》2000年第11期。

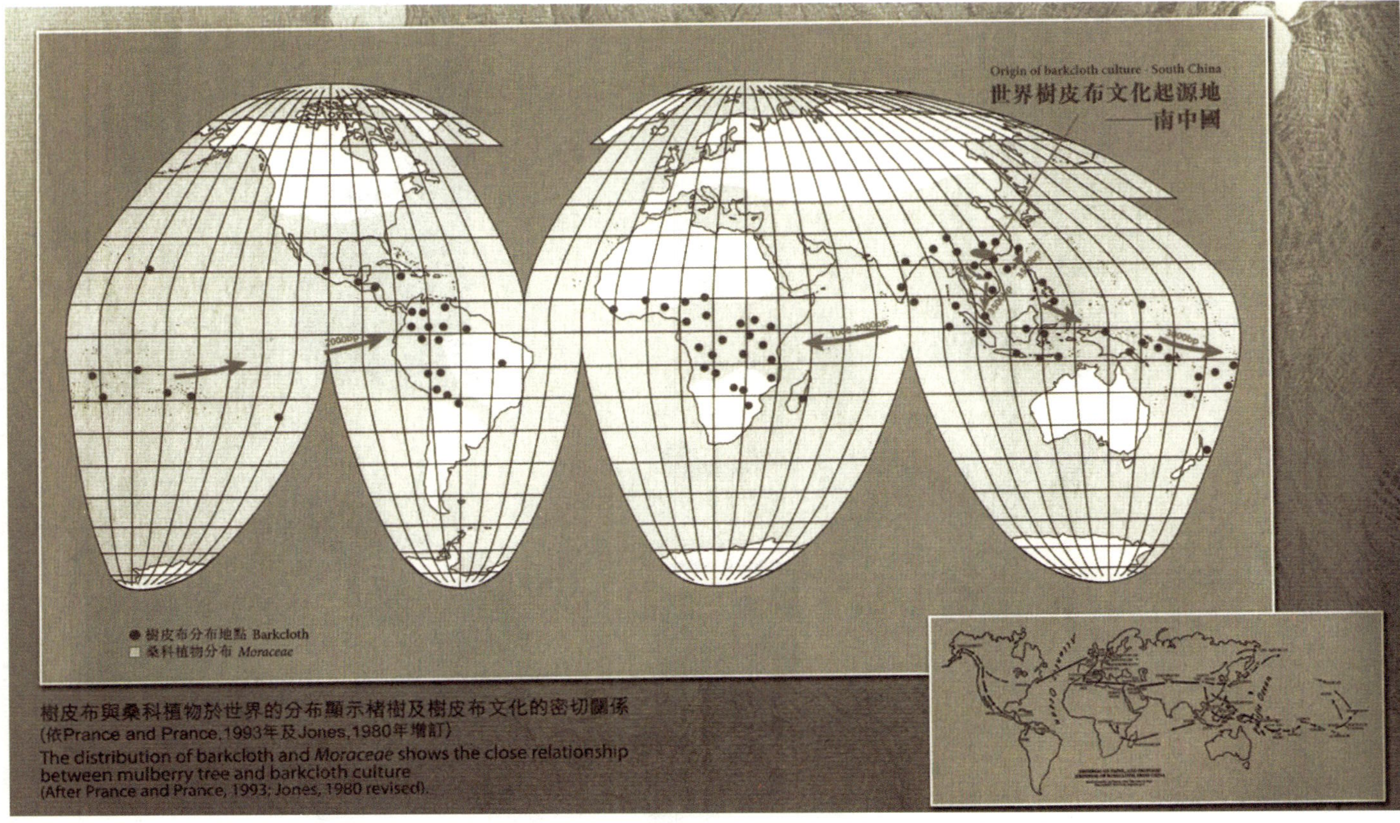

图 1-7 树皮布的传播。（图片来源：邓聪主编：《衣服的起源——树皮布》展览图册，第 16 页；展览日期：2011 年 8 月 5 日—2012 年 1 月 4 日，展览地点：香港中文大学中国文化研究所。）

前宽后窄，很像两个结合在一起的楔状体。（图 1–8）

1985 年，考古学家贾兰坡和陈淳在《亚洲和北美洲的史前文化联系》一文中指出，北美的楔状石核是从华北地区传过去的，且工艺有退化的趋势。“北美西北部的细石器从类型、工艺来看与东亚、东北亚的细石器没有什么区别，但文化内涵显得单调，而且数量上也远不及亚洲地区的丰富。自北向南，形制工艺呈衰退迹象。在阿拉斯加和不列颠哥伦比亚北部见有用两部器为荒坯的楔形石核，向南几乎全变为以角砾为荒坯，形制粗糙，台面也变修理为不修理，采用自然面为台面成为一大特点。”①

近一万年来，白令海峡两岸的文化交流越来越紧密，形成环北冰洋驯鹿与萨满文化带，包括美国（阿拉斯加）、加拿大、挪威和俄罗斯等多个环北极

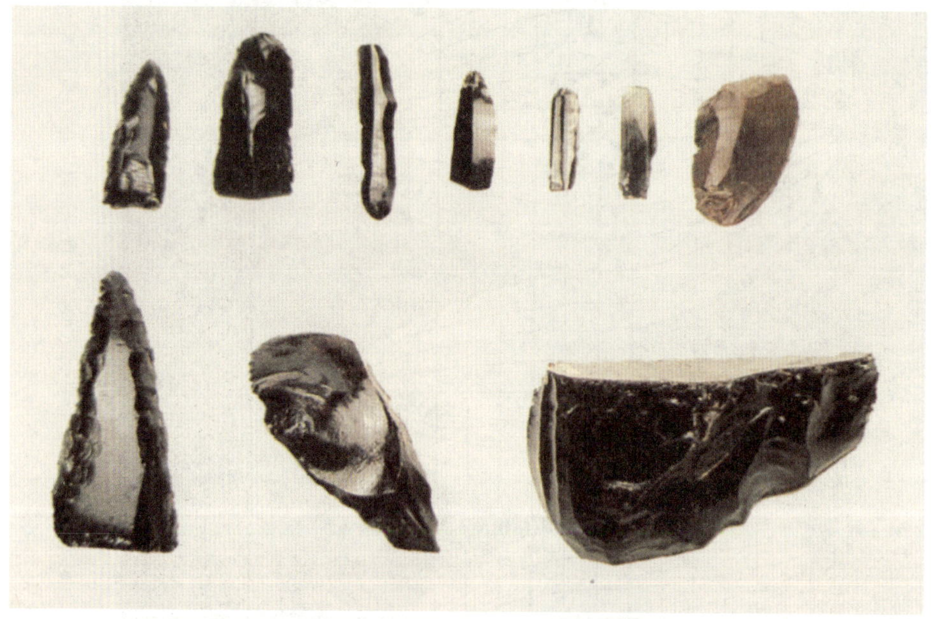

图 1–8　欧亚大陆东北部库页岛出土的黑曜石石器，右下为楔状石核，公元前 18000 ~ 16000 年（图片来源：William W. Fitzhugh, Aron Crowell, Crossroads of Continents: Cultures of Siberia and Alaska, Smithsonian Institution Press, 1998, P.118.）

① 贾兰坡、陈淳:《亚洲和北美洲的史前文化联系》，载中国太平洋学会主编《太平洋》，海洋出版社，1985 年。

国家——考古遗址证实，9800 年前，已经有原始先民进入瑞典北部地区居住，他们主要以捕食驯鹿为生，同时也食用鱼类和鸟类。①

近年来，学者们发现，商文化曾对“中美洲文明之母”奥尔梅克文化产生过重要影响。2001 年，南京大学历史学院范毓周教授在美国文明起源探索与研究基金会（Foundation for Exploration and Research on Cultural Origins）资助下，赴墨西哥进行考古调查，发现奥尔梅克文化玉圭和石磬上有明晰的可释读的甲骨文。②

美国得克萨斯基督教大学中国及东亚文化专业助理教授许辉在《奥尔梅克的发现》一书中，“奥尔梅克文字符号”一节列出了大量与商周文字相近的中美洲古代符号。他写道：“美洲印第安符号与中国这些字样的相似用法不但表现在农业方面，例如雨、水、天、田、禾、树苗、木、太阳及方位，而且还表现在拜祖祭宗和巫术神法方面。类似中国天干地支、数字和卦画等符号曾在中美洲地区有所出现。这些符号如果在中国境内发现，多会被认为是中国先秦文字体系。”③

整体上环太平地区文化因子流动方向是从亚洲流向美洲，文明的重心在亚洲。William W. Fitzhugh 和 S.A.Arutinunov 在《西伯利亚和白令海的史前时代》（Prehistory of Siberia and the Bering Sea）一文中总结：“看来，白令海峡从来不是两岸居民物质和思想交流的阻碍。事实上，它在一定程度上起到了止逆阀的作用，让亚洲因素更多地流入美洲大陆。无疑，造成这种现象的主要原因是，欧亚大陆高度发展的文化中心辐射到了相对缺乏这类中心的北美。”④

“地球之帆”上的 CB，太平洋交流通道实际构成了环太平洋文化带的核

① The Sami-an Indigenous in Sweden, By Ministry of Agriculture, Food and Fisheries of Sweden, 2007, P.12.

② 范毓周：《殷人东渡美洲新证》，载《寻根》2011 年第 2 期。

③ 许辉：《奥尔梅克的发现》，云南人民出版社，2001 年，第 80 页。

④ William W. Fitzhugh, Aron Crowell, Crossroads of Continents: Cultures of Siberia and Alaska, Smithsonian Institution Press, 1998, P.129.

心部分——除了拉丁美洲没有完整显示出来。环太平洋地区有诸多共同文化因子。比如人面岩画，是一种主要在环太平洋地区才发现的岩画类型，分布在中国北部、东部沿海，俄罗斯西伯利亚东部，美洲和澳洲西北部，其中以东北亚洲和西北美洲的分布尤其密集。（图 1–9）

岩画学者宋耀良教授注意到，东北亚洲与西北美洲的人面岩画，无论在作画技法、人像造型、岩画伴生符号还是作画地址等方面都具有一致性，说明二者有传播关系。他根据现有的考古学证据推测，距今 4000 年前后，“具有刻人面岩画习俗和宗教需要的史前东亚居民，在离开黑龙江下游出海口，通过阿留申群岛诸岛时，可能携带了小型的刻有人面像的卵石，或以这种技法在当地制作了图像，因此在一路的岛屿上留下了众多的刻纹卵石。当登上在阿拉斯加的美洲西北海岸后，他们又恢复了制作人面岩画的传统，在沿着海岸线向南缓慢迁移时，一路留下了无数人面岩画，一直到达了现美国西海岸的哥伦比亚河流域”。[①]

除了人面岩画，环太平洋地区有诸多相类的艺术风格，包括吐舌像、伸展的怪兽（Displayed Monster）、伸展的侧面有伴兽人像（Displayed, Flanked Figure）、建筑面具、怪兽面具头饰等。1967 年 8 月，哥伦比亚大学艺术史与考古系主办了“早期中国艺术和太平洋盆地图片展”（Early Chinese Art and the Pacific Basin: A Photographic Exhibition），并召开了专题研讨会[②]——可惜这类研究由于涉及国家众多、学术门类庞杂，很少能够持续进行下去。

“地球之帆”上的 AC，大西洋交流通道北段 DC，是连接欧洲和美洲的通道，最早由维京人开拓。达文波特写道：“到公元前 1000 年时，早期的欧洲航海者开始在直布罗陀海峡外驾驶这两种船（指芦苇小舟和木板船——笔者注）到深海区，但是直到 1500 年后（即公元 500 年——笔者注）才有人试

① 宋耀良：《环北太平洋史前人面形岩画研究》，收入《中国史前神格人面岩画》，上海人民出版社，2015 年。

② Early Chinese Art and the Pacific Basin: A Photographic Exhibition, Intercultural Arts Press, 1968.

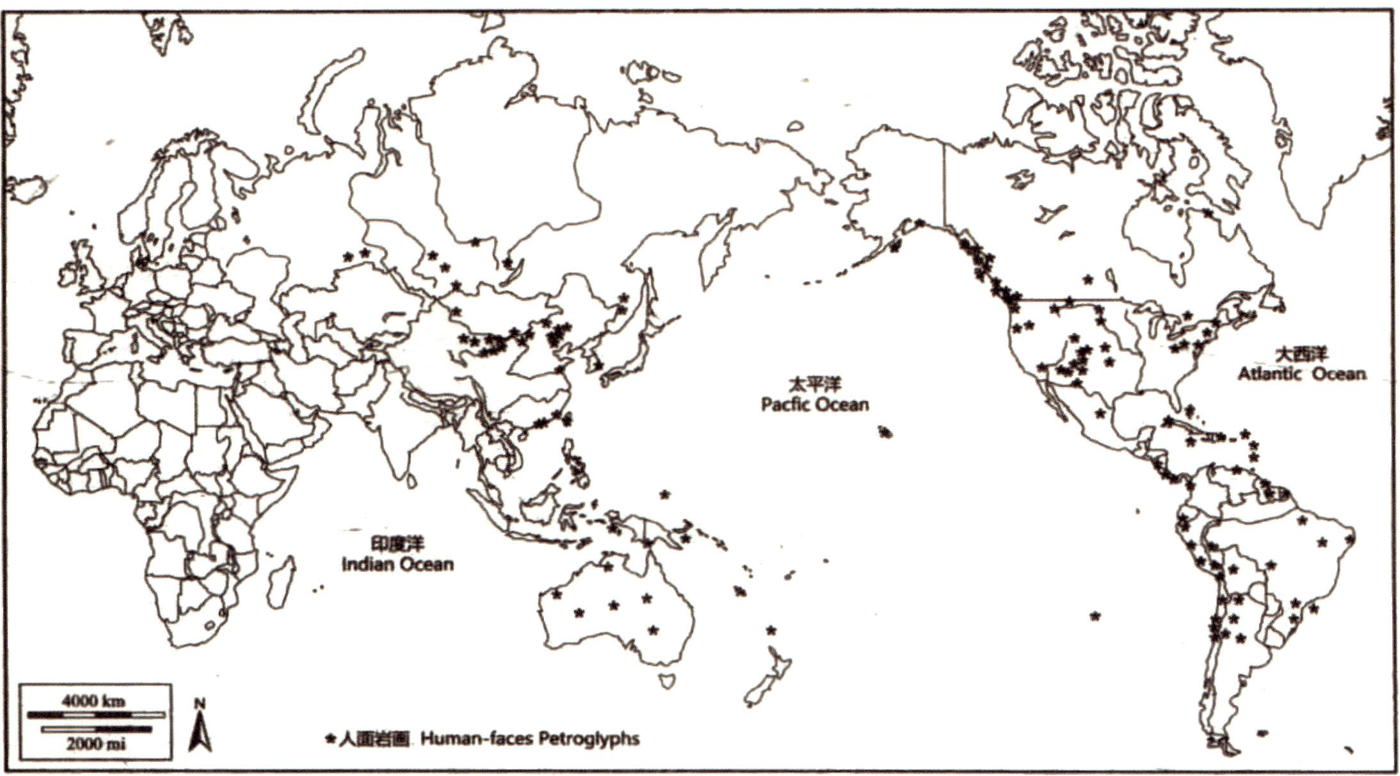

图 1-9 世界人面岩画分布图。（图片来源：朱利峰：《环太平洋视域下的中国北方人面岩画》，社会科学出版社，2017 年，第 2 页。）

着穿越海洋，但不是那些无畏的南部商人和武士们做的尝试，而是远在北方的勇敢的维京人，他们的长长的船只在那些由于冰雪和寒冷几个月都无法行船的地带可以畅行无阻。”①

文字记录和考古学都证明，维京人到达美洲在公元1000年左右，不过他们没能够长期定居，仅在那里逗留了几年。1960年，考古学家在于北美大陆以东纽芬兰海岸兰塞奥兹牧草地发现了维京人的村落遗址，高出地表的屋墙遗迹十分明显，共有八座建筑，其中包括一个铁匠铺和一个贮木场。出土的手工制品包括一个带有斯堪的纳维亚图案的环首门闩。

如果维京人保持8～11世纪那样在欧洲的强势地位直到文艺复兴时期，他们会把自己1000多年前发现美洲，当做一个重要的历史节点。我们之所以“假定”历史，是为了让读者知晓：欧洲人以自己为中心，扭曲了太多历史真相，导致我们不能平等看待不同族群在人类历史上的贡献，不能平等地对待不同族群的文化及不同文化间的有机联系。

腓尼基人是古代地中海世界具有长期影响力的航海民族，他们在公元前2000年崛起，北非的腓尼基后裔迦太基人，公元前147年被罗马人消灭。腓尼基人早已经穿过直布罗陀海峡，将他们的贸易拓展到大西洋海岸。据希腊历史学家希罗多德记载，埃及法老尼科（Necho，公元前610～公元前595年在位）曾派遣了一支由腓尼基水手组成的船队，要求他们沿非洲东海岸南下，围绕整个非洲大陆环航，最后通过直布罗陀海峡返回埃及。

根据当时的天象记录，我们可以推知此事的真实性，因为这些腓尼基人顺时针绕行非洲，经过非洲大陆的最南端时，中午的太阳出现在他们的右边，而不是左边——这正是赤道以南的人们所经历的现象！

希罗多德本人不相信太阳出现在北面天空，所以他写道：“这些人宣布了一件连我自己都不相信的事，可能其他有人会信，大意是说他们绕过利比亚（希罗多德称非洲为“利比亚”——笔者注）南端往西航行时，太阳竟然出现

① 〔英〕胡果·达文波特：《震惊世界的日子》，刘娜译，东方出版社，2005年，第146～147页。

在他们右侧，也就是他们的北边。”[①]希罗多德的怀疑正好反证了腓尼基人绕非洲航行的真实性。

腓尼基人、维京人，连同15世纪以后，汲取了旧大陆先进航海经验的伊比利亚人，“地球之帆”上的CA，大西洋交流通道才成完璧。当大西洋两岸航线开通的时候，地球成了一个更紧密联系的整体。沿着东方古老的文明交流通道，欧洲人催生了一个不可逆转的、真正意义上的全球化时代！

——这个过程是以种族灭绝和文化灭绝为代价的。只是因为中国文化处在欧亚大陆的东部，与欧亚大陆西部文化有着长达数万年之久的交流，才使得她面对欧洲的的病毒和炮舰，屹立不倒，至今其政治体制和社会文化仍然迥异于西方。而像印度那样的古老文明，尽管其社会文化的某些方面仍保持特色，不失传统，但政治体制等方面已经彻底西化了！

① 〔美〕彼德·奥顿：《改变世界的航海》，付广军，湖南科技出版社，2011年，第11～12页。

第二章　站在青藏高原放眼东西方

何谓西方，何谓东方？在这个问题上，我们深陷欧洲中心主义陷阱不能自拔。

英语中“东方”一词 Orient，来源于拉丁语 Oriens，意思是“升起”，指太阳升起的地方；“西方”一词 Occident 源自拉丁语 Occidens，指太阳落下的地方。在罗马人看来，以亚平宁半岛最东端划一条直线，以东是东方，以西是西方。

按这种分法，西方文化的重要源头之一古希腊也属东方。但正是希腊人，将东西方赋予了深深的西方中心论色彩。东西二元对立，优越的西方与野蛮的东方对立——这种观点随西方与波斯等东部国家的冲突不断加强，直到近代成为西方世界野蛮殖民的合法依据。

西方狭隘的“自我中心主义”必然遇到严重挑战。当欧洲人将视野投向远方的时候，他们不得不修正自己的观念。公元 11 ～ 13 世纪，十字军开拓了西方视域，天主教会把“东方”的范围扩展到了阿拉伯地区。18 世纪时，印度和中国也被纳入“东方”范畴。20 世纪，东、西方方位概念被彻底打破，亚洲和位于西方的“北非”都成了东方，欧洲和美洲则属于西方。

以西方现代性（扩张）为中心，对世界“井底之蛙”式的文化分割是灾难性的，因为目前东西方的划分根本不能反映地球文明版图的自然特征。印度和西方同源于印欧语族，且从 4000 多年前开始，亚欧非旧大陆青藏高原以西的三个文明古国，尼罗河的埃及古文明，美索不达米亚文明，印度河文明就形成了复杂的，以都市为中心的交流网络，美国史学家威廉 · H. 麦克尼尔、约翰·R. 麦克尼尔父子将之称为“尼罗河—印度河走廊”。[①]

20 世纪 20 年代，考古学家伦纳德·伍利在伊拉克南部乌尔的王后墓中发现了一块“饰板”——闻名世界的“乌尔旗”。（图 2–1）它上面的精美镶嵌：青金石来自阿富汗，红色大理石来自印度，贝壳来自波斯湾。将各种材料黏合有一起的，是中东地区如今巨大的财富之源——石油。

乌尔旗的年代在公元前 2600 至公元前 2400 年之间，从那时起，除中国之外的三大古文明已经紧密联系在一起。

社会学家黄纪苏先生对中国有个精炼的概括：“地理上自居一隅，文化上自成一格，政治上自成一统。”[②] 为什么中国会成为三大文明古国之外相对独立的文明体系？这很大程度上是由地理特点决定的。

图 2–1　伊拉克南部出土的乌尔旗。（图片来源：〔英〕尼尔·麦格雷戈，《大英博物馆世界简史》（上），余燕译，新星出版社，2014 年，第 66 页。）

① 〔美〕约翰·R. 麦克尼尔、威廉·H. 麦克尼尔：《人类之网：鸟瞰世界历史》，北京大学出版社，2011 年，第 40 页。

② 黄纪苏：《调整中国观，筹备世界观》，载《中央社会主义学院学报》2017 年第 3 期。

一、世界第三极——青藏高原

人是陆生动物，这个不言自明的事实背后蕴含着深刻的道理：文明的发展深受地理影响。

那些封闭在高山密林中的文化演化进程缓慢，亚马逊森林中有些族群至今仍停留在石器时代。而那些居住在海岸（大河边）和草原地带的族群，由于文明成果交流便利，能更快地分享不同地域，乃至洲际间的新事物，所以演化快速——不同地域铸就了丰富多彩的文明体系。

地理学家将地球上山海分界最明显的地区称为“极”，除了南极和北极，还有第三极青藏高原。

直到20世纪，人类才开始深入南极——那里不仅气候严寒，且四周为巨大的海面所阻隔，所以南极对人类文明演化的影响甚小。

北极不同。北极与欧亚、北美大陆相连，自旧石器时代晚期就有常驻人口。那里的人们多信仰萨满教，靠狩猎或养殖驯鹿为生。环北极文化带包括美国、加拿大、俄罗斯、瑞典、挪威等多个国家。图2-2显示了北极地区野生和家养鹿群的分布情况，从一个侧面反映了环北极文化带的面貌。

由于北极地区严寒的环境、散裂的地形、稀少的人口，近代以前该地区并没有发展出复杂的文明，当地许多民族处于原始渔猎阶段。

从长时段大历史的角度看，真正可称为人类文明重心的，是以青藏高原为中心的泛第三极，东西方主要文明都起源于这一地区。站在青藏高原放眼人类文明，会彻底摆脱欧洲中心论，清楚看到地球上不同文明的异与同——根据地理分布，而不是用西方的视野看世界，是摆脱欧洲中心论的重要方法！

中科院陈发虎院士等在《丝绸之路与泛第三极地区人类活动、环境变化和丝路文明兴衰》一文中解释说：“泛第三极地区以第三极为中心从东西南北不同方向辐散，但主要是东西方向扩展，西至高加索等山脉，东至黄土高原西部，面积2000多万平方千米……是世界四大古老文明的发源地。泛第三极

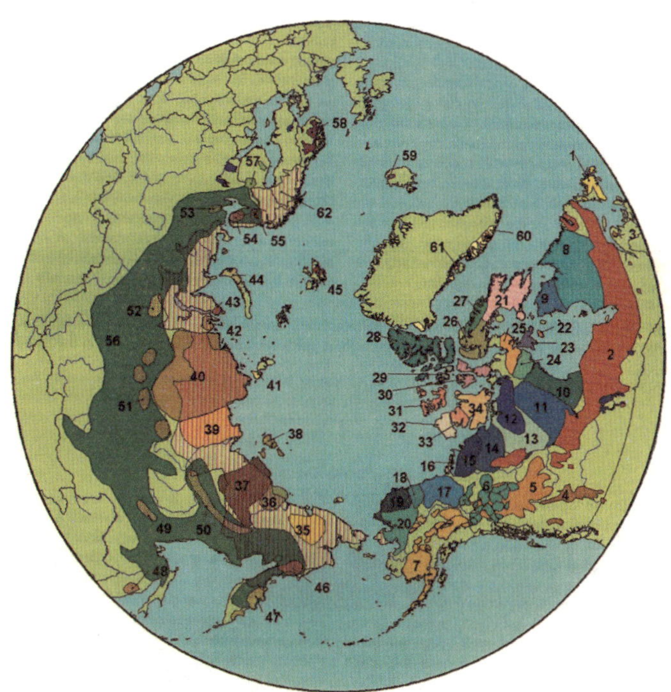

1 Newfoundland
2 Boreal
3 Atlantic
4 Southern Mountain
5 Northern Mountain
6 Yukon
7 Alaska
8 George River
9 Leaf River
10 Qamanirjuaq
11 Beverly
12 Ahiak
13 Bathurst
14 Bluenose East
15 Bluenose West
16 Cape Bathurst
17 Porcupine
18 Central Arctic
19 Teshekpuk
20 Western Arctic
21 South Baffin Island
22 Coats Island
23 Southampton Island
24 Lorillard
25 Wager Bay
26 North Baffin Island
27 Northeast Baffin Island
28 Eastern Queen Elizabeth Islands
29 Bathurst Island
30 Prince of Wales-Somerset-Boothia
31 Western Queen Elizabeth Islands
32 Banks Island
33 Northwest Victoria Island
34 Dolphin-Union
35 Chukotka
36 Sudrunskaya
37 Yana-Indigirka
38 Novosibiriski Ostrava
39 Lena-Olenek
40 Taimyr
41 Severnaya Zemlia
42 Gydan
43 Belyi
44 Novaya Zemlia
45 Svalbard
46 Parapolskii
47 Kamchatka
48 Amur
49 Okhotsk
50 Yakutsk
51 Evenkiya
52 Nadym-Pur (Yamal Okrug)
53 Arkhangelsk Oblast
54 Terskii Bereg (Kola)
55 Laplandskii Zapovednik (Kola)
56 Range of Forester Reindeer
57 Finland
58 Norway
59 Iceland
60 Greenland
61 Greenland Feral Reindeer
62 Range of Domestic Reindeer

图 2-2　北极地区野生和家养的鹿群分布，驯鹿总数有六百多万头。（图片来源：Family-Based Reindeer Herding and Hunting Economies, and the Status and Management of Wild Reindeer/Caribou Populations, Published by Centre for Saami Studies, University of Tromso, 2004, P.158.）

地区地处欧亚大陆腹地，至少从生理学上的现代智人在欧亚大陆的扩散和发展开始，经过漫长的自然—社会—经济发展，不同民族和多种文化历经了复杂且长期的文化交流融合，培育了这片欧亚文化、宗教、政治、经济交汇融合的连绵不断的地带。”[①] 他们绘制了泛第三极地区地形图示。（图 2-3）

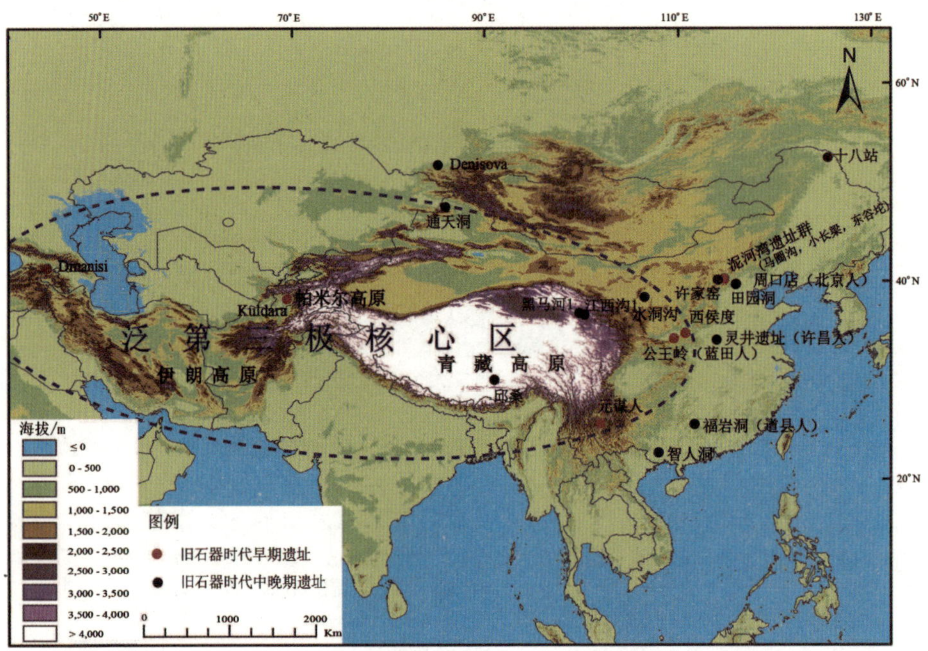

图 2-3　泛第三极地区地形图示，虚线给出了泛第三极地区的大致范围。图中遗址表示原文中提及的重要旧石器时代遗址。（图片来源：陈发虎、安成邦、董广辉、张东菊:《丝绸之路与泛第三极地区人类活动、环境变化和丝路文明兴衰》，载《中国科学院院刊》，2017 年第 9 期。）

以难以跨越的青藏高原为天然界线，我们分欧亚文明为东、西两部分。东部以中华文明为中心，西部以后来发生的次生文明古希腊和古希伯来文化（两希文化）为中心，二者是东西文化的源头，锁定了其演化的基本路径。

青藏高原为东，发展了世俗性的大道文明，内圣外王、修齐治平一以贯

① 陈发虎、安成邦、董广辉、张东菊:《丝绸之路与泛第三极地区人类活动、环境变化和丝路文明兴衰》，载《中国科学院院刊》，2017 年第 9 期。

之；青藏高原以西，发展了宗教性的一神教文明，其核心为犹太教《旧约》。

东西方文明的发展从来不是孤立的，近代以前欧亚大陆不同族群，通过海洋河流、草原绿洲，在欧亚非旧大陆建立起了复杂的交流网络。除了 1877 年德国地理学家李希霍芬提出的通过新疆绿洲的丝绸之路，还有东西向的两条主干道，分别是北方的草原丝绸之路和南方的海洋丝绸之路。（图 2-4）

除了横向三条丝绸之路主干线，还有五条南北走向的支线，由西向东分别是琥珀之路（the Amber Road），美索不达米亚之路（the Mesopotamia Road），佛教之路（the Buddhism Road），密宗之路（the Lamaism Road），马匹交易之路（the Horse Trading Road）。[①] 这些密集的交流使旧大陆成为近代以前文明最为高度发展的地区——奠定了现代文明的基本格局。

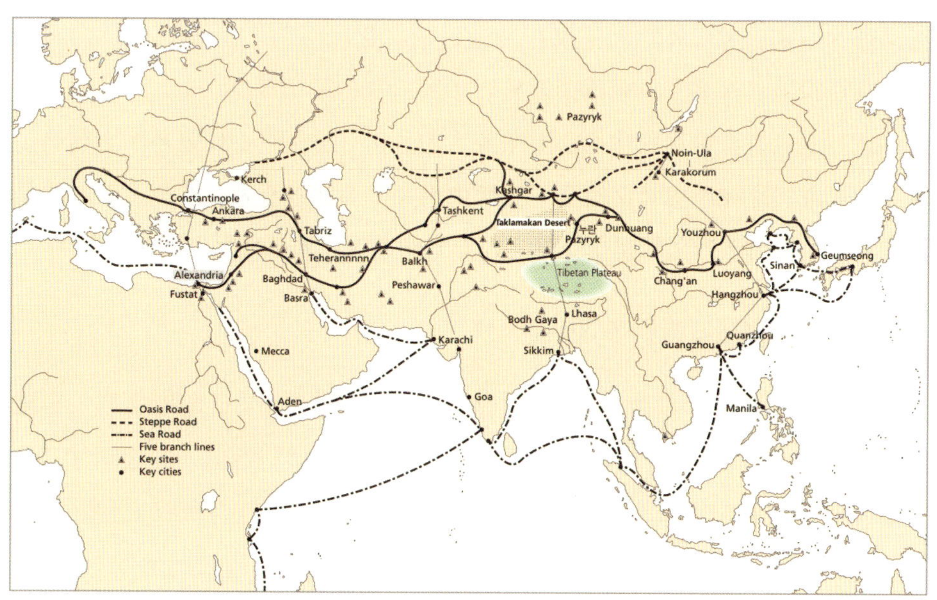

图 2-4　韩国文明交流研究所所长郑守一（Jeong Su-IL）绘制的丝绸之路网络。其中北部的虚线代表草原之路，中间的实线代表绿洲之路、下边的虚线代表海洋丝绸之路。南北向的五条支线用浅色实线表示。（图片来源：Jeong Su-IL, The Silk Road Encyclopedia, Seoul Selection U.S.A., Inc.2016, P.810.）

① Jeong Su-IL, The Silk Road Encyclopedia, Seoul Selection U.S.A., Inc.2016, P.811.

不能认为，陆上丝绸之路和现代高速铁路、公路一样是固定的，它只表示文化因子、货物等交流的主要线路或大致方向。历史上，欧亚大陆上不同族群的互动极为复杂，由于交通技术的限制，更多是接力式的。

4000 年前，草原之路上青铜、彩陶、驯化的动植物等文明因子在东西方互通互动，那是公元前 2 世纪形成的绿洲丝绸之路的基础——事实上，正是草原丝绸之路被匈奴人控制，才使汉朝向南，开辟戈壁—绿洲丝绸之路。

所以，在“地球之帆”上，我们用横亘青藏高原北部的 DE 代表陆上丝绸之路。

也不能认为，青藏高原如南极一样难以征服，尽管由于高原缺氧等原因，西藏直到今天都人口稀少，有大面积的无人区。但自旧石器时代晚期开始，喜马拉雅南北坡的石器技术就互相影响，“早期金属时代，跨喜马拉雅的文化互动更为密切，并显示出与广义中亚地区的文化联系”。[①] 吐蕃时代，西藏人更是有意识地从青藏高原东西南北吸收不同文化因子，极盛一时。

地球上只有青藏高原才称得上东西方的真正分野，它不仅阻挡了史前诸多族群的东进，也在历史时期阻止了亚历山大大帝那样雄心勃勃的征服者——是我们将人类文明地理坐标建立在事实，而非欧洲人想象基础之上的时候了！

二、陆地丝绸之路东端的中华文化

相对于青藏高原以西的美索不达米亚文明、埃及文明、印度文明（早期印度河文明在青藏高原西部），中国文明最大的特点就是她惊人的连续性。这与其文明腹地背靠青藏高原、西北和北部又有戈壁、山脉将游牧民族隔开的地理位置有关。同时，这些戈壁和山脉有足够的孔道，连通陆地丝绸之路，渗入欧亚大陆西部和南部的文化因子——中国文明地理条件可谓得天独厚！

这一点与印度文明不同，印度的语言、政治常常随着入侵者而改变。除了宗教文化，缺乏基本的连续性。历史学家斯塔夫里阿诺斯写道：“与印度文

① 霍巍、王煜、吕红亮：《考古发现与西藏文明史 · 第一卷：史前时代》，科学出版社，2015 年，第 13 页。

明的松散和间断相比，中国文明的特点是聚合和连续。中国的发展情况与印度在雅利安人或穆斯林或英国人到来之后所发生的情况不同，没有明显的突然停顿。当然，曾有许多游牧部族侵入中国，甚至还取某些王朝而代之；但是，不是中国人被迫接受入侵者的语言、习俗或畜牧经济，相反，是入侵者自己总是被迅速、完全地中国化。”①

北京大学考古文博学院王幼平教授认为，正是青藏高原在近两三百万年的迅速隆起，促使中国文明从旧石器时期开始走上了独立发展道路。直到更新世晚期，约 3 万年前，中国北部地区西方的石叶工业、细石器工业才传入。他写道：“东西方文化交流得以恢复的阶段是晚更新世晚期，比较明显的事例是华北地区石叶与细石器技术的出现。但此时的交流也难于直接跨越青藏高原与中亚沙漠的巨大屏障，而是当现代人已经出现，智力与技术都得以充分发展，绕经遥远寒冷的北方草原地带进入华北地区。不过到目前为止，在华南地区则还是没有发现西方同期文化的影响。”②

是什么时候开始，欧亚非旧大陆克服青藏高原的巨大屏障，开始大规模文化因子交流的呢？所有考古学证据都指向 4000 年前的青铜时代，即远在西汉丝绸之路开通前经过草原和山谷的青铜之路。它将欧亚大陆西部次级产品革命成果带到了东方——这场交流的规模如此巨大、剧烈，是近代以前从来没有过的。中国文化（包括印度在内）在西方诸多文化因子的撞击下，进入了文明大发展时期。

过去 40 年来，由于新疆考古工作的进步，学者们能够根据考古遗迹，科学推断青铜之路的细节。青铜技术起源于西亚的新月地带，通过北方草原，或沿天山这座东西文化大陆桥东进，经甘青地区，最后一路向东，进入中原。新疆师范大学教授、考古学家刘学堂写道：“中原文明的起源，追根溯源，是在当地文化发展的基础上，四面八方文明要素向这一区域汇流、撞冲、融合、

① 〔美〕L.S. 斯塔夫里阿诺斯：《全球通史：从史前史到 21 世纪》（上），吴象婴等译，北京大学出版社，2013 年，第 128 页。

② 王幼平：《中国远古人类文化的源流》，科学出版社，2005 年，第 321 页。

创新的结果。其中有一些要素根植于西方，就目前所知，有冶金术、小麦的种植、牛羊家畜、马车等，外来文化同时或相继传入中原，引人注目，发人深思，这些都与青铜之路关系密切。夏代前后，中国与外部世界，特别是西方文明的文化要素之间的频繁接触，使得中国获取了更多的与外部技术、思想、制度接触的机遇，促进了社会进步，推动了中原文明体的成熟。”①

不仅夏代，三代及其后的王朝，若不接受以青铜时代畜力能源重复使用为代表的次级产品革命，获得先进生产力，就不可能崛起。如军事上特别重要的马拉战车和后来机动性更强的骑兵，都需要良马，而中原和中国南方地区不适合养马。所以近代以前，中央政权必须获得北方草原地带生产的战马，否则，生存的机会几乎没有——这是生与死的问题。公元 8 世纪后半叶，吐蕃东进，河西走廊传统马匹产区落入敌手，唐朝政府立刻陷入缺乏马匹的困境。公元 804 年，福建观察使在泉州设置牧场，但由于气候等原因，“经年无所生息”，只能作罢。

经济基础决定上层建筑。这就是为什么，中国历史的重心长期居于北方，夏、商、周三代都起源于北方戎狄之地的根本原因。

夏朝：《史记·六国年表序》载“禹兴于西羌”；《潜夫论·五德帝》有“戎禹”之称。甘青地区齐家文化，无论时间上，还是空间上，都可能与大禹龙兴有关——夏朝来自西北地区已经取得相当程度的共识。

中国社会科学院民族学与人类学研究所的易华教授专著《齐家华夏说》一书，对齐家文化和中原二里头文化进行了系统比较，从冶金考古、植物考古、动物考古、卜骨、玉器、青铜器等多维度论证了二者文化上的同质性。指出：如果二里头文化是夏文化，那么齐家文化就是早期夏文化；如果二里头是商文化，齐家也可能是夏文化。②

复旦大学生命科学学院现代人类学研究中心的李辉博士则从分子生物学的角度证明：大禹所属的西戎羌人与后来的汉人具有同源关系，他甚至说汉

① 刘学堂：《彩陶与青铜的对话》引子，商务印书馆，2016 年。
② 易华：《齐家华夏说》，甘肃人民出版社，2015 年，“概要”第 1 页。

族就是氐羌民族，二者在夏建立前一千年左右才开始分化；古代氐族与羌族有密切关系，可能是羌人的一支，所以先秦史籍往往“氐羌”连用。李辉指出：“相对其他系统的民族，汉族与氐羌系统的少数民族更近，甚至可以说汉族就属于氐羌民族。语言学研究估计其间有六千年左右的分离，而遗传学分析他们的分化发生在约五千年前，相差无几。”①

商朝：据《国语·周语》所载《大誓》（即《尚书·泰誓》），有“戎商必克”一语，《尚书·康诰》有“戎殷”之称。在《商族的起源、迁徙与发展》一书中，南开大学历史学院朱彦民教授在辨析了学界诸多关于商族起源的假说后，提出商族发源于河北燕山以南，今京津唐一带的观点。②后来对河南偃师商代人群的古 DAN 研究表明，其与二里头夏代人群在遗传结构上有一定延续性，并同时具有夏家店下层文化大甸子遗址人群融入的现象。大甸子遗址属于燕山南北早期青铜时代遗存，距今 3600 年左右。③商人很可能起源于欧亚大草原极东部——燕山一带。

周朝：《诗经·大雅·民劳》周人自称为戎，“戎虽小子，而式弘大”。《世说新语·语言第二》记载：“文王生于西羌。”据《史记·周本纪》，周先人长期过着游牧生活，直到周文王祖父古公亶（dǎn）父，率领族人由豳迁到岐山下的周原（今陕西岐山北）后，才改变戎狄的游牧生活习惯，从事农业生产。

李零教授说“中国历史大有胡气”，此乃智者之言！④

次级产品革命在中国的发展过程，及其对中华文化影响的路径和程度，相关研究尚待展开……

中国过去 5000 年的历史可以以 1840 年为界分为两部分。1840 年以前，

---

① 李辉：《东亚人的遗传系统初识》，载《国立国父纪念馆馆刊》（台北），2002 年第 10 期。

② 朱彦民：《商族的起源、迁徙与发展》，商务印书馆，2007 年。

③ 桓晨：《商代早期人群遗传结构分析及与其他人群的遗传关系》，中国科学院研究生院，2012 年。

④ 李零：《我们的中国·茫茫禹迹》，生活·读书·新知三联书店，2016 年，第 10 页。此说是李零先生为下面一句话作的注：“中国的两次大一统，一次是周克商，西北征服东南；一次是秦灭六国，也是西北征服东南，怎么这么巧？原来西北有个‘高压槽’，有个以骑马民族为背景的‘高压槽’，就像冬天的寒流，总是从西北横扫东南。”

紧临亚欧大草原，从东北到西南的高地半月形文化传播带起着东西方文化因子的交流通道作用，青铜时代以畜力能源重复使用为代表的次级产品革命由此传入；1840 年以后，紧临海上丝绸之路，中国东部、东南沿海半月形文化传播带起着东西方文化因子的交流通道作用，工业时代化石能源革命的成果由此传入。中原地带是东西方不同文化因子融汇的中心，中华政教统一的礼义王道即诞生于此！

如果我们将这种文明交流形势展示在中国地图上，它正好呈现为一只眼睛——那是地球上的“中华大道之眼”！（图 2-5）

图 2-5　“中华大道之眼”，过去 5000 年中国文明交流形势图。（图片来源：专业地图网站“地之图”，网址：http://map.ps123.net/china/12.html，访问日期：2018 年 11 月 28 日。）

以1840年为界线，两个半月形文化传播带发挥作用的程度是相对而言的——不能说近代以前，沿海半月形文化传播带没有发挥重要作用；也不能说，近代以后，东北、西南高地半月形文化传播带没有发挥重要作用。

考古学家苏秉琦先生也注意到中国文化包括“面向内陆和面向海洋两部分”，其中面向海洋的部分，其文化因子一直扩散到东南亚和南太平洋。在《关于考古学文化的区系类型问题》一文中他说：“在南方地区，有段石器的分布地域可以延伸到南太平洋、新西兰；而几何印纹陶的分布地域则遍及整个东南亚地区。有趣的是，如果我们把我国的版图分为面向内陆和面向海洋两部分的话，那么还可以看到这样一种情况：面向内陆的部分，多出彩陶和细石器；面向海洋的部分则主要是黑陶、几何印纹陶，有段和有肩石器的分布区域，民俗方面还有拔牙的习俗。”①

“东北到西南的边地半月形文化传播带”是考古学家童恩正先生20世纪80年代提出的概念，在海内外产生了较大影响。童恩正先生能提出这一概念，除了中国高地“半月形文化传播带”上诸多相似的文化因子，包括细石器、墓葬风格、青铜器动物纹饰和铸造工艺等，还与他立足于青藏高原的大视野有关。

《试论我国从东北到西南的边地半月形文化传播带》开篇他写道：“如果我们站在号称‘世界屋脊’的青藏高原上纵目遥望祖国大地，就会发现在高原的东北，有几道山脉连续地向东延伸，这就是青海的祁连山脉，宁夏的贺兰山脉，内蒙的阴山山脉，直至辽宁、吉林境内的大兴安岭。而在高原的西南部也有几道山脉向南延伸，这就是由四川西部通向云南西北部的横断山脉。这一北一南的两列山峰及其邻近的高地，在地理上如同一双有力的臂膀，屏障着祖国的腹心地区——黄河中下游和长江中下游肥沃的平原和盆地……尽管这一高地绵延万里，从东北至西南成一半月形环绕着中原大地，但是从新石器时代后期直至铜器时代，活动于这一区域之内的为数众多的民族却留下

---

① 苏秉琦：《关于考古学文化的区系类型问题》，载《文物》1981年第5期。

了若干共同的文化因素，这些文化因素的相似之处是如此的明显，以至难以全部用‘偶合’来解释。”①

童恩正先生讨论东北到西南的边地半月形文化传播带时，还没有将它与西方文化联系起来。今天，许多学者都注意到它实际是亚欧大草原与中原之间复杂的过渡地带，是东西方文化传播的中间环节。

牛津大学考古学家杰西卡·罗森爵士（Professor Dame Jessica Rawson）称东北到西南的边地半月形文化传播带为“Arc”（弧），2018 年 8 月 29 日，在北大考古文博学院的“欧亚视野下的中国青铜时代学术研讨会”上，笔者遇到罗森女士，和她详细讨论了西方文化到底在什么意义上影响到了中国。她认为 4000 多年前的中国已经建立起了高度组织化和等级化的社会，因此西方文化因子只有在适应中国社会的条件下才被接受，这是中国文化保持其特色的重要原因。会后，她特别将其发表在 2017 年 4 月号《Antiquity》杂志上的《China and the steppe: reception and resistance》一文打印出来送给我。

不错，西亚青铜技术传入中国时的确明显本土化了，亚欧草原以工具和装饰为主的青铜器转化为中原以礼器为主的青铜器，中原早期铜器也以本土陶器器型为模本铸造，且这一变化始于青铜技术更早进入新疆之时。刘学堂教授写道：“西方青铜器的主流传统，是那些制作规整、形体相对统一、区域特征明显的主要用于生产和战争的工具与武器，如斧、剑、矛、凿等，多是实用的器物。这些器物在天山北路墓地（位于新疆哈密——笔者注）基本上找不到了。青铜之路由亚欧西部进入东天山地区，继而向东，远抵中原腹地，功能变化日渐明显。冶铜业越来越多地被用于非生产性的神秘领域，制作出不少专门为神服务的神秘器具，即那些类型不一的青铜巫具、祭器，构成西北青铜文化的重要内容。”②

但我们不能因为中国族群（还有语言）没有发生重大变化，就认为中国

① 童恩正：《试论我国从东北至西南的边地半月形文化传播带》，收入《考古与文物论集》，文物出版社，1986 年。

② 刘学堂：《彩陶与青铜的对话》，商务印书馆，2016 年，第 203 ～ 204 页。

文化没有改变。事实上，青铜时代次级产品革命进入中国，是东西方文明的大碰撞，中国文化因此进入到了一个全新的时代——政教系统、王道政治走向成熟！

青铜制造，特别是大型礼器的制造和陶器不同，不是一家一户能完成的。从找矿、开采、冶炼、铸造，需要精细的社会分工，长距离贸易。如同治水一样，客观上要求强大的社会管理系统；再比如小麦传入中国北方地区，冬小麦成熟于六月，是中国本土作物青黄不接时，小麦特殊的生长期有利于北方食物的稳定性，中原文化的兴起。

中国人一直坚持的政治组织原则：建立一个超越特殊利益集团、代表民众整体利益的强大中央政府（《尚书·洪范》所说的“皇极”），也明确阐述于中原的第一个中央王朝——夏朝。

周代天子祭上帝、五帝、日月等大祭祀时用太牢——牛、羊、豕（shǐ，猪）做牺牲，历史上多单用全牛。太牢礼仪规格最高，其中牛、羊都是西亚人最早驯化的，4000年前中国逐步进入青铜时代，它们才由西到东普及开来——或许历代天子本人很少知道，太牢三牲主要来自西方！

公元前14世纪地中海沿岸的国王们，将马拉战车作为重要礼物和地位象征，写信时都要如此问候：“致埃及国王……愿您的家人，您的夫人们、儿子们、头领们（酋长们）、战士们、战马战车和您的国度一切安好！”[①]

周朝，车子同样重要。周人用战车数量的多寡作为国家实力的指标。中国古典经济学轻重术中关于土地赋税的学问，有个专有名词“乘马”，现存《管子》中还有《乘马》《巨乘马》《乘马数》几篇；据《论语·先进篇》，孔子的儿子孔鲤和最心爱的学生颜回死了，他都不肯卖掉车子为二人置办外椁。因为按照周礼，有大夫之位的人要乘车出行，不能步行。

青铜时代欧亚大陆的一切文化因子都开始加速度传播，其社会文化的影响极其深入。所以我们不能说，中国文化在青铜时代的次级产品革命中保持

① 〔美〕埃里克·H. 克莱因：《文明的崩塌：公元前1177年的地中海世界》，贾磊译，中信出版集团，2018年，第83页。

了其稳定的特质。恰恰相反，当时中国文化巨变！

当然，三代文化并未失去原生性，成为西方文化的附庸，也不是东西方文明各占 50% 的杂合。三代文化是在中国本土文化的基础上，东西方文明大撞击的结果。我们不能将现代的“中心－边缘”世界体系理论强加在 4000 年前的欧亚大陆——当时“东亚、欧洲”边缘和“西亚、中亚”中心几乎不存在任何直接的依附关系。这种看法，不利于我们阐发东西方大碰撞中产生的文明超新星——政教一体，内外一贯的中华大道！

三、海洋丝绸之路西端的两希文化

公元前 4000 年左右，埃及人已经航行在地中海东岸至亚丁湾的广大地区，他们用金子、粮食或牛换取药材、纺织品和瑰宝。公元前 2600 年时，埃及水手们定期航行到黎凡特，运回雪松等货物。

公元前二千纪末叶，包括古希腊和古希伯来的地中海东部地区已经连接为一个密集的网络。1982 年，在土耳其西南海岸的乌鲁布伦，考古学家发现一艘公元前 1300 年的沉船。这艘船的货物如此丰富，几乎来自青藏高原以西大多数地区，从阿富汗一直到意大利，至少来自七个不同的国家、城邦或帝国。包括：10 吨塞浦路斯黄铜；24 根来自努比亚的乌木；来自美索不达米亚的近 200 块各色玻璃生料；约 140 个迦南储藏罐；来自意大利和希腊的剑和匕首；还有一把来自巴尔干的古权杖；而船上的锡和天青石可能来自遥远的阿富汗巴达赫尚地区。

乔治华盛顿大学古代史和考古学教授埃里克 · H. 克莱因（Eric H. Cline）称当时的东地中海是“第一个真正的全球化时代”，他赞叹：“我们或许永远不会知道乌鲁布伦沉船是经谁派遣，因何目的，去往何方的，但这艘船却堪称公元前 13 世纪初地中海以及跨爱琴海国际贸易和交往的一个缩影。我之所以这样说，不仅因为船上的货物来自至少七个不同地区，而且因为考古学家在沉船上发现的个人物品说明船上至少有两位迈锡尼人。尽管这艘船来自迦南，但显而易见这艘船并不属于一个孤立的民族、王国或封地，而属于一个包含着贸易、移民、外交和战争等因素的相互联系的世界。那个时代堪称第一个真正的全球化时代。”[①]

经过公元前 1200 ～公元前 800 年的黑暗时代，地中海东部再次成为一个繁荣的世界，腓尼基人仍是贸易的主要力量，希腊人、叙利亚人、伊特鲁里亚人、埃及人都十分活跃。当时一些地方的特产享誉整个东地中海，如埃及的玻璃、科斯岛的纺织品、雅典的橄榄油、黑海的鱼以及西西里岛的粮食。

总之，到公元前的几个世纪，“地球之帆”代表海上丝绸之路的FG已经开通。广西壮族自治区合浦县是汉代海上丝绸之路的起点。根据《汉书·地理志》记载，汉武帝时期已形成一条从合浦、徐闻等地出发，经东南亚远至印度、斯里兰卡的贸易航线。1975 年，合浦县堂排 2 号西汉墓出土了一个琥珀小狮坠，长 1.2 厘米，高 0.8 厘米。（图 2-6）别看它小，却揭示着两千多年前东西方文明交流的重要信息：琥珀来自欧洲波罗的海沿岸，狮子产于印度、欧洲东南部和非洲，汉代才传入中国。

图 2-6　广西壮族自治区合浦县西汉墓出土的琥珀小狮坠，是海上丝绸之路开通的重要物证。（图片来源：国家文物局编：《海上丝绸之路》，文物出版社，2014 年，第 49 页。）

如同陆地丝绸之路东端滋养孕育了中华文化一样，海洋丝绸之路西端，地中海东部地区孕育了两希文化——古希腊和古希伯来文化，二者分别突出理性和信仰，构成现代西方文明的二元结构。

近两百年来，由于西方中心论的强大影响力，希腊文明被视为说印欧语的古希腊人与当地土著混合的结果，即美国康奈尔大学政治学教授马丁·贝尔纳（Martin Bernal）所说的“雅利安模式”，认为希腊本质上是欧洲的或雅利安的。马丁·贝尔纳一个重要贡献是，在《黑色雅典娜》三卷著作中，他

① 〔美〕埃里克·H. 克莱因：《文明的崩塌：公元前 1177 年的地中海世界》，贾磊译，中信出版集团，2018 年，第 117 页。

论证了希腊文化是大量借鉴地中海东部地区文化的结果，深受西亚和埃及文化的影响。

这是一个不言自明的道理。希腊作为一个次生文明，紧临西亚的美索不达米亚和北非的埃及，所有次生文明都会受到临近原生文明的影响，就如同中国文化对日本和韩国的影响一样，这是一个无法否认的现实。但 18、19 世纪的欧洲中心论者（马丁·贝尔纳称他们为浪漫主义者和种族主义者）坚信：希腊是欧洲的缩影，是欧洲的纯洁童年，不可能受到非洲人或闪米特人的影响。这种观念，导致我们对希腊文明的理解充满偏见，谬种流传至今！

深圳大学的阮炜教授在其《另一个希腊》一书中不禁反问道："如果没有埃及和两河流域的文化积累，或者说如果没有腓尼基人发明的字母，没有埃及人、苏美尔人、巴比伦人、叙利亚人等古代民族对希腊人的经济、艺术、政治等方方面面的影响，希腊文明能有它那出色的表现吗？它在科学、艺术、建筑、法律和哲学等方面能够取得如此惊人的成就，能够如此深刻地形塑中世纪基督教文化、西方现代文化，以及全球现代文化吗？伊斯兰教、东正教、西方基督教等文明更是建立在次生文明基础上的次生文明，是在希腊、希伯来（从宗教的角度看，与希伯来文化一体的犹太教是基督教、东正教、伊斯兰教的亲体）这两个次生文明的基础上成长起来的文明。"①

整体上看，公元前 334 年亚历山大大帝东征以前，埃及和两河流域文明对古希腊的影响更大；公元前 334 年之后，在亚历山大征服的青藏高原以西广大地区，希腊文化的影响显然极大，这就是持续长达 300 年"希腊化时代"。

我们将地中海东部地区的这种文明交流趋势表现在地图上，如图 2-7 所示。

地中海东岸是希伯来一神教文化的发祥地，爱琴海周边的古希腊文化是西方理性哲学的摇篮。两希文化如同文明 DNA 的双螺旋，奠定了西方文化

① 阮炜：《另一个希腊》，上海三联书店，2010 年，第 11 页。

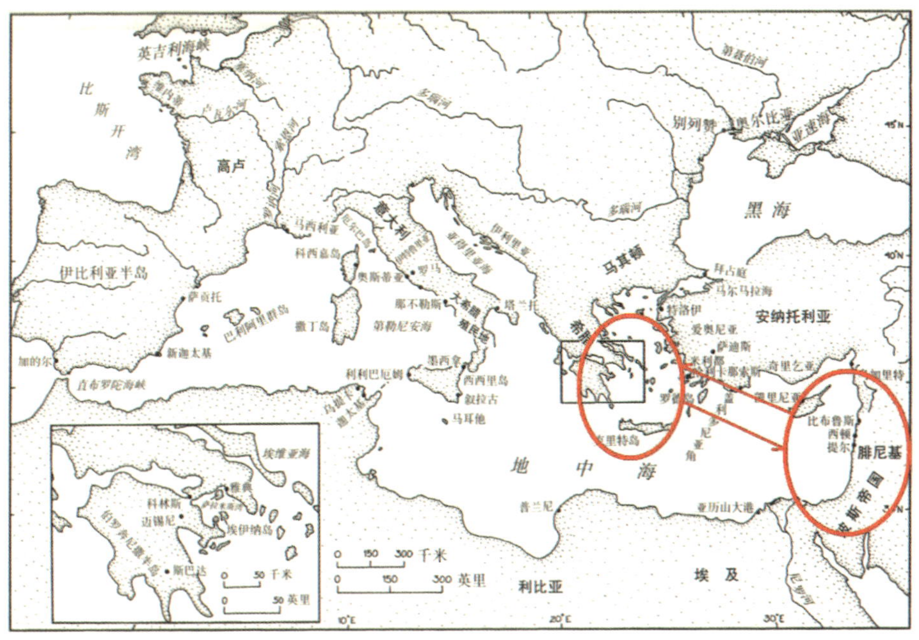

图 2-7 西亚、非洲文明与古希腊的相互影响，整体上呈哑铃形。两边的分立态势埋下了西方政教分立的种子，成为西方长期的不安定因素。（图片来源：〔美〕林肯·佩恩：《海洋与文明》，陈建军、罗燚英译，天津人民出版社，2017 年，第 13 页。）

的初基。希伯来文化与希腊文化呈哑铃形分立态势，中世纪以后最终演化为信仰与理性、政权与教权的对立，影响深远。这是西方文明内圣与外王断裂，即内心神圣信仰与外在理性工具断裂的结果！

“上帝的归上帝，凯撒的归凯撒”，政教分立对任何族群来说，如同个人肉体与精神的分裂，结果是灾难性的。北京航空航天大学战略问题研究中心张文木教授一针见血地指出：“欧洲教廷与世俗王权的对立所产生的内耗不仅在以后相当长的时期里拖滞了欧洲——与同期的中国隋、唐、宋、元、明各朝相比——的发展，这种对立和内耗造成欧洲版图破碎化程度日深的后果，又使欧洲在近代经济高速发展的同时也付出了巨大的代价——欧洲成为两次世界大战的策源地。而所有这些内耗产生的原因都可追溯到基督教教廷与欧洲世俗政权的二元对立以及在此基础上的封建分封国家之间的对立。”[①]

中国文化与此不同，除了连续性，它还有政治文化上的高度统一性。中国社会从来没有产生过独立的代表信仰的祭司教士阶层。这是中国文化内圣外王一贯，政治教化一体的结果——以政统教，以教辅政。斯塔夫里阿诺斯敏锐地观察到：“在中国，与文化同一性一样重要的是，各时期都存在着惊人的政治上的统一。这种统一在很大程度上起因于中国文明——唯一在任何时候都未产生过祭司阶级的文明——的独特的现世主义。固然，皇帝也是祭司，他为了所有臣民的利益而向苍天献祭，但是，他履行的宗教职责比起他的统治职责，始终居于次要地位。因而，存在于欧亚其他文明中的教士与俗人之间、教会与国家之间的巨大分裂，在中国是不存在的。”[②]

西方的法律源于宗教，解释和执行法律的人最初也是宗教学者或法学家，所以西方有立法、司法与行政并立的传统，而中国的法律只是社会治理的方法；西方权力制衡体系也与此有关，表现为立法权、司法权与行政权的分立。唐朝就有类似的权力制衡体系，三省六部制：中书省拟定政令，门下省审查复核，尚书省六部负责执行，三者各司其职，互相监督。但中国三省六部之上还有代表天下社稷、政治教化，“为之君、为之师”的最高领袖，他抱法处势，无为而治（不是西方无实权的“虚君”）。上下之间通过选贤与能，贤能共治有机联系，通过丞相内阁、礼法制度互相制约——这是西方三权分立体制所欠缺的，也因此，西方常常陷入短视的党争之中。

中国政治中，最高领袖如同天上的帝一样，也要遵循宇宙大道和人间法度。中国古典政治经典《黄帝四经·经法·道法》开篇即指出，人间之法源于自然之道，制定法的人不可以私权枉公法。上面说：“道生法。法者，引得失以绳，而明曲直者也。故执道者，生法而弗敢犯也，法立而弗敢废也。”

我们再也不能用“威权主义”“君主专制”之类概念描述中华政教！中国

① 张文木：《基督教佛教兴起对欧亚地区竞争力的影响》，清华大学出版社，2015 年，第 92 页。

② 〔美〕L.S. 斯塔夫里阿诺斯：《全球通史：从史前史到 21 世纪》（上），吴象婴等译，北京大学出版社，2013 年，第 128 页。

人认为社会是一个有机整体，而非分散的竞争性集团的简单加和，其政治体制从来是以代表全体百姓的社稷为中心。如同现代公司的董事长，君主也是一个职业，要承担社会责任，行为要符合法度，否则人民有权力罢免他。所以《礼记·曲礼下》强调：国君要与国家共存亡，官员要与百姓共存亡（“国君死社稷，大夫死众”）;《孟子·尽心下》:“民为贵，社稷次之，君为轻”——道出了古代中国重要的政治常识。

我们不能因为某个时期的严重腐败现象，就否定中华政教本身。今天西方资本主义国家通过党争、游说等将机制将腐败制度化了。而中国，如何在制度上反对官僚阶层滥用公权，实现人民监督官员、罢免官员的权力，还要总结古今经验（包括中国古代人与人之间互相监督的经验），努力推进！

全球化时代，比任何时代都需要一个调节整体、超越局部利益集团的稳定中心——“中”——社会碎片化是危险的，“建中立极”不仅是中国的千年实践，也是当今世界所急需的。

从地球文明演化的角度看，内外一贯、政教统一的中华大道是东西方文化的结晶，是过去5000年人类最重要的文明成果之一——其相对持久的和平与数千年的可持续发展，是西方文化缺乏的，值得世人特别关注！

乙编　大道之象：东西方文明的同与异

东西方文明的基础都是原始至上天神信仰。西方一神教将原始至上天神从天上带到人间，成为绝对的唯一主宰；中华大道将原始至上天神（帝）的神性剥离，成为无形无象又无所不在的道。西方一神教主张“帝在道先”，“神为人本”，西方世界因此成为以神为本的宗教社会；中华大道主张“道在帝先”，“人为神本”，中华世界因此成为以人为本的世俗性社会。

我们研究人类文明的整体发展进程，聚焦史前世界普遍流行的、大道智慧之“象”——蹲踞式人形。通过这一具有重大意义符号的研究，见微知著，了解东西方文明的演化大势。

在西方世界，5000 年前，随着代表祖先的蹲踞式人形逐步消失，原始至上天神的地位开始提升，最终发展为希伯来一神教；在中国，蹲踞式人形演化为代表道（太一、大）的符号，社会更加人本化和世俗化。4000 年前，超越地方信仰的政教体系最终确立，生生不息，绵延至今。

第三章　东西方文明本是同根生

东、西方文明的基础都是原始至上天神信仰，在文明演化进程中它们沿不同的路径展开。通过宗教史的研究，我们揭示当代主导文明体系的同源性，对于全球化时代人类构建价值认同，具有非同寻常的意义。

原始至上天神的研究无疑受到西方一神教的刺激，但其研究成果同样适用于中国文化。因为中国文化也是人类文明共同体的一部分。

一、“退位”的原始至上天神

一百多年前，人类学家注意到，早期人类生活中普遍存在一位至上的天神，他是造物主，天地的统治者，他永生、全知全能，制定道德律，拥有独立人格却又常常视而不见，无形无象。说它普遍，是因为世界上那些被逐到偏远地区的原始民族，几乎都有至上天神信仰，它应是人类古老的普遍文化因子。

矛盾的是，原始至上天神崇高，却没有庙堂或祭司，离人间事务变得如此遥远，人们几乎忘记了他，所以美国宗教史学家米尔恰·伊利亚德称其为“退位神”。比如西非的约鲁巴人相信一位叫奥洛伦（Olorun）的至上天神，他创世完成后就将治理的事交给了一位较低级的神，从此摆脱一切人间事务。虽然他是至上神，却既没有神庙、塑像，也没有祭司，只有在灾难降临时人们吁求他——如同中国人在紧急情况下呼吁天。

几乎一切原始民族，都将至上神与天联系在一起。他的居所在天上，尽管只有少数族群直接将原始至上神称为“天”，但不乏“在上的他”或“天空的拥有者”之类的称呼。同时，原始民族的至上天神还与父（族父）有重要关系。德国民族学家、宗教史学家施密特神父（Father Wilhelm Schmidt）注意到：“在每一个原始文化圈内的民族，都是用‘父’字来称呼他们的至上神。因此我们似乎可以说：‘父’的称呼是原有的，把它放在纯粹最古老的文化中，是很相宜的。”①

直到商代中国人还较完整地保有原始至上天神信仰，并一直延续到后世对天的祭祀。商人称原始至上天神为上帝，以区别人世之君（族父）帝。通过甲骨文我们知道，在商人眼里，上帝能够降下福祸，能够降入庙室，是个居于天上的最高神。帝就是天的意思。《史记·封禅书》记载周公：“郊祀后稷以配天，宗祀文王于明堂以配上帝。”《史记集解》引东汉经学家郑玄的解释：“上帝者，天之别名也，神无二主。”在《尚书》中，我们能清楚地看到，“帝”和“天”常常互换使用。

记住这一点是重要的，因为甲骨文，金文中，“天”字和“大”字都是道的符号，蹲踞式人形，早期古文字“大”“人”“天”因为都是人形常相互通用，特别是做偏旁时。另一个中国文化中表达道的概念“太（泰）一”，太、泰在古代都写作“大”字。后来为了区别，天字更强调头部。

上帝的别名“天”，从有人格的神——上帝，演化为无人格的道，这是中国文化发展为世俗性人本社会的关键转折点。

由于中国学者对人类普遍的至上天神“退位”特点缺乏了解，所以他们在研究商人上帝观念时感到大惑不解，既然上帝那么重要，何以不祭祀上帝？他们做出了种种猜测。中国社会科学院历史研究所常玉芝研究员这样写道：“值得注意的是，虽然在商人的心目中，上帝权力无上，主宰着人间的吉凶祸福，但卜辞表明，商人却从来不向上帝祈求，从来不对上帝进行祭祀。这种现象，令许多学者，包括一些宗教界的学者，不得其解，甚至不可思议。那么，对这种现象应该作何种解释呢？陈梦家先生说这是因为‘上帝与人王并

---

① 〔德〕W. 施密特：《原始宗教与神话》，萧师毅、陈春祥译，上海文艺出版社，1987 年，第 333 页。

无血统关系’的缘故，这是一个非常重要的原因，这也证明了上帝是个自然神，不是人帝。笔者认为还可能有另外一个原因，就是商人敬畏上帝，认为上帝高高地居于天上，太虚无缥缈了，凡人对他是看不见、摸不着的，他的意志都是通过他的臣使来实现的，所以只要祭祀贿赂好他的臣使，人们所期望的和所祈求的就会由其臣使来实现。当然，这只是一种猜测，实际情况还有待于今后作进一步的研究。”①

并不是地球上所有族群的至上天神都“退位”了，让位于更与现实生活相关的神，比如太阳神、霹雳神。有些族群，原始至上天神以不同形式维持了其在万神殿中的无上地位，并成为一神教革命的主体，典型的就是以色列人的上帝雅赫维（“耶和华”）和琐罗亚斯德教善神阿胡拉·马兹达。前者作为希伯来（以色列人的祖先）一神教的主神，成为西方文化的基石。

基督教的上帝拥有绝对自由，是宇宙秩序的绝对主宰，“帝在道先”，这是他与其他至上神明显的不同。伊利亚德写道：“雅赫维是宇宙唯一的主人。他创造一切，也能毁灭一切。他的‘能力’是绝对的，因此他有无边的自由。他是无可抗拒的统治者，他随心所欲地表现仁慈或者怒气……在以色列人的宗教历史上，雅赫维自我显示为天神和风暴之神，创造者无所不能，实行绝对统治，并且他是‘万军之主’，有着大卫子孙的列王的支持，制定令大地一切生命得以延续的规范和律法。各种形式的‘律法’在雅赫维的启示中有其基础和理由。但是与其他至上神不同，其他的至上神都不能违背他们所定的法律（宙斯不能让萨耳佩冬从死亡中活过来），但是雅赫维却能维持其绝对自由。”②

西亚地区“帝在道先”的观念极为古老。北京大学外国语学院西亚系拱玉书教授注意到，苏美尔文明中有一个非常重要的概念“me”，主要有如下三层意义：一、被用来表述天地母，即天地万物最原始的推动力；二、被用来

① 常玉芝：《由商代的“帝”看所谓“黄帝”》，载《文史哲》2008 年第 6 期。

② 〔美〕米尔恰·伊利亚德：《神圣的存在：比较宗教的范型》，晏可佳、姚蓓琴译，广西师范大学出版社，2008 年，第 84 ～ 85 页。

表述某些物质和精神中固有的规律和本质属性；三、被用来表述内含或拥有这种规律、属性的物质和精神。这个概念长期以来令中外学界迷惑不解，不知如何转换成现代语言，拱玉书教授建议解释“me”为中国哲学中的“道”。与“道”不同的是，“me”不是道器不二，而内外不二，而道可以在“瓦甓”，可以在“屎溺”。(《庄子·知北游》)

这是因为，苏美尔世界观中心是神，“帝在道先”。拱教授写道：“在奉行神本主义的苏美尔人那里，至少在表述上，道的根本是神，道中蕴含的威力是神威，道的载体归根结底都与神有关联，或为了神，或源于神，或因为神。而在实际上，在神本主义世界，神就是元动力，神就是自然，神威就是自然的威力，就是自然规律，是不以人的意志为转移的精神力量。”①

这一点为基督教哲学所继承。基督教哲学中的逻各斯（希腊文“logos”）被译为“道”，该词源于希腊文的Legein，意思是“说”。但逻各斯只是上帝的工具而已，《旧约·创世纪》中，上帝用话语创造世界，上帝的言辞就是行动。《新约·约翰福音》说：“太初有道，道与神同在，道就是神。这道太初与神同在。万物是借着他造的，凡被造的，没有一样不是借着他造的。”这是强调上帝的道（word）创造世界，道向人显示上帝的存在和恩典，道在上帝与人之间起中介作用。

两千年前，犹太思想家亚力山大的斐洛明确表达了“帝在道先”的观念：逻各斯（道）为“上帝之子”。

西方一神教将原始至上天神从天上带到人间，成为绝对的唯一主宰；中华大道将原始至上天神（帝）的神性剥离，成为无形无象又无所不在的道。西方一神教主张“帝在道先”，“神为人本”，西方世界因此成为以神为本的宗教社会；中华大道主张“道在帝先”，“人为神本”，中华世界因此成为以人为本的世俗性社会。

西亚人何以走向了神本社会？很可能与苏美尔人严酷的自然环境有关。

---

① 拱玉书：《论苏美尔文明中的“道”》，载《北京大学学报（哲学社会科学版）》2017年03期。

底格里斯河和幼发拉底河流域常常暴发特大洪水，毁坏农田沟渠，加上严重的外族入侵威胁，使美索不达米亚人的生活充满不确定性。斯塔夫里阿诺斯写道："美索不达米亚人的人生观带有恐惧和悲观的色彩，这反映了自然环境的不安全。他们以为，人生来只是为神服务，神的意志和行为是无法预言的……最后，每个人都尊奉一位属于他个人的神，把他当做自己的良师。他们以为，一个人的愿望和需要可以经他传达给相隔遥远、不便直接通话的诸位大神。"①

在中国文化中，"道在帝先"，《老子·第四章》有："道冲（通盅，器物虚空，比喻空虚——笔者注）……吾不知其谁之子，象帝之先。"河上公注："道自在天帝之前。此言道乃先天地生也。"王弼注："不亦似帝之先乎！帝，天帝也。"

反映到社会治理上，政（道）统领一切宗教教化，以政统教，以教辅政，政教统一。请注意，不是西方的"政教合一"——西方世界政教合一是神权政治——政权利用神权或"以教统政"。

政教统一是实现社会长治久安的基础，其前提条件是世俗性的发展。那么，政教统一的大道何以出现在中国？

二、政教统一的大道何以出现在中国

中国地形是从青藏高原逶迤而下的三级阶梯，其中山地占土地面积的2/3。历史证明，这样的地形比欧洲那样的大平原环境有利于政治统一。因为平原地带易容纳多种力量长期平行共存和均势对抗。

中国相对封闭的地理大环境，使肥沃的中原成为中国向心力的核心，而不像两希文明那样有海洋间隔，长期处于巨大的张力之中。考古学家严文明先生指出："中国的周围有高山和海洋作为屏障，本身是一个大型的地理单元。其中黄河流域和长江流域不但自然环境条件最好，文化最为发达，而且

① 〔美〕L.S. 斯塔夫里阿诺斯：《全球通史：从史前史到21世纪》（上），吴象婴等译，北京大学出版社，2013年，第61页。

位置比较适中。中部地区先进的文化不断地吸引和影响周围地区，周围地区也会向往中部先进的地区，这就会很自然地产生一种向心作用，而中国古代文化的整体结构也便是一种向心结构。”①

考古学证明，早期中国形成于多个文化区系之间的相互作用融合，最后以中原为中心，形成同心圆的大统一格局——未来，这个东亚同心圆很可能穿越新疆进入青藏高原以西，欧亚西部文化板块，早在夏商时期已经形成这一态势。（图 3-1）

中国人民大学历史学院韩建业教授在《早期中国：中国文化圈的形成和发展》一书中，详细考察了早期中国形成的过程，与现代民族国家“想象的共同体”不同，中国是在亚洲东部相对独立（不是封闭）、自然进化的结果。这一进程起始于旧石器时代的早中期，约公元前 5000 年，进入新石器时代晚期以后，整合形成三大文化系统，这是“早期中国文化圈”的雏形。三大文化系统分别是：黄河流域的瓶（壶）－钵（盆）－罐－鼎文化系统；长江中下游－华南文化区的釜－圈足盘－豆文化系统；东北文化区的筒形罐文化系统。

黄河流域文化区居中，在汲取多方文化因子的基础上，创新发展，终于形成强势的中原文化。约公元前 1800 ～前 1300 年早期中国正式形成，韩建业教授写道：“约公元前 1800 ～前 1300 年为文化意义上早期中国的王国时代。公元前 1800 年以后二里头文化和二里冈文化从中原核心区向外强势扩张，使得文化格局发生重大调整，中国大部分地区文化再次交融联系成更大范围的四个层次的文化共同体。此时大型城市和宫室制度形成，青铜礼器和礼制日臻完善，出现二里头等君临天下、唯我独尊的王都，进入成熟文明社会和真正的王国阶段，形成东、西两大社会发展模式。该阶段当与传说中的夏代和商代早期相当。”②

公元前 1500 年左右中原文化核心区形成意义重大。她植根于经济基础的牢固统一性，将东亚大陆凝结为一个巨大的、难裂解的文明共同体。据《史

---

① 严文明：《东方文明的摇篮》，收入《农业发生与文明起源》，科学出版社，2000 年。

② 韩建业：《早期中国：中国文化圈的形成和发展》，上海古籍出版社，2015 年，第 269 页。

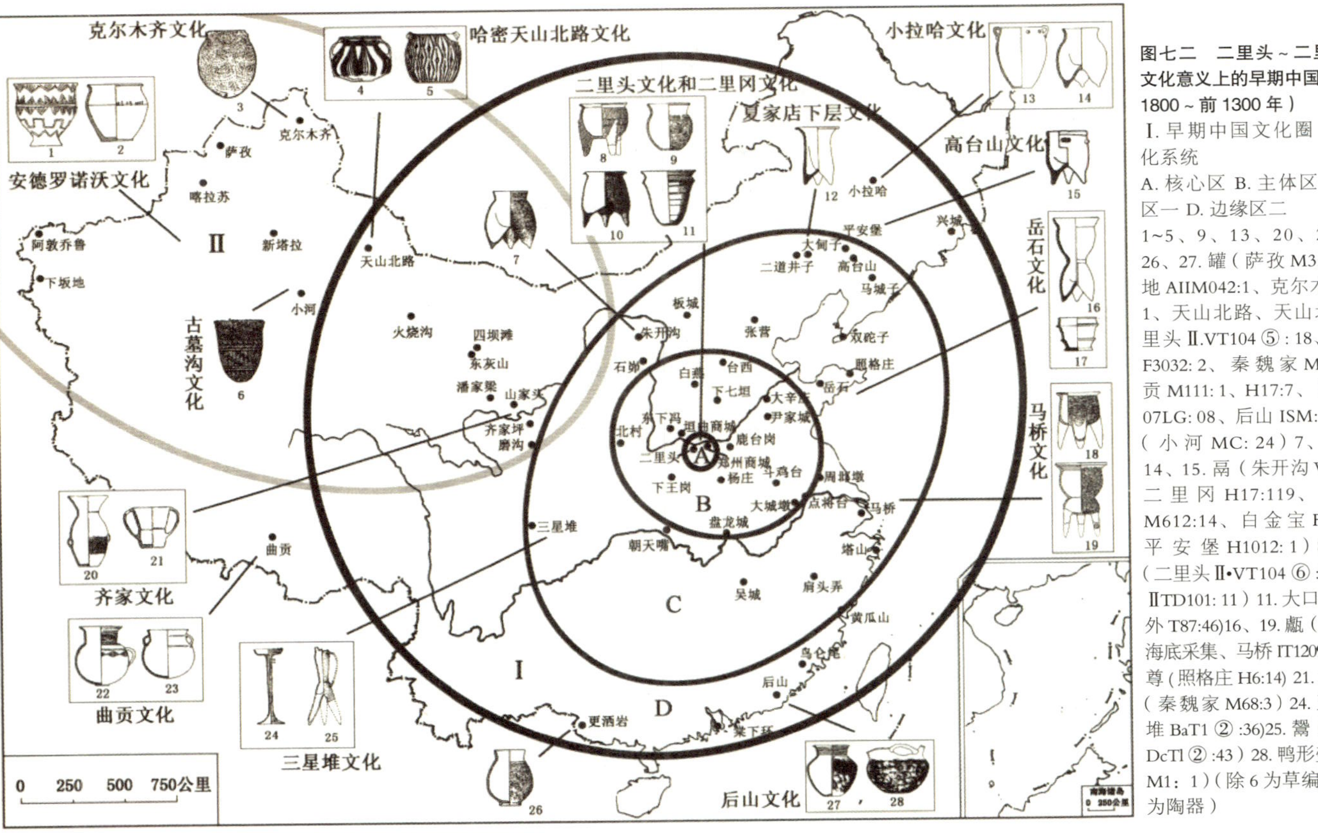

图七二　二里头～二里冈时代文化意义上的早期中国（公元前1800～前1300年）

I. 早期中国文化圈　II. 罐文化系统

A. 核心区　B. 主体区　C. 边缘区一　D. 边缘区二

1~5、9、13、20、22、23、26、27. 罐（萨孜 M3:2、下坂地 AIIM042:1、克尔木齐 M16:1、天山北路、天山北路、二里头 Ⅱ.VT104⑤:18、白金宝 F3032:2、秦魏家 M96:2、曲贡 M111:1、H17:7、更洒岩 07LG:08、后山 ISM:1）6. 篓（小河 MC:24）7、10、12、14、15. 鬲（朱开沟 W2007:1、二里冈 H17:119、大甸子 M612:14、白金宝 F3028:3、平安堡 H1012:1）8、18. 鼎（二里头Ⅱ•VT104⑥:51、马桥ⅡTD101:11）11. 大口尊（南关外 T87:46)16、19. 甗（庙岛以南海底采集、马桥 IT1209③B:9)17. 尊(照格庄 H6:14) 21. 双大耳罐（秦魏家 M68:3）24. 豆（三星堆 BaT1②:36)25. 鬶（三星堆 DcTl②:43）28. 鸭形壶（后山 M1:1）(除6为草编外，余均为陶器）

图 3-1　夏商时代早期中国文化圈正式形成。注意左上的“罐文化系统”，这是东西文化的交汇地区，已经延伸至中亚。（图片来源：韩建业：《早期中国：中国文化圈的形成和发展》，上海古籍出版社，2015 年，第 229 页。）

记·货殖列传》，春秋战国时期存在互补性极强的几大经济区，形成“富商大贾周游天下”的统一大市场——数千年来难以裂解。

中国文明共同体如此之大，远远超过古埃及、古印度和古美索不达米亚文明的总和。5000年前，单单太湖流域良渚文化的文明程度和空间范围，就达到同时期古埃及和古美索不达米亚文明的水平，足见中国文明腹地之广！

如此巨大的文化共同体，要求超越血缘、地域，包容性极强的文化认同，实现政治（政）与文明教化（教）的高度统一，任何地域性信仰独大都将成为政治稳定的威胁。反映到个人修为层次，则是内圣与外王的高度统一。“统一”的前提是教化必须服从世俗政治，内圣不能脱离外王离世修行——中国旧石器时代以来相对世俗化的生活方式成为政教（内外）统一的文化沃土。

距今3万到7万年前的旧石器时代末期，发生了以色列希伯来大学历史系教授尤瓦尔·赫拉利所谓的“认知革命”，这一时期发现的人类遗物逐渐表现更多的文化信仰内容。[①] 此时中国先民的生活方式就呈现世俗化特征。韩建业教授写道：“特别值得注意的是，山顶洞、水洞沟、小孤山、峙峪等遗址发现有石骨质或者用鸵鸟蛋壳制作的圆形圆孔饰品、圆孔石珠等，而缺乏欧亚大陆西部流行的‘维纳斯’式雕塑、洞穴岩画等。这些都显示出蒙古人种先民就地取材，质朴实用，偏好将‘艺术’或原始信仰融于日常物品，宗教色彩淡薄等特质。”[②]

与西方新石器时代神的信仰和神庙建筑成为城市生活的中心不同，中国文化世俗性特质在新石器时代更加明显，并转化为以祖先崇拜为核心的世俗性文化体系，绵延至今。在中国人看来，祭祀主要是崇德报功的现世意义。《礼记·祭法》明确规定，对那些为百姓树立榜样，于国有功，救民于水火的人要祭祀。上面说：“夫圣王之制祭祀也，法施于民则祀之，以死勤事则祀之，以劳定国则祀之，能御大菑（同“灾”——笔者注）则祀之，能捍大患

---

① 尤瓦尔·赫拉利：《人类简史：从动物到上帝》第一章“认知革命”，林俊宏译，中信出版社，2014年。

② 韩建业：《早期中国：中国文化圈的形成和发展》，上海古籍出版社，2015年，第19页。

则祀之。”

韩建业教授在考察了中国历史上不同阶段的文化特点后总结道：“早期中国文化总体注重俗世，其原始宗教信仰主要蕴含在日常生产生活当中，房屋建筑内罕见祭台雕像，少见偶像崇拜，祖先崇拜应当是这个信仰体系的核心。盛行土葬，为祖先安排永久的地下居所；墓地分区分组，井然有序，其空间分区应当主要依据血缘关系，体现对祖先的敬重和对社会秩序的重视，强调氏族和家族；其他祭坛、祭坑等祭祀场所只是处于次要地位。”①

世俗化是中华文化的特色。欧洲，近代同东方世界，特别是中华文化圈接触后，直到 18 世纪的启蒙时代才开始明显的世俗化进程。今天，基督教的中心欧洲已经成为一个高度世俗化社会，启蒙运动边缘的美国世俗化趋势也在加强。

世俗性社会使政教合一成为可能，政府承担，而非宗教机构承担教化责任，在 21 世纪的中国依旧如此。东晋政治家庾冰说：“王教不得不一,二之则乱。”（《全晋文》卷三十七）自夏代以来，这一原则即被历代政治家奉为圭臬。据《尚书 · 尧典》，舜主政伊始，就任命了契为司徒，主教化；伯夷主三礼，夔（kuí）主乐。他对契说：“契，百姓不亲，父母兄弟子女都不和顺。你做司徒吧，谨慎地施行五常教育，要注意宽厚。”（原文：帝曰：“契，百姓不亲，五品不逊。汝作司徒，敬敷五教，在宽。”）

世俗性社会有利于形成内圣外王一以贯之的心法。不离人世，积善成德，达到无私、无我的天道，这是最为稳健、圆融的大道。于是，修齐治平成为中国精英千年的人生理想。反观佛教起源的印度和犹太教起源的西亚，他们起源地的政治规模都是小型（城邦）国家，所以内圣一直没有开出发达的外王，印度人的心灵世界在远离尘嚣的隐修之地——森林，西方一神教的心灵世界则在彼岸的来世天堂。

《尚书 · 尧典》开篇总述尧帝的德行，其顺次即为《大学》的修身（俊

① 韩建业:《早期中国：中国文化圈的形成和发展》，上海古籍出版社，2015 年，第 271 页。

德），齐家（九族），治国（百姓），平天下（万邦），这成为中国人生活方式的榜样。上面说："查考往事，帝尧名叫放勋，他恭敬节俭，明察四方，善理天下，道德纯备，温和宽容。他忠实不懈，又能让贤，光辉普照四方，思虑至于天地。他能发扬大德，使家族亲密和睦。家族和睦以后，又辨明其他各族的政事。众族的政事辨明了，又协调万邦诸侯，天下众民因此受到教化合和起来。"（原文：曰若稽古，帝尧曰放勋，钦明文思安安。允恭克让，光被四表，格于上下。克明俊德，以亲九族。九族既睦，平章百姓。百姓昭明，协和万邦，黎民于变时雍。）

在上述文明背景下，对于天人之际，"人在自然中的位置"这类古老哲学问题，东西方做出了不同的诠释。中国人认为天、地、人是三才，分别代表阳、阴、和三气。天地生人，人要参赞天地之化育。东汉许慎《说文解字》说："人，天地之性最贵者也。"

人与天地并列为三，这是怎样的人文境界！在世界文明史上，只有中华文化从根本上摆脱了神话为基础的"以神为本"的文明体系。"以人为本"，将人确立为顶天立地的人！

西方人认为神创造天地万物，人管理天地间万物。以神为本，人按神的旨意利用天地万物。《旧约·创世纪》上帝说："我们要照着我们的形象，按着我们的样式造人，使他们管理海里的鱼，空中的鸟，地上的牲畜，和全地，地上所爬的一切昆虫。""看哪，我将遍地上一切结种子的菜蔬和一切树上所结有核的果子，全赐给你们作食物。"① 东西方这种世界观上差异，如图 3-2 所示：

由于西方文化中上帝拥有绝对的、完全不受人影响的自由意志，人被救赎是上帝的恩典，所以人在救赎中较少能动作用。而中国文化不是这样，《清华大学藏战国竹简》（捌），《心是谓中》② 是一篇究天人之际、明天人之分的经典。它将命分出天命、身命，关键是用心，指出"生死在天，其亦失在

① 《圣经》，中国基督教三自爱国运动委员会，中国基督教协会，2012 年，第 1 页。
② 《心是谓中》，收入《清华大学藏战国竹简》第八辑，中西书局，2018 年。

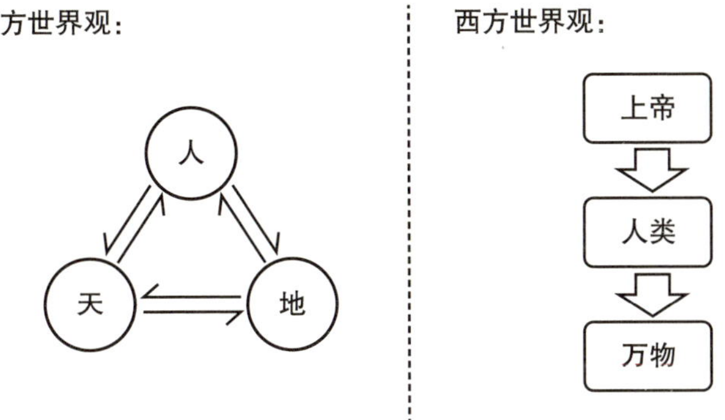

图 3-2 东西方世界观示意图。东西方世界观的不同决定着中国人重研究天人之际的性命之学，以实现自我超越；西方人有发达的、超验的宗教生活和宗教知识体系。

心”“断命在天”“取命在人”。要世人不放纵沉沦，迷信鬼神。听“天命”而不失“身命”，修身以待时。这里，人是自己命运的主宰！

同时，世俗化还避免了西方政教分立导致的政治分裂，避免了太多（宗教）流血冲突。张文木先生敏锐地观察到，1648 年正式签订确认，奠定近代主权国家国际关系基础的威斯特伐利亚体系（Westphalian system）并不是和平的福音，而是灾难的开始。他写道：“它以不可动摇的主权形式将欧洲中世纪由政教冲突和封建分封造成的诸侯国之间的破碎形势在没有统一之前予以固化，这对欧洲未来带来的影响是灾难性的。”[①] 事实证明，威斯特伐利亚和约签订后，欧洲战乱不断，且愈发激烈，直到今天“核恐怖”下的和平。

在 21 世纪人工智能蓬勃发展的全球化时代，人类比以往任何时代都需要统一和平、持续包容的发展。作为世界上唯一持续发展的原生文明，世俗特征明显的中国文化一定会为未来世界做出新的贡献！

现代西方主导的文明范式需要根本改变，中国文化展现了一条可替代道路……

① 张文木：《基督教佛教兴起对欧亚地区竞争力的影响》，清华大学出版社，2015 年，第 3 页注 4。

第四章 蹲踞式人形与萨满文化

人类早期精神生活大多无法用文字记录下来，其内容却极为丰富，那些没有文字的民族常常拥有发达的口头文化。20 世纪 60 年代以来，学者们对非洲南部卡拉哈里沙漠昆人的研究表明：“虽然这些游牧民不会读书、写字，但他们能够学习和记忆——而且达到这样的程度：若将他们经由口头世代相传的广闻博识写成书，估计可写出数千卷。”①

我们如何穿越时间长廊，研究史前人类的精神世界呢？基本方法是“立象尽意”，通过研究过去数万年里古人遗留下来的大量精神产品去推知他们的文化——这些“象”除了石器，还包括岩画、雕塑、陶器纹饰、墓葬风格等。

我们研究人类文明的整体发展进程，聚焦史前世界普遍流行的大道智慧之“象”——蹲踞式人形。通过这一具有重大意义符号的研究，见微知著，了解东西方文明的演化大势。

一、蹲踞式人形的基本意义

人的自我发现是过去一万年来人类文明发展的强大趋势，它包括神性的逐步消解、世俗性的增强。

尽管四万年前维纳斯小雕像已在欧洲出现，但在漫长且发展缓慢的旧石器时代，动物，人与动物的关系一直是人类意识的核心。这一时期的岩画主要图案是动物，人物图案和雕像相对较少，只有零星发现。这种情况持续到

① 〔美〕L.S. 斯塔夫里阿诺斯：《远古以来的人类生命线：一部新的世界史》，中国社会科学出版社，1992 年，第 27 页。

一万多年前——人形艺术的出现是人类自我发现、自我认知、自我觉醒的重要标志，直到以人为本的中华大道横空出世。

在中国文化中，道也被称为大、太一，他们同天（帝）字符一样，都是蹲踞式人形！

根据河北师范大学汤惠生教授的定义："蹲踞式人形是指出现在岩画、陶器、骨器、壁画壁塑、青铜器以及当代原始部落或某些仍旧保持传统艺术部落的纺织品、树皮画、剪纸等艺术形式上的那种双手半上举、双腿半下蹲的人物形象。"① 顾名思义，蹲踞式人形的核心特征是蹲踞，其双腿和双臂可以展现为多种姿态，尽管双腿半蹲和双手半上举的姿式十分突出。

蹲踞式人形除在平面上，也以立体雕塑的形式表现，有的人形抽象（肢体呈棒状），有的具象——甚至表现出性器官、纹身和首饰等。

平面上的蹲踞式人形，绘在岩画、皮肤和各类纺织品等媒介上；立体雕塑如南太平洋地区的祖先形象，材质多种多样。在平面艺术中（包括浮雕），除了少数呈侧面，蹲踞式人形多呈正面形象，且两腿左右叉开；在立体艺术中，蹲踞式人形也多正面形象，蹲踞常表现为两腿向前，不同程度地接近腹部，和我们下蹲一样。

蹲踞表现方法不同主要因为艺术类别的不同。但不能将蹲踞式人形的表现形式与艺术类别间的关系绝对化。有的立体艺术中，蹲踞式人形也双腿叉开，比如多贡人的面具。

图 4-1 是西非马里共和国多贡人的宗教圣地岩画，在每六十年的原谅节，当地最老的男人都要用牺牲的鲜血在远古底本上重绘，或创造新的岩画图像，以恢复他们的灵性。

岩画上有许多面具形象。在多贡人八十余种面具中，最有名的面具叫"卡纳加"（Kanaga）。礼仪中"卡纳加"是立体雕像，却呈双腿叉开的蹲踞式人形。（图 4-2）同其他许多原始部族一样，对同一形象，不同年纪和地位的

① 汤惠生:《原始艺术中的"蹲踞式人形"研究》，载《中国历史博物馆馆刊》，1996 年第 1 期。

图 4-1 多贡人的宗教圣地岩画，上面有许多蹲踞式人形。（图片来源：陈兆复、邢琏，《世界岩画 I · 亚非卷》，文物出版社，2011 年，第 236 页。）

人可能具有不同的认识——这有利于维持其社会等级秩序，却给研究者带来不少麻烦。

对于当地普通人（非入会者，non-initiates）来说，“卡纳加”上面是一只有白色翅膀，展翅飞翔的鸟，下面是一张黑色面孔，也有人说这是一只神话中的鳄鱼；对入会者来说，“卡纳加”上面的蹲踞式人形具有重要且神圣的意义：这是创世之神 Ama 的形象，Ama 不仅创造了万物，也创造了人，是人的始祖。“卡纳加”的两个横梁就是 Ama 的手臂和大腿，同时，它们还分别代表天和地。有研究者指出，面具上的蹲踞式人形象征“天空与大地之间的平衡以及神圣的宇宙秩序”。①

除了代表创世祖先和抽象的宇宙秩序。在仪式中，头戴“卡纳加”者俯

① Rosalind I.J.Hackett, Art and Religion in Africa, Cassell, NY, 1996, P.35.

图 4-2 多贡人有名的面具“卡纳加”。(图片来源:〔美〕佩恩:《西非假面舞者：多汞部落》，高飞译，华艺出版社，2005 年，第 103 页。)

身转头作圆形运动，以“卡纳加”扫地，扫除不洁以辟邪。据说这一动作是上帝创造空间和大地的动作。

很少有艺术形式如蹲踞式人形这样，如此广泛地分布于全球。从严寒的北极到酷热的南部非洲，从文明久远的古欧洲到广袤无垠的太平洋，蹲踞式人形遍布除荒无人烟的南极洲之外所有大陆。

相对来说，中国所在的环太平洋地区蹲踞式人形分布最密集，对我们理解蹲踞式人形的意义及其演进十分重要。

目前所知，最早的蹲踞式人形是德国盖森科略斯特勒岩洞出土的礼拜者浮雕（图 0–4）。当时人类普遍处于狩猎采集的阶段，文化以萨满和巫术为中心。自米尔恰·伊利亚德的《萨满教——古老的入迷技术》法文版于 1951 年面世以来，越来越多来自考古学、岩画学等学科的证据显示，旧石器时代人类曾经普遍存在萨满 / 巫文化。伊利亚德在其名著《宗教思想史》中写道：“在旧石器时代存在着某种类型的萨满教，这似乎是肯定的。”[①]

蹲踞式人形与史前“维纳斯”雕像有重要关系。图 4-3 是法国南部莱斯-特洛伊斯-弗雷尔斯洞穴出土的同一块骨雕上的系列人像，属于马格达林文化（17000 至 12000 年前）晚期。我们能清楚地看到这是旧石器时代“维纳斯”雕像的侧面形象，其四肢曲折，蹲踞特点十分明显。

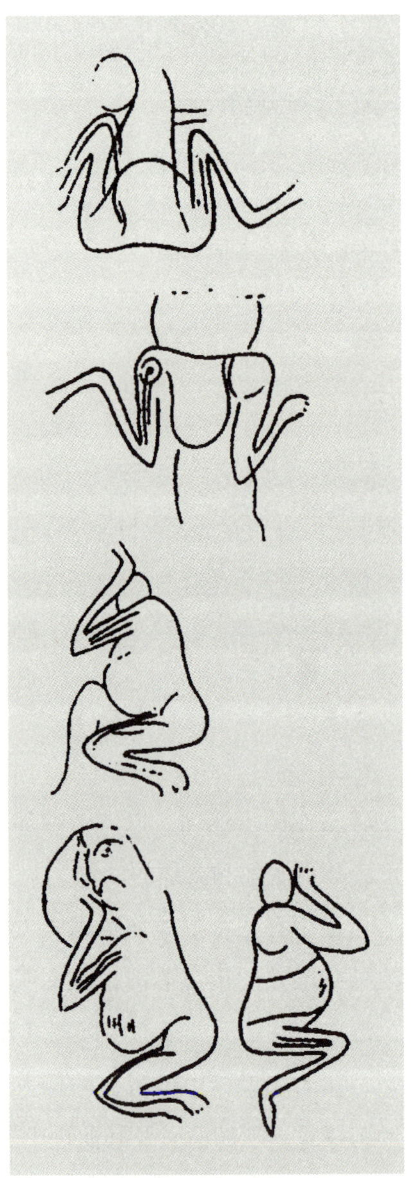

图 4-3　法国南部莱斯-特洛伊斯-弗雷尔斯洞穴出土的同一块骨雕上的系列人像，属于马格达林文化晚期。（图片来源：〔美〕金芭塔丝《女神的语言》，苏永前，吴亚娟译，社会科学文献出版社，2016 年，第 304 页。）

长期以来，海内外学者对蹲踞式人形为何保持独特的蹲踞姿态感到不解。有人说这是坐具发明前，人类普遍的休息姿态，是一种原始记忆；有人说那是仿效胎儿，与曾在各大洲流行的屈肢葬有关；有人说蹲踞式人形是古人对等离子放电现象的科学记录；有人说这是从古代拟青蛙或其他动物的舞蹈动作中来……

目前很难确定为何蹲踞式人形会采取这种姿式，田野调查为我们提供的资料很少。2018 年 5 月笔者在台湾考察时，在台东排湾族包头目家的祖灵屋内看到许多蹲踞式人形雕刻和绘画，它们

① 〔美〕米尔恰·伊利亚德：《宗教思想史》，上海社会科学院出版社，2004 年 6 月，第 20～21 页。

都代表祖先。（图 4-4）我不禁想了解为什么当地自古以来就将祖先刻成蹲踞式。后来“国立台湾史前博物馆”的林建成博士告诉我，排湾族木雕前辈沈秋大曾解释说，过去因为征战关系，家族不断迁移。浮雕上的蹲踞式如青蛙的人像，表示头目带领族人迁移，如青蛙一样不固定。

排湾人将蹲踞式人形与祖先联系起来，并用青蛙的习性比喻祖先迁徙。这一解释为我们提供了珍贵的信息，又显得模棱两可——为何迁徙非要用蹲踞形式表达？不能用其他动物比喻祖先迁徙吗？

可以肯定的是，蹲踞式人形源自旧石器时代的人像传统，从三四万年前的霍赫勒·菲尔斯维纳斯和盖森科略斯特勒礼拜者浮雕身上，我们就能看到

图 4-4　作者（左）与排湾族包头目（右）在其家祖灵屋内，正中的祖先浮雕呈明显的蹲踞式，因为前面有供桌挡住，所以腿部没有办法看全。排湾族同胞对祖先极为虔诚，在我离开神灵屋后，包头目一个人静静地留下来，向祖先解释我来访的事；据陪同参观的台东中学林胜贤博士介绍，这件木浮雕已有 200 多年的历史，可能在台湾同类木雕中最为古老。作者 2018 年 5 月 21 日摄于台东。

蹲踞式。尽管旧石器时代的“维纳斯”因为要表现女神膨胀的腹部，腿部特征变得不太明显——但的确有不少“维纳斯”呈蹲踞式。

在太平洋上的波利尼西亚，那里的蹲踞式人形和史前“维纳斯”一样，常常有大大的肚子，习惯以手捧腹。① 人类学家发现，原始民族群用倒挂的人像表达死亡概念，倒挂祖先像用以辟邪，而出土的维纳斯下部的孔，明显是倒挂用的。② 中国北方维纳斯样的剪纸，百姓直接称她们为“老祖神”，祖先是蹲踞式人形的基本意义！进而言之，祖先－史前维纳斯－蹲踞式，三者之间具有某种内在的联系。

同样来自法国南部，同属于马格达林文化晚期的另一件骨雕，是蹲踞式人形最常见的正面形象，但其萨满／巫文化特征十分明显。（图 4-5）

图 4-5 法国南部丰塔莱斯出土，刻在一块骨头上的蹲踞式人形。距今约 12000 年。（图片来源：〔美〕金芭塔丝《女神的语言》，苏永前，吴亚娟译，社会科学文献出版社，2016 年，第 304 页。）

美国考古学家金芭塔丝（Marija Gimbutas）教授曾将其命名为“青蛙夫人”，这是不对的。因为在欧亚大陆，青蛙或蟾蜍几乎一直被刻画成鼓腹形态，和蹲踞式人形有极大的不同。过去，中国一些学者也曾将马家窑文化中极为丰富，又变化多姿的蹲踞式人形称为蛙纹，现在学者们基本放弃了这种说法。

如果我们细致观察图 4-5，就会发现她的肋

① Eric Kjellgren, How to Read Oceanic Art, Yale University Press, 2014, P146.

② Carl Schuster&Edmund Carpenter，Patterns that Connect: Social Symbolism in Ancient & Tribal Art，Harry N. Abrams Inc, New York, 1996，P.270 ～ 275.

骨被表现出来，这是萨满艺术的典型特征，学者们称之为“X 光风格”——尽管不同民族表现骨骼的形式很大不同，比如澳大利亚土著画的精灵像，呈蹲踞式，但画风繁缛。（图 4-6）伊利亚德写道：“所谓的‘X 光绘画’，即画出动物的骨骼和内脏，这也与萨满教有关。这些绘画在马格达林时期的法国，公元前 6000 ～前 2000 年的挪威、西伯利亚的东部，在爱斯基摩人中，在美洲（在奥吉布瓦人和普韦布洛人等民族中），在印度、马来西亚、新几内亚以及澳大利亚西北部都有所发现。这是狩猎文化所特有的艺术，但是渗透其中的宗教思想则是萨满教的。因为正是萨满通过他超自然的视角，才能‘看见他自己的骨骼’。换言之，他甚至能够进入动物的生命之源，即骨髓中。”①

图 4-6　怀有一男一女双胞胎的女性精灵，发现于澳大利亚北领地卡卡杜国家公园。（图片来源：张健中等：《大洋洲土著艺术》，云南美术出版社，1991 年，第 90 页。）

对于蹲踞式人形的意义，今天我们基本清楚，它代表祖先的形象，也是萨满文化祖先灵力之所在，因此蹲踞式人形具有了辟邪和丰产等一系列力量。这在新几内亚阿斯马特人的祖先柱（bis pole）上表现得特别明显。

图 4-7 来自新几内亚欧马德瑟普村，制作于 1950 年代晚期，目前收藏在美国大都会博物馆。这种柱子用一整棵红树制成，十分巨大，此根高达 5.5 米，上面巨大的透雕突出物代表阴茎。祖先柱是为刚去世的人举办筵席而制造的，柱身上的蹲踞式人形代表一系列祖先，柱子底部的独木舟用来将死者

① 〔美〕米尔恰·伊利亚德：《宗教思想史》，晏可佳等译，上海社会科学院出版社，2004 年，第 21 页。

带去祖先的世界 safan。仪式结束后，要用石斧将祖先柱完全毁坏，扔到西谷椰子树林里任其腐烂。阿斯马特人相信，祖先柱灵力会转给西谷棕榈，并促进其丰产——西谷椰子淀粉加工成的西谷米，是当地重要的食物之源。

对蹲踞式人形的研究，我们不能忘记两位学者值得敬仰的学术努力：美国艺术史家 Carl Schuster（1904 ~ 1969 年）和他的合作者，美国人类学家 Edmund Carpenter（1922 ~ 2011 年）。二人用长达 60 年的时间，研究全世界原始部落中表现世系的艺术形象，1996 年出版了《Patterns that Connect: Social Symbolism in Ancient & Tribal Art》一书，让我们更清楚看到蹲踞式人形的祖先意义。该书中，作者总结了代表世系的格式化蹲踞式人形种类（图 4-8 左），以及他们相互连接，表达生生不息世系的方式（图 4-8 右）。

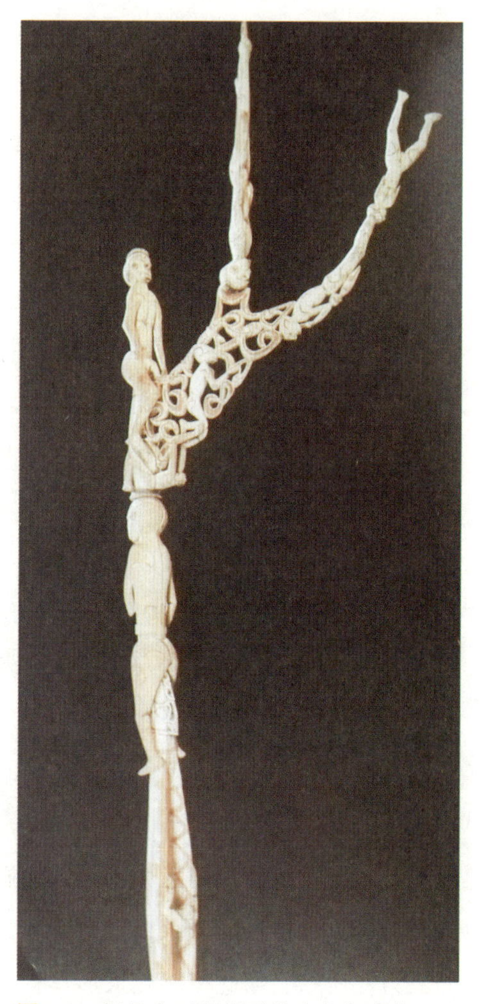

图 4-7 新几内亚阿斯马特人的祖先柱，现藏于美国大都会博物馆。（图片来源：Eric Kjellgren, How to Read Oceanic Art, Yale University Press, P50.）

蹲踞式人形相互连接方式告诉我们，蹲踞式可能出于原始先民表达世系的需要。因为曲折的四肢比直立，能更好地描绘父母与儿女——上下辈之间的关系。

生命的生生不息是人类寻求生生不息大道的根本动力。道的符号出于代表世系的艺术形象，有其内在合理性。

图 4-8　代表祖先和世系的基本图案。（图片来源：Carl Schuster&Edmund Carpenter，Patterns that Connect: Social Symbolism in Ancient & Tribal Art，Harry N. Abrams Inc, New York, 1996，P82.）

二、萨满 / 巫文化中的蹲踞式人形

民族学资料同样能为我们提供蹲踞式人形起源于石器时代萨满 / 巫文化的证据。萨满在原始民族中是英雄祖先，艺术表现中普遍呈蹲踞式。

蹲踞式人形广泛存在于近代北半球的萨满文化，它们可以追溯到 2000 年前。白令海峡西岸、距今两千年前的艾克温（Ekven）遗址中，考古学家发现了制作陶器时用的象牙陶拍。（图 4-9）原图片说明：“上面有蹲踞式的萨满形象，它的手呈熊爪状，意味着在入迷中已经和北极熊辅助神融为一体，陶拍下端是一个熊头。”

西伯利亚的埃文克人（Evenki，亦作 Evenky）宗教用品上有各式各样的人形图案，包括抽象和具象的蹲踞式

图 4-9　艾克温遗址出土的象牙陶拍，该遗址属于旧白令海文化（Old Bering Sea culture），距今约 2000 年。（图片来源：William W. Fitzhugh, Aron Crowell，Crossroads of Continents: Cultures of Siberia and Alaska, Smithsonian Institution Press, 1998, P.125.）

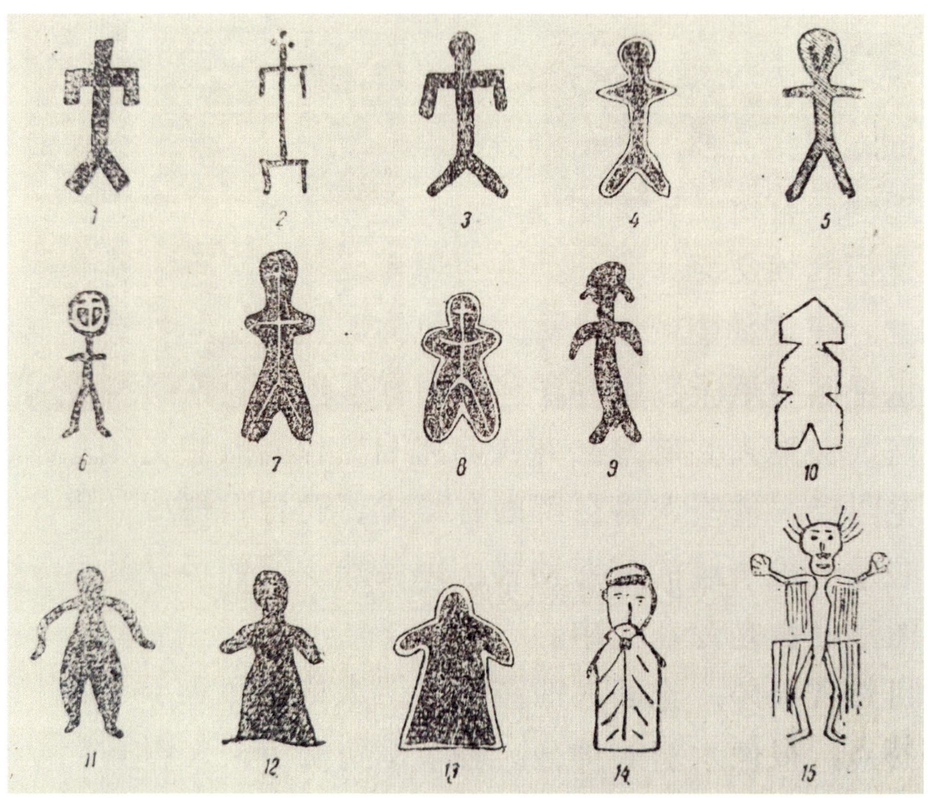

图 4-10　埃文克人文化用品上的人形图案。（图片来源：孙运来编译：《黑龙江流域民族的造型艺术》，天津古籍出版社，1990 年，第 114 页。）

人形——他们将萨满与英雄祖先联系起来，萨满显然是蹲踞式人形所代表的祖先之雄。（图 4-10）

《黑龙江流域民族的造型艺术》是孙运来先生根据苏联民族学家 C.B. 伊万诺夫《十九世纪至二十世纪初西伯利亚民族造型艺术资料集》一书编译而成，伊万诺夫依照博物馆的收藏目录对这些图像作了说明，具有重要的史料价值。

在埃文克人萨满服的胸巾上，常常会看到表示萨满的人形图案，萨满在跳神时要求助于他们。图 4-10“1”来自托木斯克国立大学博物馆的一方萨满胸巾，伊万诺夫描述道：“在这条胸巾的下部，有五个表示人的图形；这些图形用深棕红色颜料绘制而成，用白鹿毛固定轮廓……这件胸巾上的人形图形的名称与作用都不清楚，但据M. 萨吉洛夫讲，在纳雷河沿岸地区的埃文克人缝在萨满胸巾上的人形金属垂饰表示‘勇士’——萨满的祖先。”①

图 4-10“15”来自祭祀下界神明时用的木制鼓槌，这个鼓槌是在图鲁罕边区的埃文克人那里找到的。（图 4-11）鼓槌中间雕刻而成的蹲踞式人形高 5.5 厘米，“根据博物馆的目录资料，他表示萨满。在这种情况下，垂直线应当表示下垂的萨满神服飘带。萨满图形不像一个活人，而更像一副骨骼。可能，这个图形是某个已故萨满或女萨满的图像，上述鼓槌的占有者正是从这个萨满身上得到萨满天赋的”。②

图 4-11 埃文克人祭祀下界神明时用的木制鼓槌。（图片来源：孙运来编译：《黑龙江流域民族的造型艺术》，天津古籍出版社，1990 年，第 88 页。）

萨满文化的核心是动物，这些动物神作为助手，是萨满医疗、预言等神力之源。所以伊利亚德说，“旧石器时代人类的精神世界是由人与动物之间的神秘关系所主宰的”。③这在早期岩画中表现得特别明显，此类图案是人与动物的合体，是扮成动物或戴着动物面具的人。有些人 - 动物造型已经呈现出“蹲踞式”。如法国莱斯 - 特洛伊斯 - 弗雷尔斯洞穴中著名的“男巫”像，他有一双鹿角，呈侧面蹲踞式。年代距今 15000 年。（图 4-12）

在商周青铜器中，有一类“虎食人”造型令学者

① 孙运来编译：《黑龙江流域民族的造型艺术》，天津古籍出版社，1990 年，第 53 ～ 54 页。
② 孙运来编译：《黑龙江流域民族的造型艺术》，天津古籍出版社，1990 年，第 88 页。
③〔美〕米尔恰 · 伊利亚德：《宗教思想史》，晏可佳等译，上海社会科学院出版社，2004 年，第 21 页。

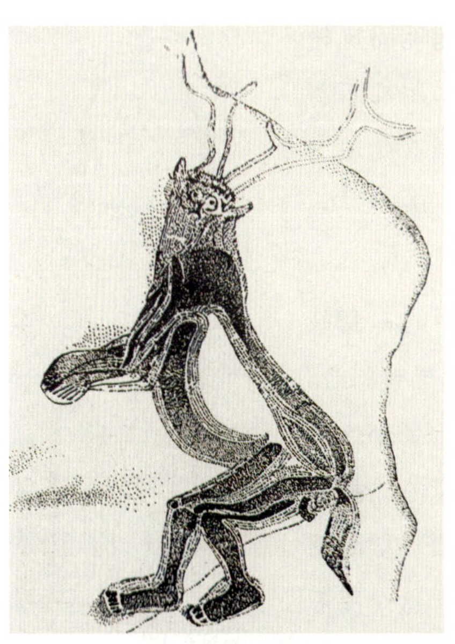

图 4-12　法国莱斯－特洛伊斯－弗雷尔斯洞穴“男巫”像，属于马格达林文化中期。（图片来源：〔美〕金芭塔丝《女神的语言》，苏永前，吴亚娟译，社会科学文献出版社，2016 年，第 203 页。）

图 4-13　日本泉屋博古馆藏商代晚期虎食人卣。（图片来源：《中国青铜器全集》第 4 卷，文物出版社，1998 年，第 148 页。）

大惑不解，这类造型的基本特点是动物口中含着人的脑袋，或抱着人头。商代“虎食人”造型几乎全出现在青铜礼器上，而西周时期的礼器上则不见这类题材，它们只出现在车的附件上。“虎食人”造型以商代晚期虎食人卣（yǒu）最为著名，这类商代盛酒器共存两件，相传出土于湖南省安化、宁乡交界处。一件藏于法国巴黎市立东方博物馆，一件藏于日本泉屋博古馆。一些学者凭空猜想这是商代统治者专横残暴的象征，以此威吓奴隶。（图 4-13）

放眼全球，我们会发现“兽食人”造型是整个环太平洋地区的现象，且都与萨满、巫术有关，那些兽代表着萨满或普通人的保护神，或称密友（alter ego）。在北美西北太平洋沿岸的土著印第安人中，保护神是一个人治疗疾病，

图 4-14 夸扣特尔人的“兽食人”造型：熊吞噬人头。（图片来源：Early Chinese Art and the Pacific Basin: A Photographic Exhibition, Intercultural Arts Press, 1968, P.77.）

图 4-15 夸扣特尔人的“兽食人”造型：熊触摸人头。（图片来源：Early Chinese Art and the Pacific Basin: A Photographic Exhibition, Intercultural Arts Press, 1968, P.77.）

成为战士，获取财富的保证。当地的夸扣特尔人（Kwakiutl）有两种“兽食人”造型。一种是熊吞噬人头，表示新入会者消失，意味着重生，获得萨满能力的开始；（图 4-14）另一种是熊触摸人头，代表熊在保护人。（图 4-15）这种小雕像是荣誉的标志物，常在宴会和其他节日场合展示。

细致观察，我们会发现“兽食人”造型中的人和动物常常呈“蹲踞式”，因为在原始先民看来，处于入迷状态的萨满和辅助神动物是合二为一的，所以让动物也呈“蹲踞式”。因此，“蹲踞式”在漫长的史前时代成为灵性最普遍的象征之一。

环太平洋地区“兽食人”的艺术表现形式除了显示整个人身，有时只显示头部，即兽口中含头，或干脆戴兽头饰。虎头帽是中国民间儿童服饰中典型的童帽样式，今天，在京东、淘宝上能搜到不少这类商品——21 世纪的现代人已经很少有人知道，它是石器时代萨满 / 巫文化的遗存。

用“兽食人”的形式表现“人与动物之间的神秘关系”并不普遍，只是特别引人注目。用以表现人与动物亲密关系的造型更多是兽首人身（怪兽）、人首兽身、人伴兽（兽伴人）、人骑兽（包括人背兽、人抓兽、人踏兽等）。比如著名的良渚“神徽”，表现的当是人骑兽。（图 4–16）图中人与兽似乎已经融为一体，人手兽足。这使人想到艾克温遗址中出土的象牙陶拍，上面萨满的手呈熊爪状——熊爪人足。（图 4–9）

图 4–16　浙江良渚文化反山 M12：98 玉琮上的图案。（图片来源：浙江省文物考古研究所编：《反山》（下），文物出版社，2005 年，第 51 页。）

良渚文化中“神徽”，包括单独的神人像和兽面像，发现较少，总共才 20 幅左右，且考古发掘的都出土在高等级墓中，足见“神徽”的特殊价值，它是四五千年前良渚复杂社会的重要象征性纹饰。

蹲踞式人形是史前萨满 / 巫文化的典型艺术形态。它随着巫文化在世界各地的衰落逐步消失，仅残存于民间巫俗中。

奇异的是，欧亚大陆东西方都用“☩”表示巫术。甲骨文、金文中“巫”的基本字形即是“☩”。（图 4–17）表示“巫”的文字在东西方都有“大”的意思，并与无形的“道”相联系，《老子·第二十五章》说，道“之名曰大”——欧亚大陆文化上还有太多不为人知的奥秘。

在西方，“☩”被称为纹形十字架（cross potent）或条顿十字架、耶路撒冷十字架、丁形十字架。美国汉学家，宾夕法尼亚大学亚洲及中东研究系教授梅维恒（Victor H. Mair），不仅注意到巫的上古汉语拟音*$M^{y}ag$ 与西方诸多文字“巫”的词根“mag”相似，还详细论述了“☩”符在欧亚大陆所

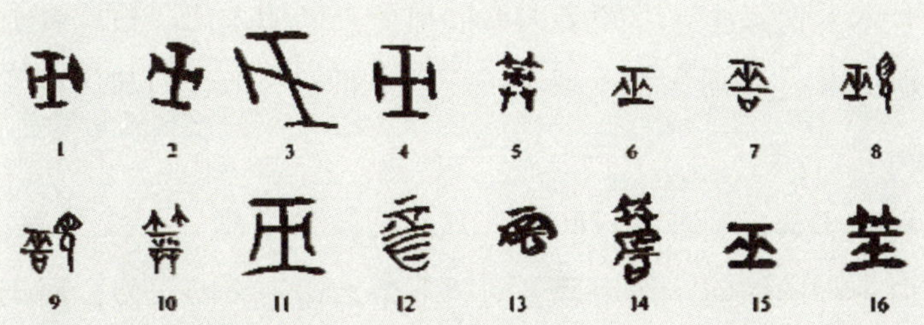

1 殷墟卜辞中的“巫”字　2 召陈胡巫像上的“巫”字　3 凤雏板瓦上的“巫”字　4 齐巫姜簋上的“巫”字　5 史懋壶上的“筮”字　6-7 侯马盟书中的“巫”字　8-9 侯马盟书中的“现”字　10 侯马盟书中的“筮”字　11《诅楚文》中的“巫”字　12 望山楚简卡的“巫”字　13 包山楚简中的“巫”字　14 郭店楚尚中的“筮”字　15 睡虎地秦简《日书》中的“巫”字　16 睡虎地秦简《日书》中的“筮”字

图 4-17　古文字中“巫”字的写法。（图片来源：李零:《中国方术续考》，中华书局，2016 年，第 33 页。）

具有的相似意义，他认为这不是偶然。梅维恒写道:“纹形十字架最让人感兴趣的是它的形状和中国最早的关于‘巫’（magician）的图形一模一样：它们都被画成‘ቸ’。这不可能简单地归结为纯属巧合或偶然雷同。因为‘ቸ’是一个十分明确且特殊的线条排列。它所代表的意念复合体跟商－周文明和西方悠久的 Magic 传统中诸多观念类似。然而当‘ቸ’随后在中国被“巫”代替，成为$*M^{y}ag$象征符号的时候，在西方这个纹形十字架却经由中世纪直到现在都一直是 magician 的象征符号。”①

图 4-18 是梅维恒列举的，欧洲中世纪魔法师召唤魔鬼与亡灵的诸多手册中的一个印记。印记（sigil）意为护身符，

① 梅维恒:《古汉语巫、古波斯语 Magus 和英语 Magician》，收入〔美〕夏含夷主编《远方的时习》，上海古籍出版社，2008 年，第 72 页。

据说能让魔法师拥有大天使之下，万物之上的能力，不同的天使、精灵有不同印记。梅维恒特别指出："手册大都出现于16至18世纪，但它们却保存了许多古老得多的资料。"[①]

约翰·迪伊（John Dee，1527～1608年）是英国数学家、天文学家、占星学家及伊丽莎白一世的顾问。他用著名的"上帝之印"召唤天使，同天使交流。"上帝之印"最初出现在14世纪的魔法书中，后来被约翰·迪伊完善。印记上除了诸多"☩"符，还有上帝和天使的名字。（图4–19）

在欧亚大陆，"☩"这个符号可以追溯到公元前5500年的西亚哈雷夫（Halaf）的陶器上，在同属哈雷夫文化的女神肩膀上亦有发现。（图4–20）

"☩"符出现在新疆昌吉古代岩画、马家窑彩陶、西周蚌雕人头像上，饶宗颐教授在墨西哥古文字中也发现过，且周边发出太阳似的光芒，不知何意。许辉先生在墨西哥国家人类博物馆注意到一件奥尔梅克时期（公元前1000年）的彩陶盆——三足呈兽形，盆底有巫符"☩"。（图4–21）

巫符"☩"竟然流传到了美洲古老文化之中！

马家窑文化有蹲踞式人形与"☩"并存的例子，使人联想到蹲踞式人形与萨满、巫术存在复杂关系。

甘肃省马家窑文化彩陶博物馆有两件镇馆之宝，纹饰大体一致，都属马家窑文化半山类型，距今约4600年。图4–22这件最为精致，上面有萨满文化的"X光风格"肋骨（从另一件肋骨边缘有横线将上半身带状物末端连在一起看，不是代表羽毛的带状物），女性性特征夸张，呈蹲踞式，但小腿向上，与上臂相似——周围布满"☩"符，口沿处还有一圈交叉的十字。

中国文化中，与萨满文化相关的蹲踞式人形演化为"大"字，而英语中巫师一词"Magician"的词根也有大的意思。北京外国语大学国际关系学院的大卫·巴拓识教授（Prof. Dr. David Bartosch）告诉笔者：在英语中的magician、master（大师、硕士），和拉丁语的magister（即英语中的

---

① 梅维恒:《古汉语巫、古波斯语Magus和英语Magician》，收入〔美〕夏含夷主编《远方的时习》，上海古籍出版社，2008年，第73页。

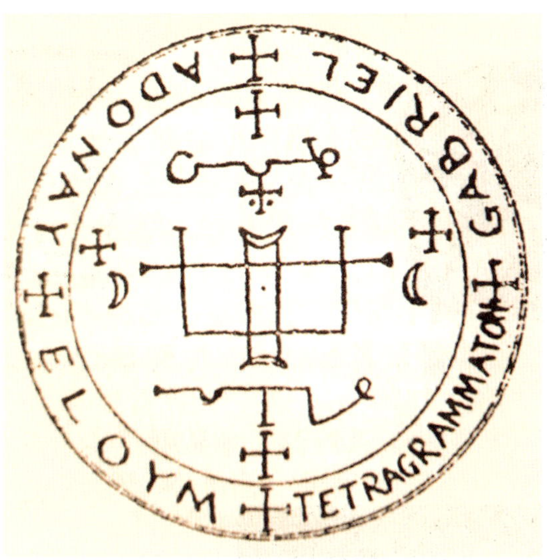

图 4-18　欧洲中世纪魔法师使用的印记。（图片来源：梅维恒：《古汉语巫、古波斯语 Magus 和英语 Magician》，收入〔美〕夏含夷主编《远方的时习》，上海古籍出版社，2008 年，第 74 页。）

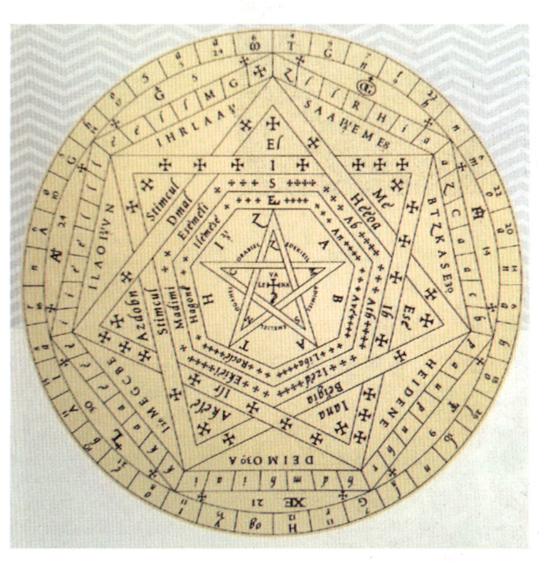

图 4-19　约翰 · 迪伊创造的“上帝之印”。（图片来源：〔英〕萨拉 · 巴特利特：《符号中的历史：浓缩人类文明的 100 个象征符号》，北京联合出版公司，2016 年，第 234 页。）

图 4-20 哈雷夫文化女神雕塑（左）的陶片（右）上的“ ”。（饶宗颐：《符号·初文与字母：汉字树》，上海书店出版社，2000 年，第 84 页。）

图 4-21 奥尔梅克时期彩陶盆上的“ ”符。（图片来源：许辉：《奥尔梅克的发现》，云南人民出版社，2001 年，第 54 页。）

图 4-22 甘肃省马家窑文化彩陶博物馆收藏的周边有“ ”符的蹲踞式人形。（图片来源：王志安：《马家窑文化彩陶文化探源》，文物出版社，2016 年，第 45 页。）

master）, magus（魔法师，占星家），这些词的词根“mag”都是大的意思，来自阿维斯陀语——阿维斯陀语是一种古老的印欧语言，属于伊朗语族的东伊朗语，也是波斯古经《阿维斯陀》成书时所使用的语言——波斯地处欧亚大陆的中心地区，当深深影响了整个欧亚文化。

石器时代的萨满/巫文化，不仅产生了至高天神这一人类根本信仰，还铸就了诸多影响世界不同文明的文化因子——研究这类现象是激动人心的知识远征！

第五章　神与道：东方文明大分野

世界范围内，蹲踞式人形都具有特殊性和神圣性，这是它在中国成为大道之象的重要原因。

5000年前，随着代表祖先的蹲踞式人形在西方世界逐步消退，原始至上天神的地位开始提升，并最终发展为希伯来一神教；在中国，蹲踞式人形演化为代表道（太一、大）的符号，社会更加人本化和世俗化。4000年前，中国超越地方信仰的政教体系最终确立了起来，生生不息，绵延至今——成为地球上仅存的原生文明！

在西方文化席卷全球的今天，我们需要重新评估中国文明。面对古埃及斑驳的金字塔和古罗马破碎的断壁残垣，想一想两个文明在今天作为一种文化、政治体系持续发展到21世纪会是什么样子？

这就是中华文明的奇迹，作为世界仍生机盎然的原生文明，它凝聚了人类最深厚的文明成果，是人类共同的、尚待开发的巨大财富！

一、蹲踞式人形的特殊性和神圣灵力

蹲踞式人形在世界许多族群中都有一定程度的社会特殊性，即使那些已经消失的族群，通过考古发掘，我们也能看到蹲踞式人形非同寻常的地位。

台湾排湾人木雕有程式化的蹲踞式人形（图5-1），完全不同于写实生动的人物雕像，他们代表贵族的祖先，这样的雕刻属贵族特权，其特殊性极其明显。台湾大学教授、考古学家陈奇禄先生在《台湾排湾群诸族木雕标本图录》中指出："排湾群诸族的木雕人像，其一部分代表祖先，与祖先崇拜有关。

这些祖先都是值得纪念的，自然亦都是贵族阶级的祖先。祖先像大部分属比较式样化的人像，可见其源长流远。写实生动的人像雕刻，则大多数没有宗教或社会的意义。平民阶级有时亦可持有具有后者纹样的器物，但前者则非贵族阶级不得享有。”①

图 5-1 雾台村头目唐水明家屋主柱雕刻。（图片来源：陈奇禄：《台湾排湾群诸族木雕标本图录》，台湾南天书局有限公司，图版二。）

西潘王墓室位于秘鲁北部奇科拉约附近，被誉为新大陆的“图特卡蒙墓”。1988 年，它的发现震惊了世界。那美轮美奂的陪葬品，让人几乎不敢相信这是 1700 年前，没有文字的莫切人的作品。西潘王墓室的发掘者，考古学家阿尔瓦（Walter Alva），因为冒着盗墓分子的生命威胁保护文物，受到世人的广泛尊敬。

西潘王墓室出土很多带有蹲踞式人形的艺术品，其中图 5-2 这件魔幻的艺术品让人印象深刻。它是一块宽达 65 厘米的镀金金属板，最外围的蹲踞式人形没有头，头的位置是一对人首蛇身的形象。中间的蹲踞式人形刻画得十分细致，包括银的指甲和绿松石的腕套。

后来考古学家在西潘王墓室所在地发掘了诸多古墓，人们发现：只有王级的坟墓才有蹲踞式人形，甚至在祭司墓中也没有发现。足见在莫切文化中，蹲踞式人形的特殊性。

与蹲踞式人形特殊性相联系的，是其神圣性——蹲踞式人形因其代表祖先被赋予特殊的灵力，无论放在武器上还是建筑等上面，都有辟邪的作用。尤其是四肢，似乎有特殊的神力，马家窑文化中蹲踞式人形最后演化为纯粹的肢爪纹。（图 5-3）

① 陈奇禄：《台湾排湾群诸族木雕标本图录》，台湾南天书局有限公司，1996 年，第 160 页。

图 5-2　西潘王墓室出土的蹲踞式人形镀金饰品。（图片来源：Walter Alva, Sipan, Discovery and Research, Quebecor Peru S.A, 2003, P35.）

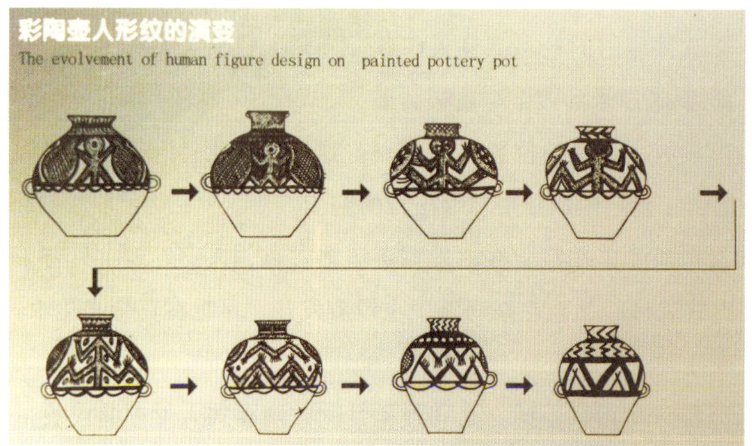

图 5-3　马家窑文化彩陶壶蹲踞式人形的演变。2016 年 11 月 12 日笔者摄于甘肃省博物馆。

直到今天，陕北民谚中还有："天不怕，地不怕，单怕瓜子娃娃一把叉。""一把叉"意为双腿叉开。瓜子娃娃是民间巫俗中蹲踞式人形的变种，它由南瓜子和黑豆拼成，贴在门楣上，有保护全家平安，子孙长续的功能。

流行于黄河流域的民间巫术剪纸"抓髻娃娃"也呈蹲踞式，它们具有生殖、招魂、避邪、送病、攘灾、驱鬼、镇宅、扫天止雨、祈雨抗旱等多种功用。①

令人惊奇的是，中美洲墨西哥柏布拉山地印第安人剪纸，竟然与中国北方地区有些"抓髻娃娃"形神皆似，二者都有巫术意义。印第安人的"抓髻娃娃"表现大地母神、恶魔等各种形象，用在祭祀典礼上——环太平洋地区的文化因子相似性让人不可思议。（图 5-4、图 5-5）

图 5-4 中国"抓髻娃娃"，左为山西蒲县喜娃娃剪纸；右为甘肃庆阳喜娃娃剪纸。"喜娃娃"又称"喜花"，结婚时贴在洞房里，是生殖繁衍的象征。（图片来源：靳之林：《抓髻娃娃与人类群体的原始观念》，广西师范大学出版社，2001 年，第 51、54 页。）

① 靳之林：《抓髻娃娃与人类群体的原始观念》，广西师范大学出版社，2001 年 10 月。

图 5-5 墨西哥柏布拉山地印第安人剪纸。(图片来源:《世界博物馆全集·墨西哥国立人类学博物馆》,台湾锦绣出版社有限公司，1987年，第 137 页。)

作为分布于从东北到西南边地半月形文化传播带上的古族，彝族因其迁徙至高山峻岭之间，沉淀了厚重的文化层，保存了重要的人类文明信息。“神图”是彝族祭司毕摩在仪式上与神鬼相通的工具，图画内容通常以彝族最重要的英雄祖先支格阿鲁为核心，神蟒和神孔雀是其助手（辅助神）。据《彝族源流》《西南彝志》等古籍记载，支格阿鲁集部落君长、祭司毕摩、天文学家、历算家于一身。传说他消灭妖魔鬼怪，征服毒蛇猛兽，驯服雷公闪电。如同汉族神话中的后羿，支格阿鲁用弓箭射落了天上六个太阳、七个月亮中的五个太阳和六个月亮，只留下一个太阳和一个月亮，让人们在世间美好生活——关于支格阿鲁的神话，彝族家喻户晓，妇孺皆知。

彝族艺术中，支格阿鲁的基本造型呈蹲踞式。图 5-6 是反咒经《食人红舌经》封面上的支格阿鲁。

按照毕摩的解释，支格阿鲁身体呈方形喻示着撑起天宇的四根铜柱，象征大地四方，体现了支格阿鲁脚踏大地，头顶天空的轩昂气势。为何要突出

图 5-6　以支格阿鲁形像为封面的《食人红舌经》，经书本身就有反咒咒己之人和辟邪的作用。（图片来源：巴莫曲布嫫：《神图与鬼板：凉山彝族祝咒文学与宗教绘画考察》，广西人民出版社，2004 年，第 41 页。）

支格阿鲁的男性生殖器？按照彝族观念，“画面中颇为突出的男性阳性之物喻示着支格阿鲁的子孙后代繁衍昌盛。在神话中支格阿鲁娶了两姊妹为妻后，一直忙于制服人间马妖牛怪，妹妹出于猜忌和嫉妒，剪去了飞马的三层翅膀，致使支格阿鲁葬身大海。尽管神话中支格阿鲁英年早逝，没有生育，但其英雄的业绩与降妖伏魔的精神并没有死。这一带有永存意义的信念，既通过神话中所叙述的每到秋天，群鹰搏击在支格阿鲁坠海的水边上与蛇继续作战而体现，也借助了仪式中唱叙后世许多著名毕摩神祖降妖伏魔的传说去连接，更以神图的方式复活了支格阿鲁不死的神力。”①

彝族人还用蹲踞式表达鬼的灵力。鬼板用在毕摩咒鬼仪式，是画有各类鬼形象的木板。图 5-7 是较大的“初补初莫”（麻风病鬼祖鬼妣）鬼板，长 60 厘米，宽 10.6 厘米。鬼板自上而下分别代表九层天空、云雾、太阳和月

① 巴莫曲布嫫：《神图与鬼板：凉山彝族祝咒文学与宗教绘画考察》，广西人民出版社，2004 年，第 46 页。

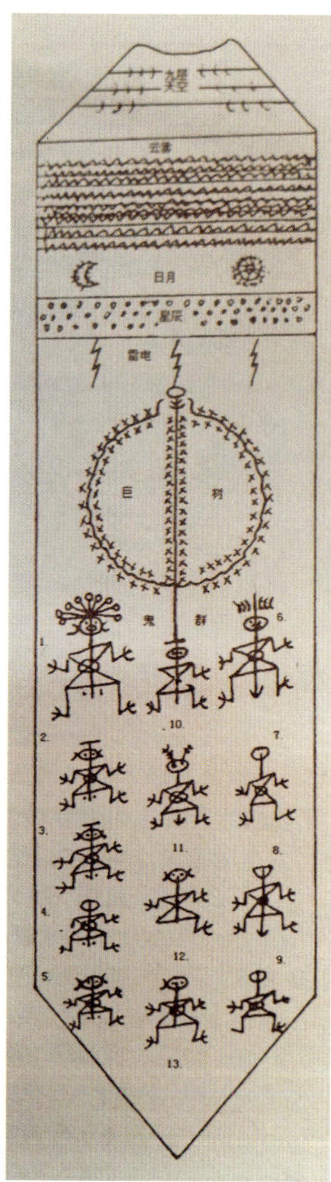

图 5-7 “初补初莫”（麻风病鬼祖鬼妣）鬼板示意图。（图片来源：巴莫曲布嫫：《神图与鬼板：凉山彝族祝咒文学与宗教绘画考察》，广西人民出版社，2004 年，第 91 页。）

亮、星辰、雷电、巨树，以及称为“初”的麻风病鬼鬼群。左边为天上“初”鬼、中间为空中“初”鬼、右为地上“初”鬼。图中女鬼生殖器用箭头表示，男鬼生殖器用竖线和两点表示，有些鬼则无明显性特征。

据中国社会科学院民族文学研究所巴莫曲布嫫教授调查，彝族神图重视“骨”像，而非“形”像，只要骨骼相像，就可与神灵相感应。在毕摩看来，“‘骨’凝聚了对象的灵性与血脉，只要抓住了‘骨’便切中并概括了对象的根本；‘骨’连带着对象的‘血亲’与‘近亲’，只要画出了‘骨’，便把握并超越了对象以及与对象发生关联的‘类群’之全部和整体。可见，画出神鬼之骨，便驾驭了神族鬼类，一幅神图或一块鬼板就可以代表神意行使毕摩的法力而驱动神灵、役使鬼怪，以实现拘鬼制鬼的目的。”①

诚如伊利亚德谈到“X 光艺术风格”时所说的那样，彝族人也将骨作为“生命之源”。但画骨的方法并不一定画出“骨骼和内脏”，抽象化的线条也表示骨骼。蹲踞式人形力求表现“骨”的特点——画“骨”可能是蹲踞式人形走向抽象化的重要原因。

事实上，蹲踞式人形很早就高度抽象化了。图 5-8 这个陶残片出土于公元前 8000 年

① 巴莫曲布嫫：《神图与鬼板：凉山彝族祝咒文学与宗教绘画考察》，广西人民出版社，2004 年，第 132 页。

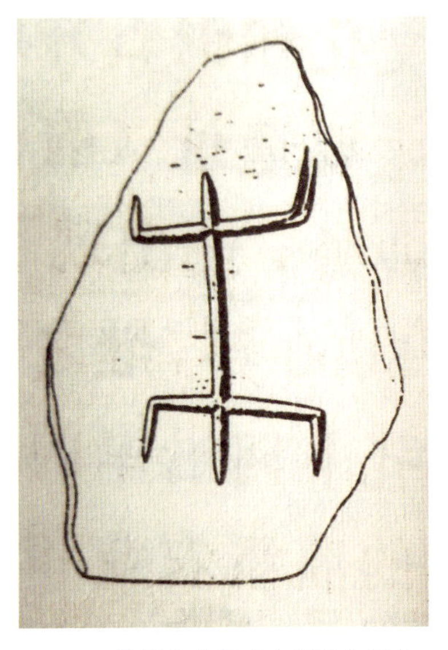

图 5-8 最早的蹲踞式人形抽象图案，刻在西亚依尔科姆 2 号遗址出土的陶片上，年代：公元前 8000 年。（图片来源：〔以色列〕约瑟夫·加芬克尔：《试析近东和东南欧地区史前彩陶上的舞蹈纹饰》，杨谨译，载《考古与文物》2004 年第 1 期。）

的西亚依尔科姆 2 号遗址，以色列学者约瑟夫·加芬克尔描述道："上面阴刻一个十分抽象的正面人像，胳膊向上曲举，双腿向下弯曲，双腿之间似为男性生殖器。这是目前发现的时代最早的抽象化的人像，此后，人体抽象化表现形式不断加强。"①

约瑟夫·加芬克尔的观察是正确的，图像两腿之间的线代表生殖器。在较为形象化的蹲踞式人形下体部位，有时还直接画上夸张的男性或女性生殖器。

约瑟夫·加芬克尔《试析近东和东南欧地区史前彩陶上的舞蹈纹饰》的主题是舞蹈纹饰，但他所谓的"舞蹈纹饰"多蹲踞式人形。文中关于蹲踞式人形在青藏高原以西的发展趋势，具有重要参考价值。他写道："概括地讲，舞蹈纹饰于前 9000 年最早出现在黎凡特地区，前 8000 年至前 7000 年时，向东扩展到美索不达米亚和伊朗，并远至巴基斯坦西部的穆尔加赫，同时又向西部和北部地区推进至安那托利亚、阿美尼亚、希腊、巴尔干和东南欧洲。从时间上看，前 7000 年左右，舞蹈纹饰的分布范围最广，出现的频率最高，达到鼎盛时期。约前 6000 年，中心地区由美索不达米亚和伊朗转移到埃及等地区，但规模和数量已大不如从前。前 3000 年，舞蹈纹饰在大部分地区已经消失，仅存于黎凡特。"②

约瑟夫·加芬克尔关于公元前 3000 年蹲踞式人形在青藏高原以西整体势

① 〔以色列〕约瑟夫·加芬克尔：《试析近东和东南欧地区史前彩陶上的舞蹈纹饰》，杨谨译，载《考古与文物》2004 年第 1 期。

② 〔以色列〕约瑟夫·加芬克尔：《试析近东和东南欧地区史前彩陶上的舞蹈纹饰》，杨谨译，载《考古与文物》2004 年第 1 期。

微的结论是正确的。尽管公元前三千纪，基克拉迪小雕像走向了繁荣；公元前 1000 年左右，蹲踞式人形还存在于克里特、法国的一些地区。

过去几十年来，前世界岩画委员会主席阿纳蒂教授（Emmanuel Anati）主持的意大利卡莫诺史前研究中心，对意大利梵尔卡莫尼卡岩画进行了深入细致的研究，并作了断代，结果也显示：公元前 3000 年左右是蹲踞式人形衰落的重要拐点——人形越近晚期越具有自然主义风格。（图 5–9）

形象化的人像意味着神性的消失。随着西方世界蹲踞式人形逐步退出历史舞台，代替其神圣性的是古老的至上天神——从此，西方文明走上一神教的发展道路。

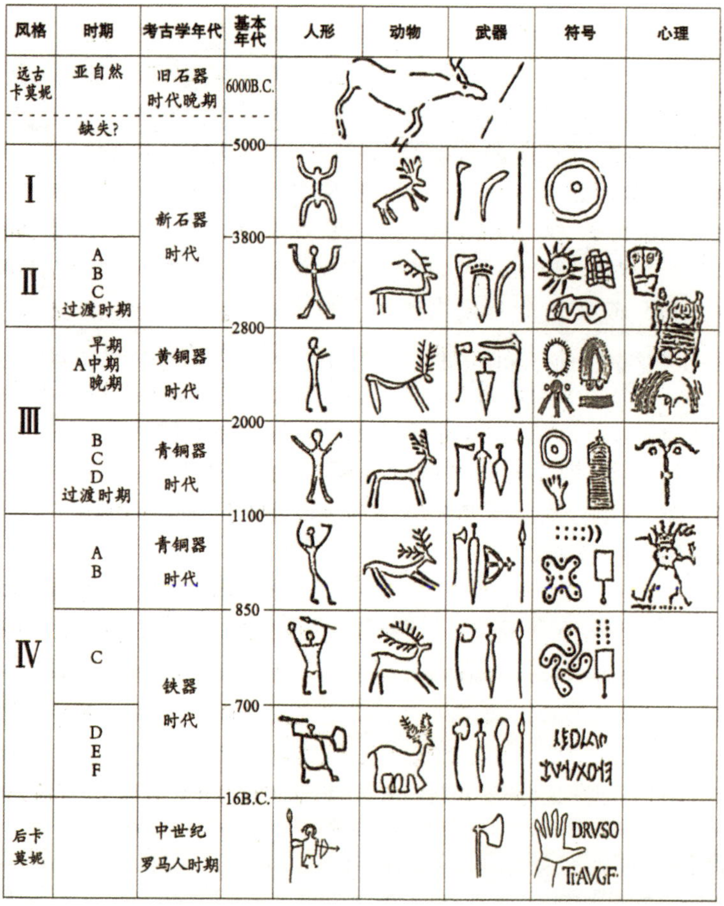

风格	时期	考古学年代	基本年代	人形	动物	武器	符号	心理
远古卡莫妮	亚自然 缺失?	旧石器时代晚期	6000B.C. 5000					
I		新石器时代	3800					
II	A B C 过渡时期		2800					
III	早期 A中期 晚期	黄铜器时代	2000					
	B C D 过渡时期	青铜器时代	1100					
IV	A B	青铜器时代	850					
	C	铁器时代	700					
	D E F		16B.C.					
后卡莫妮		中世纪 罗马人时期					DRVSO T·AVGF·	

图 5–9　卡莫尼文化进化简表（来自卡莫诺史前研究中心）。（图片来源：杨超：《圣坛之石：一部欧洲的岩画学史》，世界图书出版广东有限公司，2013 年，第 207 页。）

二、从蹲踞式人形演变看东西方文明大分野

蹲踞式人形在中国的源流十分复杂。考古学家发现，陕西临潼姜寨遗址第一期的彩陶钵外口沿处刻有抽象的蹲踞式人形。该期处于仰韶文化半坡类型早期阶段，据碳十四测年数据，半坡类型的绝对年代在前 4933 ～前 4362 之间——7000 年前，蹲踞式人形就出现在中华大地。（图 5-10）

图 5-10 7000 年前彩陶钵黑彩宽带上刻画的蹲踞式人形。（图片来源：半坡博物馆、陕西考古所、临潼博物馆编:《姜寨：新石器时代遗址发掘报告》（下），1988 年，彩版六。）

直到汉代，中国人仍将蹲踞式人形作为神性的象征。胡广跃等编著的《汉魏唐刻石精粹【下】· 汉画像石》一书，收录了大量山东济宁地区出土的汉画像石，其中描绘主持驱鬼逐疫巫术仪式的司傩之官方相氏，戴着熊面具，身体呈正面蹲踞式；其他参与者则多呈侧面蹲踞式。古代宫廷里方相氏驱疫的仪式叫大傩，据记载，有时参加大傩的达万人。（图 5-11）

图 5-11 大傩逐疫画像石。（图片来源：胡广跃等编著:《汉魏唐刻石精粹【下】· 汉画像石》陕西出版传媒集团、三秦出版社，2013 年，第 71 页。）

有时，方相氏和熊并列组合画出，方相氏也呈典型的蹲踞式——这似乎是汉代的一种格式化画法。

中国最有名的蹲踞式人形集中地在广西左江，在左江绵延近 200 多千米的崖壁上，分布着 81 个岩画点，数以千计的岩画，内容 90% 以上是蹲踞式人形——蔚为壮观！一般认为，它们是战国至东汉时期（公元前 475 ～公元 220 年）壮族先民骆越人创作。2018 年 8 月，科学出版社出版了黄亚琪博士的《广西左江蹲踞式人形岩画研究》一书。这是世界上少有的研究蹲踞式人形的专著。（图 5-12）

这么多蹲踞式人形，当与南方楚越之地巫风流行有关——在南方蹲踞式人形流行的时代，内圣外王、修齐治平一以贯之的大道在中原大地已经成熟并得到了系统阐发。

图 5-12　左江岩画密集的蹲踞式人形，蔚为壮观！（图片来源：陈兆复、邢琏，《世界岩画 I · 亚非卷》，文物出版社，2011 年，彩版六。）

中国蹲踞式人形的演变大致分三个方向，一是演变成“天”字、“大”字，二是转化为太一的符号。以上两种演化都与中国哲学最高范畴“道”有关；三是成为民间巫术剪纸抓髻娃娃，并由此演化为流行的寿字纹——也有生生不息之意。（图 5-13）

天，东汉许慎《说文解字》释云：“颠也。至高无上，从一、大。”古文字中大和天的形象都是蹲踞式人形，不过后来“天”字强调头，而“大”字只用一条竖线代表头。（图 5-14）东汉许慎《说文解字》解释为何以人形表示“大”时说：“天大，地大，人亦大。故大象人形。”

中国社会的人文性特点奠定于数千年前，植根于人类共同的萨满 / 巫文化大背景——因为“大”不是一般人像，是神圣的蹲踞式人形。

图 5-13　北京西山香山寺古建上的寿字纹。2018 年 3 月 20 日笔者摄于香山寺。

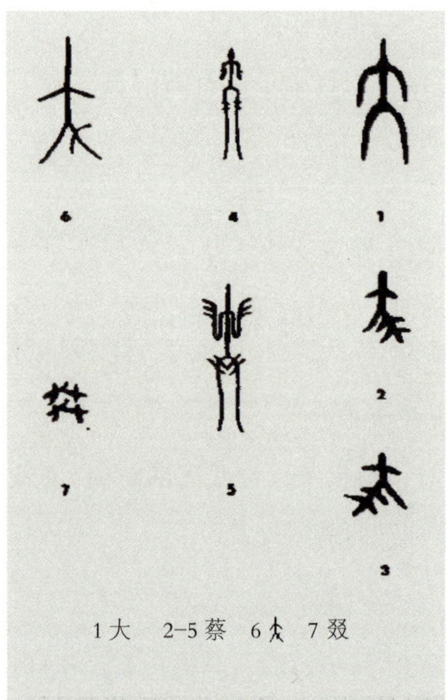

图 5–14 古文字中与“大”有关的字——李零先生认为都是从“大”字派生。（图片来源：李零:《中国方术续考》，中华书局，2016 年，第 170 页。）

中国先贤认为，人不是上帝的创造物，神的仆人。孔子说：“天地之性，人为贵。”（《孝经 · 圣治章》），人是与天、地并列，参与天地运化的高贵存在——人本与神本，是东西方后萨满巫术时代的大分野所在。前者开出了政教统一，内养外用一以贯之的道统，后者发展出西方一神教信仰。

需要指出的是，在金文中，天字很多用于族徽，还保存着蹲踞式人形垂阳或不垂阳的风格。考古学家邹衡先生指出：“周族中还有一个著名的氏族，徽号叫‘’或‘’，即‘天’。金文中，画人体的族徽很多，天字的特征是：正面站立，圆头，两肩平张，两臂下垂，两腿分开，手足皆外撇。1963 年在陕西扶风齐家村发现了《文考日己方尊》《方彝》《方觥》三器（《考古》1963：8，页 414，图版贰：1-3），同铭，同花纹，同形制作风，其为一家同时铸造无疑。但其族徽有如上两种画法：一种带一小鸡儿，一种没有。可见这两种写法是相通的。”①

邹先生没有意识到，蹲踞式人形有的表现下垂的生殖器，有的没有，这是

① 邹衡：《夏商周考古学论文集》，文物出版社，1980 年，第 338 页。

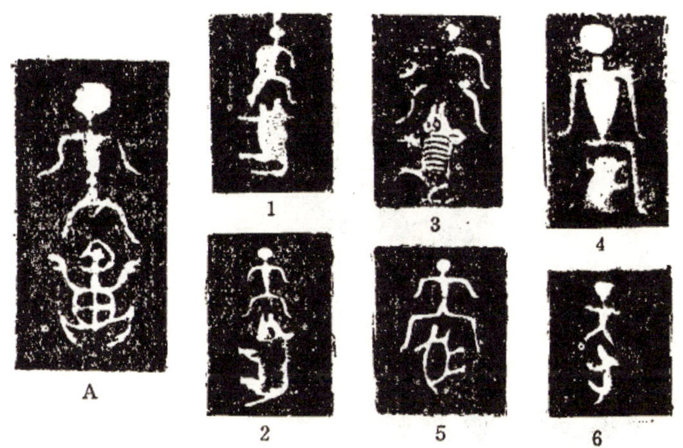

A. 天黿父癸方鼎（三代 2.39.8）1. 天兽鼎（三代 2.1.10）2. 天兽妣辛簋（三代 6.22.3）3. 天兽父丁鼎（三代 2.21.4）4. 天兽鼎（三代 2.1.8）5. 天兽父乙觚（三代 14.24.9）6. 天兽父丁爵（三代 16.8.3）

图 5-15 带天字的商周时期“人骑兽”族徽。（图片来源：邹衡：《夏商周考古学论文集》，文物出版社，1980 年，第 340 页。）

世界性的现象，它描述的人形是典型的蹲踞式人形。族徽“天”字下多有一兽形——“人骑兽”也是重要的萨满 / 巫文化造型。邹衡先生依骑兽的不同形状将其分为六类。（图 5-15）

北京大学李零教授敏锐地察觉到，蹲踞式人形“大”与道、太、太一这些概念有互换关系。他特别指出《老子》第二十五章称道为“大”。实际上，道、大、太一三个概念异名同实，都以蹲踞式人形象征天道。他写道：“包山楚简提到‘太一’，其名作‘太’，这点就很值得注意。由此，我们发现了许多相关的现象。例如：（1）“兵避太岁”戈和《避兵图》中的‘太一’神都是用形如‘大’字的人形来表示，实际是以‘大’字代指‘太一’；（2）曹氏朱符的第二符把‘太一锋’叫作‘大、天一’，虽然我们可以把‘大’理解为‘大（太）一’之省，但也可能是以“太”代指“太一”；（3）《老子》除常以‘一’称‘道’，也有以‘大’称‘道’的例子，如其第二十五章说‘有物混成，先天地生。寂兮寥兮，独立不改，周行而不殆，可以为天下母。吾

图 5-16 1973 年长沙马王堆 3 号汉墓出土的帛画，李零先生称其为“避兵图”，中间有一带题记“太一”像。(图片来源：冯时：《中国天文考古学》，中国社会科学出版社，2010 年，图版三。)

不知其名，字之曰道，强为之名曰大’，对比于《吕氏春秋·大乐》‘道也者，至精也，不可为形，不可为名，强为之名，谓之太一’。可见‘大’正指‘太一’；(4)《礼记·祭法》：‘燔柴于泰坛，祭天也；瘞埋于泰折，祭地也’，称礼天之坛为‘泰坛’，汉武帝立甘泉宫太一坛也把‘太一坛’称为‘太畤’。这些现象似表明‘太一’的概念本来就可用‘大’‘太’或‘泰’来表示。”①

中国哲学的最高范畴道又称为“太一”，西汉武帝时曾立坛祭太一。有明确榜题文字依据的太一像见于长沙马王堆 3 号汉墓出土的帛画。其中太一像下跨一条龙。太一正面呈蹲踞姿势站立。左腋下书一“社”字，头右侧题“大一将行，口口神从之，以……”(图 5-16)

对于帛画中的三条龙，李零教授指出青龙是天龙，代表“天一”；黄龙是地龙，代表“地一”；黄首青身龙则是“太一”的

① 李零：《中国方术续考》，中华书局，2016 年，第 177 ～ 178 页。

象征——上述“三一”，与古代“三皇”有关。《史记·秦始皇本纪》李斯奏议称：“古有天皇，有地皇，有泰皇，泰皇最贵。”

“太一”与帝的关系，见于中国典籍，已经高度哲学化了。《淮南子·本经训》指出，帝者，要与太一、大道合一，那才是治理的最高境界。上面说：“帝者体太一，王者法阴阳，霸者则四时，君者用六律……是故体太一者，明于天地之情，通于道德之伦，聪明耀于日月，精神通于万物，动静调于阴阳，喜怒和于四时，德泽施于方外，名声传于后世。”

另据东南大学潘中华先生《汉画“太一”像——对象征图像的一次具体考察》，两汉图像资料中，代表阴的伏羲女娲中间的人物当为“太一”，它们有的也呈“蹲踞式”。（图 5-17）但根据山东微山一石刻的榜题，伏羲女娲中间的人物有的是西王母或东王公，无论如何，此类形象都是超越阴阳大道的象征。

图 5-17　安徽萧县陈沟汉墓出土的人类始祖伏羲女娲像，中间合阴阳的蹲踞式人形为代表道的太一神。2018 年 3 月 19 日笔者摄于北京山水美术馆“中国汉画大展”。

潘中华先生指出:“从汉画‘太一’神像的发展情况看来,‘太一’神像不多见,并且消失得较快。例如在武梁祠伏羲像中所见的那样,中间的‘太一’像在东汉末期似乎已经完全丧失了原有的意义,成了一个形式化的附属物。这里面的原因固然部分是由于‘太一’神及‘太一’崇拜步入了衰落,另一方面可以用出现了更好的形象来解释。原本‘太一’神像就借用了伏羲和女娲的象征形象,它对伏羲和女娲像的补充不过只有中间那个象征阴阳合和的巨人形象而已。在伏羲、女娲像中,阴阳合和很快出现了一个相当简便、美观的形式——交尾。”①

道本来无形无象,“太一”像的消失有其必然之势。

总之,帝、天、大、太一、道,这五个概念有密切的相承关系,最后结晶为内圣外王一贯,政治教化统一的中华大道。

今天,欧亚大陆四大原生古文明:黄河流域的中国文明、两河流域的古巴比伦文明、尼罗河流域的古埃及文明、印度河流域的古印度文明。除中华文明之外,都已经消逝在历史黄沙之下。公元后西方盛行的排他性一神教,倾向于将地球上其他文明从语言到宗教建筑连根拔除。

现代西方文明的核心两希文化,古希腊文化和古希伯来文化,都属于次生文明。二者主要是在汲取埃及和两河流域文明的基础上产生的。

若我们将目光投向整个地球,中美洲奥尔梅克文明那样的辉煌文化,通过考古学家的手铲才偶尔露峥嵘。

古印度河文明也是1921年在旁遮普邦的哈拉帕(目前属巴基斯坦)发现的。印度文明的母亲河——印度河已经不再属于印度,属于一个穆斯林国家——巴基斯坦。为印度人所骄傲的宗教经典,如同他们的英语和民主政治一样,受印欧人入侵的影响极大。

我们不能不为中华文化的生生不息,及其背后生生不息的大道智慧感到惊叹——她是人类现存唯一的原生文明!

---

① 潘中华:《汉画“太一”像——对象征图像的一次具体考察》,东南大学,2005年6月,第38～39页。

以人为本、超越地方性神话信仰的中华文化，是4000年前东西方文明大碰撞的结晶，是人类精神的超新星爆炸。长期以来，她不失旧物，又不断涵化新知。

21世纪，我们应返本开新，系统性传承中华文化的同时，取西方文化之精华，再造一个全球化时代的人类新文明。

——让生生不息的中华文化，造福于人类的可持续发展！

下卷　大道之学

与古希腊发达的私学传统不同，中国文化源自有关国家治理的知识体系。春秋以前，没有私人讲学和著述，学术主要在政府各部门史官之手，学在王官。近代经学家刘师培（1884～1919年）说："有官斯有法，故法具于官。有法斯有书，故官守其书。是则史也者，掌一代之学者也。一代之学，即一国政教之本，而一代王者之所开也。"①

所以中华大道出于王道，归于王道。

道家本意即君人南面之术，王者治国理政之道。道之大，在于其治国、平天下的事功德行，包括儒家在内的诸子百家皆出于融治身、理国为一体的古道术。《汉书·艺文志》指出，道家是史官总结的治国政教理论体系，"道家者流，盖出于史官，历记成败、存亡、祸福、古今之道，然后知秉要执本，清虚以自守，卑弱以自持，此君人南面之术也"。

《汉书·艺文志》中，诸子百家皆依古代官职，按不同社会治理功能分类。除了道家出于史官，还有儒家出于司徒之官，法家出于理官等。诸子百家用于治国平天下则是一致的。《汉书·艺文志》引《易经》论百家说："天下同归而殊途，一致而百虑。"

如果将中华大道比作一尊巨鼎，那么上承西周王官学，下开春秋战国诸子百家的孔门四科是鼎之四足。王官学一变而成孔门四科，孔门四科一变而成诸子百家，中华道统发展到一个重要阶段。

诸子百家构成了孔门四科的具体内容。孔门四科与诸子百家的关系大体如下：

---

① 刘师培：《古学出于史官论》，收入《刘师培史学论著选集》，上海古籍出版社2006年版。

德行科——德成智出，德行科为百家所共修。特别是儒、道二家，前者主教化立德，后者主政事行权，尤其重视智慧修习。孔子弟子中这方面突出的有颜渊，闵子骞，冉伯牛，仲弓。

政事科——处理政治、经济、法律、军事、社会诸事务，后流为黄老道家、法家、兵家诸家。孔子弟子中这方面突出的有冉有，季路。

言语科——主要为名家和纵横家所修，修习言语科的人先秦被称为“辩者”或“辩士”。《战国策·秦策一·陈轸去楚之秦》秦惠王说纵横家陈轸“天下之辩士也”。《庄子·天下篇》称名家“桓团、公孙龙，辩者之徒”。孔子弟子中这方面突出的有宰我，子贡。

文学科——即古代经书，百家所共修，为后世搞教育，“游文于六经之中”的儒家所专。唐初颜师古在《汉书·西域传》中解释“为文学”说：“为文学，谓学经书之人。”孔子弟子中这方面突出的有子游，子夏。

在经济全球化的信息时代，随着人工智能的高度发展，人类将和原始先民一样，花更少的时间，得到更为丰富的产品，有更多的闲暇时间。为了让人工智能造福于人类，我们有必要学习原始先民的经验，包括对公有制的维护，对平等的关注。这方面，中国文化显示出巨大的优势。

只有将现代科学技术纳入东西方古典文明的轨道，对外节制资本（不是消灭资本），对内节制人欲（不是消灭人欲），精神文明和物质文明才能平衡发展，人类才能真正享受科学技术的成果。

丙编　王道：大道智慧与内政外交

东西方，石器时代的二元观念沿着完全不同的路径展开。在西方，二元对立成为主流，尽管辩证法在19世纪获得了前足发展，仍然无法从根本上脱离二元的思维方式；在东方，中国先哲实现了从二元观念到三元观念的突破，发展了“三生万物”思想——除了阴、阳二气，还有生成万物、超越二元对立的（中）和气。数千年来，它成为中国内政外交，社会经济及生活方式的重要文化基础。

“建中立极”，建立一个代表民众整体利益（社稷）、吸纳不同社会阶层（贤能）的强大政治中心是王道政治的精髓。用《尚书·洪范》上的话说：“无偏无党，王道荡荡；无党无偏，王道平平。”

第一章　三生万物，和在中央
——中国政治经济的思想文化基础

地上和地下的材料——民族学与考古学的研究都表明，旧石器时代从事狩猎采集的原始先民有复杂的二元观念，这种观念深入到了生产生活之中。

距今约 24000 年的俄国西伯利亚马耳他（Mal'ta）遗址，考古学家认为其房子功能是按男、女分区利用的。比如 1956 年发掘的房子，左侧灶是妇女用的，右侧灶是男子用的。在妇女这边，出土了 2 件鸟雕像，2 件女雕像，以及猛犸象牙做的手镯。①

不过，我们看不到原始先民的二元观念获得了很大发展，它仍处于万物有灵和神话思维的笼罩中。

东西方，石器时代的二元观念沿着不同的路径展开。西方，二元对立成为主流，尽管辩证法在 19 世纪获得了前足发展，仍然无法从根本上脱离二元的思维方式；东方，中国先哲实现了从二元观念到三元观念的突破，发展了“三生万物”思想——除了阴、阳二气，还有生成万物、超越二元对立的（中）和气。数千年来，它成为中国内政外交，社会经济及生活方式的重要文化基础。

如同诸多文化因子一样，二元对立观念在西方也是从两河流域（美索不达米亚）开始的。从四五千年开始，神与人、物质和精神、善与恶的二元对立，彼此互斥已经突显出来，这种趋势随着雅利安人的扩张及美索不达米亚

① 冯恩学:《俄国东西伯利亚与远东考古》，吉林大学出版社，2002 年，第 9 ～ 10 页。

文明的西进而加强。

公元前 5、6 世纪，一神教最终确立，二元对立观念在西方宗教和哲学观念中扎了根。表现为希伯来宗教中撒旦与上帝的对立，希腊哲学中现象与理念世界的两分；与此同时，“三生万物”思想在《老子》那里得到了明确阐发。

早期生活在南俄大草原上的雅利安人（雅利安人是欧洲 19 世纪文献中对印欧语系所属各族的总称——笔者注）同样是温和的万物有灵论者，相对于现代西方宗教，他们的信仰更近于东方人，道在其中占据重要地位，也是“道在帝先”。英国宗教学家凯伦·阿姆斯特朗（Karen Armstrong）写道：“讲阿维斯陀语的雅利安人将他们的神灵称作迪弗（daevas，“闪光者”）和阿梅沙（amesha，“不朽者”）。在梵语中，这些术语变成迪弗（devas）和甘露（amrita）。然而，这些神圣者都不是我们今天通常所称的‘神’。他们并非全能，对宇宙也没有终极的控制。像人类和所有自然力一样，他们必须服从将天地万物结合在一起的神圣秩序。由于这一秩序，季节及时更替，雨水适时落下，庄稼每年按指定的月份生长。讲阿维斯陀语的雅利安人将这种秩序称为天则（asha），而讲梵语者则称之为梨多（rita）。”①

约公元前 1500 年，雅利安人从美索不达米亚、亚美尼亚等地的南部族群那里学会了制作青铜武器和马拉战车技术，战争武器的发展升级了战争本身，掠夺和暴力彻底改变了雅利安人的信仰。300 年后，催生了琐罗亚斯德教。在琐罗亚斯德教中，两极化的善与恶是核心范畴。凯伦·阿姆斯特朗写道“琐罗亚斯德将一场善与恶在宇宙中的竞争置于其预言的中心地位。就这一点来说，他属于古老的精神世界。他将那个时代的暴力投射为神圣并使其绝对化。”②

琐罗亚斯德教极大影响了后世西方一神教。在早期犹太教概念中，撒旦

---

① 〔英〕凯伦·阿姆斯特朗：《轴心时代：塑造人类精神与世界观的大转折时代》，孙艳燕、白彦兵译，海南出版社，2010 年，第 6 页。

② 〔英〕凯伦·阿姆斯特朗：《轴心时代：塑造人类精神与世界观的大转折时代》，孙艳燕、白彦兵译，海南出版社，2010 年，第 13 页。

和人不同，不具有自由意志，它作为耶和华的一部分而存在，是对人的考验。进而言之，耶和华是兼具善恶的。法国宗教学者Jean-Michel Sallmann在《女巫：撒旦的情人》一书中介绍说："在《圣经·旧约》最古老的几个版本中，雅卫（Yahve，即耶和华）是宇宙之主，善与恶的支持者。但从公元前6世纪开始，撒旦——在希伯来文中意思是'对抗者'——与上帝的形象分为二，成为万恶之源。"①

公元前6世纪，犹太王国两度被新巴比伦国王尼布甲尼撒二世征服，后者将犹太王国大批民众、工匠、祭司和王室成员掳往巴比伦。直到公元前538年波斯国王居鲁士消灭巴比伦后，数以万计的被囚掳犹太人才获准返回家园。波斯琐罗亚斯德教的二元对立观念通过这些返乡的犹太人深深影响了犹太教和早期基督教。在基督教那里，堕落的天使撒旦具有自由意志，与上帝对立；基督教还从波斯人那里接受了地狱观念——天堂与地狱，上帝与撒旦，这些概念公元4世纪在基督教信仰中最后确立，二元对立思维由此深入西方文化骨髓。②

英裔美国哲学家怀特海有句名言："两千五百年的西方哲学只不过是柏拉图哲学的一系列注脚而已。"柏拉图将现象与理念、现象世界与理念世界截然两分。西方哲人对超越现象的理念世界的寻求，使二元对立观念在不同领域树立起来——从物理科学到国际关系——随着西方文明在世界范围内的扩张，其影响遍及全球。

尽管辩证法关于对立统一规律的认识已经超越了经典的西方二元对立思维，特别是在哲学和实践中注意到了偶对体的相生关系，却无法超越二元观念本身。

北京外国语大学国际关系学院田辰山教授认为，从马克思引入中国的初

① 〔法〕Jean-Michel Sallmann：《女巫：撒旦的情人》，马振骋译，上海书店出版社，1999年，第18页。

② 北京外国语大学国际关系学院的大卫·巴拓识教授（Prof. Dr. David Bartosch）与笔者的私人通信。

期开始，新的西方语汇融入中国传统思维方式之中，产生了“中国版本的辩证法”，这种辩证法在毛泽东那里走向成熟。[①] 比如关于经济基础与上层建筑的关系，毛泽东就认为单纯承认经济基础的决定作用是“机械唯物论的见解，不是辩证唯物论的见解”，二者之间没有线性的绝对决定与被决定关系。在《矛盾论》中毛泽东写道：“诚然，生产力、实践、经济基础，一般地表现为主要的决定的作用，谁不承认这一点，谁就不是唯物论者。然而，生产关系、理论、上层建筑这些方面，在一定条件之下，又转过来表现其为主要的决定的作用，这也是必须承认的……当着政治文化等等上层建筑阻碍着经济基础的发展的时候，对于政治上和文化上的革新就成为主要的决定的东西了。”[②]

——毛泽东的辩证观念的确与经典马克思主义，特别是苏联马克思主义一味强调经济基础决定上层建筑的教条不同，它更接近轴心时代中国阴阳辩证观念。

公元前 800 至公元前 200 年间，轴心时代不仅意味着东西方文明的重大突破，也意味着东西方文明的重大分野。公元前 6 世纪，当西方二元对立观念确立之时，东方“三生万物”观念成熟起来。“三生万物”突破了传统的二元观念，是人类辩证思维的革命。在对它进行全面评价之前，我们有必要了解其核心内容。

一、超越二元辩证——“三生万物”

中国文化中数字具有哲学意义。

东汉许慎《说文解字》对“一”的解释是：“惟初太始，道立于一。造分天地。化成万物。”对“二”的解释是：“地之数也，从偶一。”这里“地”“数”指《易经》“天一，地二”而言，“从偶一”是说该字由成对的两个“一”字构成。对“三”的解释是：“天、地、人之道也。”

《老子》同样以数字论宇宙哲学。“三生万物”一语最早出自《老子·第

① 田辰山：《中国辩证法：从〈易经〉到马克思主义》，中国人民大学出版社，2016 年。
② 《毛泽东选集》第一卷，人民出版社，1991 年，第 325 ～ 326 页。

四十二章》:“道生一,一生二,二生三,三生万物。万物负阴而抱阳，冲气以为和。”先贤对这句话的多方注解，使我们知晓其本义——中国三元辩证思想的内涵尽集于此!

约成书于东汉时期的《老子道德经河上公章句》释义简洁清晰，全文如下:

道生一：道始所生者一也。

一生二：一生阴与阳也。

二生三：阴阳生和、清、浊三气，分为天、地、人也。

三生万物：天、地、人共生万物也，天施地化，人长养之也。

万物负阴而抱阳：万物无不负阴而向阳，回心而就日。

冲气以为和：万物中皆有元气，得以和柔，若胸中有藏（脏），骨中有髓，草木中有空虚与气通，故得久生也。①

《老子道德经河上公章句》告诉我们，不是偶对的“二”生万物，而是三生万物，“三”即和、清、浊三气。其中阴阳相交、合和共存的“和气”尤为重要，是“久生”，维系整体稳定、持续发展的关键。

因为和，所以万物生生不息。《淮南子·天文训》上说:“道始于一,一而不生，故分而阴阳，阴阳合和而万物生。故曰:‘一生二,二生三,三生万物。’”《庄子·田子方》记老子言:“至阴肃肃，至阳赫赫。肃肃出乎天，赫赫发乎地。两者交通成和而物生焉。”

“三生万物”同样适用于从微观到宏观的自然界。原子的“中”——原子核，其质量占整个原子质量的99.96%，所以原子才稳定，我们周遭的世界得以形成；太阳系也有一个“中”，太阳质量占太阳系质量的99.86%，我们生活的太阳系就稳定。

从治身到理国，中国先贤皆强调（中）和之气的重要性——“和”的思想是注重二元（阴阳）对立的西方文化欠缺的。

和、清、浊三气分别以天、地、人为代表，即《易经》的“三才”。《易

① 《老子道德经河上公章句》，王卡点校，中华书局，1993年，第168～169页。

经·系辞下》中说:“《易》之为书也，广大悉备。有天道焉，有人道焉，有地道焉。兼三才而两之，故六。六者非它也，三才之道也。”

三才中，人代表天地间中正的和气。中医经典《素问·宝命全形论篇第二十五》说:“人生于地，悬命于天。天地合气，命之曰人。”《列子·天瑞》云:“一者，形变之始也。清轻者上为天，浊重者下为地，冲和气者为人。故天地含精，万物化生。”《潜夫论·本训》也说，“和气生人”“人本中和”。

和气，即万物的元气，中气。落实到具体的物象，犹如身体中的脏腑，骨中的骨髓。事实上，西汉《北大汉简本》和马王堆帛书甲本《老子》“冲气以为和”均作“中气以为和”。(马王堆帛书乙本《老子》此处有阙文)《说文解字》云:“冲，涌摇也。”冲气强调动态的中和之气。

天、地作为客体有时用“天”代表，中国哲学中的天人之分，是讲主体与客体的相互关系。在中国人的观念中，人是参与天地万物化育的，“天施地化，人长养之也”。东汉王符《潜夫论·本训》进一步解释说:“天道曰施，地道曰化，人道曰为。为者，盖所谓感通阴阳而致珍异也。”

主客不是二元对立，人要参与到天、地客体的运行中去。修身的目标是达到与天地合其德，天人合一、参赞天地之化育的“大人”境界。《易经·乾·文言》释九五爻曰:“夫‘大人’者，与天地合其德，与日月合其明，与四时合其序，与鬼神合其吉凶，先天而天弗违，后天而奉天时。”专门讨论天人关系的《荀子·天论篇》说:“天有其时，地有其材，人有其治，夫是之谓能参。”

参赞天地，修身、齐家、治国、平天下，这是中国人数千年来一以贯之的人文理想。

超越宗教，人不是作为神的罪人或奴仆，而是与天地并列。人化万物，天人合一——中国先贤由此开辟了世俗性的崭新人文境界，这是人类文明最宝贵的财富之一——是21世纪高度世俗化的现代人急需的。

西汉末年严遵所著《老子指归》对《老子·第四十二章》的解释极为精详，与《老子道德经河上公章句》可以互参，都是以和、清、浊解释“三”

的内涵。从治国到天道，《老子指归》对中和大道进行了详细阐发。在严遵看来，没有中和，宇宙万物就不能很好地运行，王道人事就不能得到治理。进而言之，二元对立，阴阳不交，结果是灾难性的。《老子指归·卷七·天之道篇》（今本第《第七十七章》）释“天之道”云：“天地未始，阴阳未萌，寒暑未兆，明晦未形。有物三立，一浊一清，清上浊下，和在中央。三者俱起，天地以成，阴阳以交，而万物以生。失之者败，得之者荣。”①

《老子指归·卷七·天之道篇》强调“和在中央”。《文子·上德篇》也说：“万物负阴而抱阳，冲气以为和，和居中央。是以木实于心，草实于荚，卵胎生于中央。”在中国文化中，“和”是有方位的，居中——阴阳、清浊、刑德乃至春夏、秋冬，这些二元偶对概念都居四方。

此种观念，对中国政治经济思想产生了巨大影响。政府必须“中正”，不能代表某个特殊利益集团。中国数千年文明史，一直反对党争，认为党派政治会削弱社会整体，超越阴阳、左右的“和”才能使社会强大。用《逸周书·武顺解》中的话说就是：“人有中曰参（通“三”——笔者注），无中曰两，两争曰弱，参和曰强。”“人有中”是讲“人道尚中”，若人失去中和，自己就会为外物所役，就是“不和”。

但“和”不是“同”，更不等于“杂”，和是指不同事物的均衡共存状态，不同主体能够“以他平他”，和谐共存。而“同”是同一的事物或利益集团的排他性独存，偏离中和大道，只会消亡，所谓“和实生物，同则不继”。

公元前771年“犬戎之乱”后，周王室处于风雨飘摇之中。司徒郑桓公姬友提出了“周朝将会衰败吗”这个严重问题。周太史伯回答：目前周幽王抛弃光明正大有德行的人，喜欢挑拨是非、奸邪阴险的人，讨厌贤明正直的人，亲近愚顽鄙陋的人。排斥与自己意见不同的正确主张，采纳与自己相同的错误说法。和合才能生成万物，同一就不能发展。把不同的东西加以协调平衡叫作和合，所以能丰富发展而使万物归于统一；如果把相同的东西相加，

① 王德有：《老子指归译注》，商务印书馆，2004年，第331页。

用尽了之后就完了。所以先王把土、金、木、水、火相配合，生成万物。《国语·郑语》上说："今王弃高明昭显，而好谗慝暗昧；恶角犀（额角入发处隆起，有如伏犀。古人以为显贵贤明之相——笔者注）丰盈，而近顽童穷固。去和而取同。夫和实生物，同则不继。以他平他谓之和，故能丰长而物归之；若以同裨（bì，增添，补助——笔者注）同，尽乃弃矣。故先王以土与金木水火杂，以成百物。"

《谷梁传·庄公三年》传文说："独阴不生，独阳不生，独天不生，三合然后生。"这里以"天"代指中和之天道。史伯所说的"同"，即是"独阴""独阳"——西方政治经济体系总是摇摆于左与右，独阴与独阳之间，核心是二元对立竞争，缺乏超越左右、平衡阴阳的"和"。西方文化难以摆脱二元对立陷阱，将中国三元辩证思维贬低为"朴素辩证法"——这是颠倒黑白！

同则不继——中国先哲为西方垄断资本独大的现代文明敲响了警钟！

二、中国政治经济的思想文化基础

与西方现代政治理念不同，中国先哲认为中央政府不能代表某个特殊利益集团，执政者也不能通过不同利益集团的竞争，以多数决的形式产生，因为那样最终还是"独阴"或"独阳"。"三生万物"，政治中最大要素是超越左右、阴阳，代表整体的"中"或"和"，"和在中央"，这是社会治理的关键所在——建中立极，上古"皇极"观念产生于中国三元辩证的哲学沃土！

"皇极"出自《尚书·洪范》。西周本是一个西北小诸侯国，无论在政治、经济、文化等领域都落后于商人。武王克商后，拜访了纣王的叔父箕子，向他询问治理国家的方法。箕子罗列了九条原则，即著名的"洪范九畴"。其中最重要的是居中间第五的"皇极"，西汉孔安国传曰："皇，大。极，中也。凡立事当用大中之道。"唐代孔颖达疏云："'皇，大'……'极'之为中，常训也。凡所立事，王者所行皆是，无得过与不及，常用大中之道也。"①

① 李学勤主编：《尚书正义》，北京大学出版社，1999年，第300页。

可见，“皇极”本义为大中，建中立极的中和之道。“皇极”是“洪范九畴”的核心，对于理解中国数千年来基本政治经济组织原则十分重要。其核心思想如下：“百姓不允许结成私党，不许官员狼狈为奸，臣民只能把大中之道作为标杆。凡是有计谋、有作为、有操守的臣民，君主您要牢记他们。行为不合常规，又不至带来过失的，君主您要和颜悦色，包容这类臣民。即使有人说‘我所追求的是德行’，您也要鼓励他们。这样，人们就会遵从大中之道。不要欺侮无依无靠的人，要敬重高明智慧的人。对有能力有作为的人才，要让他们有贡献才能的机会，这样，国家就会繁荣昌盛。凡使用待遇丰厚的官员，如果君主您不能使他们为国家做出贡献，臣民就会怪罪您了。对于那些德行不好的人，君主您虽然赐给他们好处，他们还是会给您带来祸害。不要有任何偏颇，要遵守王法；不要有任何私好，要遵守王道；不要为非作歹，要遵行正路。不要偏私，不结朋党，王道宽广；不结朋党，不要偏私，王道平坦；不违反王道，不偏离法度，王道正直。”①

这里，我们能清楚看到“皇极”的中心思想：反对朋党政治，主张选贤与贤能共治。建立一个代表民众整体利益（社稷）、吸纳不同社会阶层（贤能）的强大政治中枢，这是王道政治的精髓。

“王”字也与生成万物的“三”有关，董仲舒《春秋繁露·王道通三》说：“古之造文者，三画而连其中，谓之王。三画者，天地与人也，而连其中者，通其道也。取天地与人之中以为贯而参通之，非王者孰能当是？”《说文解字》释“王”引孔子言：“一贯三为王。”

王贯通阴、阳、和三气，沟通天、地、人。其中最重要的是和气，这要求王道“无偏无陂”“无有作好”“无有作恶”“无偏无党”“无党无偏”“无反

① 《尚书·洪范》原文：“凡厥庶民，无有淫朋，人无有比德，惟皇作极。凡厥庶民、有猷有为守，汝则念之。不协于极，不罹于咎，皇则受之。而康而色，曰：‘予攸好德。’汝则锡之福。时人斯其惟皇之极。无虐茕独而畏高明。人之有能有为，使羞其行，而邦其昌。凡厥正人，既富方谷，汝弗能使有好于而家，时人斯其辜。于其无好德，汝虽锡之福，其作汝用咎。无偏无陂，遵王之义；无有作好，遵王之道；无有作恶，遵王之路。无偏无党，王道荡荡；无党无偏，王道平平；无反无侧，王道正直。”

无侧”。

按箕子本人的说法,《尚书·洪范》源自夏朝大禹之时。从 4000 年前的夏朝到 21 世纪的中华人民共和国，中国政治家整体上一直反对多党竞争，主张建立代表民众整体利益的强大中央政府。①传统的生命力如此强，令人惊叹——支撑这种信念的，是“三生万物”“和在中央”的伟大哲学思想。

站在西方二元对立思维的角度，不经过党派竞争，民众投票选举的执政集团都是非法的，因为这违背了抽象的“主权在民”原则。问题是，西方政制设计中实际没有代表“人民主权”的机构，中央政府是利益角逐的战场，主要代表竞选获胜的利益集团，“人民主权”因此被利益集团瓜分殆尽。结果原子化的西方公众除了一纸选票，对现实政治的影响几乎可以忽略不计；按照中国“三生万物”的思想，“和实万物”，只有超越党派、“无偏无党”的政治中枢才能实现社会持续发展，党派竞争是独阴或独阳的对立，“同则不继”，多党竞争是不能持续发展的。

如果将西方二元辩证视为一个平面，那么中国的三元辩证思维就是立体的三维空间。企图让蚂蚁认识超越平面之上的立方体是困难的——对“三生万物”“和在中央”，中国三元辩证思维的忽视，是我们在世界上失去话语权的重要原因。

西汉学者将“洪范九畴”与洛书联系起来。《汉书·五行志》上说:“刘歆以为，虙羲氏（即伏羲氏——笔者注）继天而王，受河图，则而画之，八卦是也；禹治洪水，赐洛书，法而陈之，洪范是也。”《汉书·五行志》肯定地指出，前面所引《尚书·洪范》开篇“初一”至“次九”，“凡此六十五字，皆《洛书》本文，所谓天乃锡（通“赐”——笔者注）禹大法九章常事所次者也”。

由于西汉时洛书有其数而无其图，所以直到宋代洛书图式出现后，南宋学者蔡沈（1167 ～ 1230 年）才制成了“九畴本洛书数图”。（图 1-1）将“洪范九畴”的次序与洛书数相对应，中间代表“皇极”。

---

① 关于中国的“超党派政治”传统，参阅翟玉忠:《中国拯救世界：应对人类危机的中国文化》，中央编译出版社，2010 年，130 ～ 133 页。

图 1-1　“九畴本洛书数图”。（图片来源：蔡沈：《洪范九畴数》第一帙。）

“洪范九畴”与洛书是否真有联系？答案是肯定的。在研究《管子》时，笔者发现《管子·五行第四十一》和《管子·幼官第八》是河图说，以十月历为基础的月令体系；《管子·四时第四十》和《管子·轻重己第八十五》是洛书说，以四时八节为基础的月令体系。①《管子·幼官第八》月令的排序就是“和在中央”，包括人在内的裸兽居中间。文中说：“五和时节，君服黄色，味甘味，听宫声，治和气，用五数，饮于黄后之井，以裸兽之火爨（cuàn，烧，用以除去不祥——笔者注）。”

在河图、洛书中，中间的“五”同和气有关，这与“洪范九畴”第五“皇极”大中之道是相通的，都代表中和之气。笔者还注意到，同洛书数一样，“洪范九畴”相邻的两条也有阴阳对应的关系。不仅“初一五行”和“初二五事”与五行学说中的物象、人事对应，“次三农用八政”和“次四协用五纪”，

---

① 《河图、洛书图说考》，收入翟玉忠：《斯文在兹：中华文化的源与流》，中央编译出版社，2014 年，第 2 ～ 35 页。

一个讲经济政务，另一个讲记时方法；“次五建用皇极”“次六乂用三德”都与治国道德原则有关；“次七明用稽疑”“次八念用庶征”都与决策征兆有关。

《易经·系辞上》说：“河出图，洛出书，圣人则之。”从伏羲时代的河图到大禹时代的洛书（“洪范九畴”），中华政教的幽远绵长，生生不息——让人叹为观止！

“三生万物”“和在中央”反映到经济上，就是中国古典经济学轻重术的基本原则：重视公有资本的积累和运用，国家参与市场的组织、管理和平衡。这与西方主张“小政府”的自由市场经济理论不同。在中国人看来，主体与客体，市场参与者与市场之间存在着双向反馈机制。人文领域与自然科学的一个极大区别是，脱离主体的客体是不存在的。我们需要解决的是天、地、人三者之间的平衡，需要人（政府）本身的干预。《潜夫论·本训》说：“是故天本诸阳，地本诸阴，人本中和。三才异务，相待而成，各循其道，和气乃臻（zhēn，达到——笔者注），玑衡（北斗七星中的两颗星，比喻政权的枢要机关——笔者注）乃平。”

现代西方经济学对物理学的生硬模仿是导致其理论失效的重要原因。自然界的均衡是系统内部自我调节的结果，由人组成的经济系统也需要人为调节干预。历史证明，放任自由的经济政策会使经济危机和经济崩溃成为常态。

轻重术集中在《管子》一书后面的“轻重十六篇”中，核心是《管子·国蓄第七十三》。胡家聪先生指出：“（《国蓄》）是‘轻重’思想体系的纲要。”[①]

《国蓄》开篇即讲战略物资储备与货币主权的重要性。在农业时代，最主要的战略物资是粮食，货币则是重金属。作者将前者形象比作人民的“司命”，只有拥有足够的公有资本，才能使用民力，让各项事业开展起来。上面说：“五谷食米，民之司命也；黄金刀币，民之通施也。故善者执其通施以御其司命，故民力可得而尽也。”

除了公共储备，政府还要掌握利权，做到利出一孔，这是“建中立极”，

① 胡家聪：《〈国蓄〉篇的“平籴”思想发微——兼论〈国蓄〉作于田齐时代》，载《管子学刊》1989年第04期。

实现“和在中央”的关键。若利权被有产阶层分散，则意味着国家权力的削弱，甚至有亡国的危险。所以国家一定要控制财富的流向，“塞民之养，隘其利途”。文中说：“利出于一孔者，其国无敌；出二孔者，其兵半诎（qū，同“屈”——笔者注）；出三孔者，不可以举兵；出四孔者，其国必亡。先王知其然，故塞民之养，隘（ài，险要的地方，此处引申为把守、掌握——笔者注）其利途。故予之在君，夺之在君，贫之在君，富之在君。”

要掌握公共资本和利权，就要行轻重之术。这是一种国家理财，国家参与其中的市场经济。《国蓄》的作者认为，光把财富蛋糕做大远远不够，由于人才智的不同，失衡是市场的内在特点，这就要求国家干预，“调通民利”，只有这样才能防止人剥削人。上面说：相同的土地，强者善于掌握；相同的财产，智者善于增值。智者可以攫取十倍的高利，而愚者连本钱都捞不回来。如果人君不能及时调剂，民间财产就会出现百倍的差距。人太富了，利禄就驱使不动；太穷了，刑罚就威慑不住。法令不能贯彻，万民不能治理，是由于贫富不均的缘故。君主经过计算度量，耕田垦地多少，本来心中有数；百姓口粮，也换算成每人一定亩数的土地。统计一下产粮和存粮本来够用，然而人民仍有挨饿的，为何？因为粮食被囤积了起来。君主铸造发行的货币是交易手段，也算好了每人需要的数目，仍有人用度不足，钱不够用，为何？钱财被积聚了起来。所以，君主若不能散开囤积，调剂余缺，分散兼并的财利，调节人民的用度，即使加强农业，督促生产，无休止地铸造货币，也只能造成人民之间互相奴役而已。①

20世纪初，中国在从农业社会向工业社会转型过程中，选择了主张公有制的马列主义。表面上这是西方工业文明刺激的结果，本质上何尝不是中国

① 《管子·国蓄第七十三》原文：“分地若一，强者能守；分财若一，智者能收。智者有什倍人之功，愚者有不赓本之事。然而人君不能调，故民有相百倍之生也。夫民富则不可以禄使也，贫则不可以罚威也。法令之不行，万民之不治，贫富之不齐也。且君引錣量用，耕田发草，上得其数矣。民人所食，人有若干步亩之数矣，计本量委则足矣。然而民有饥饿不食者何也？谷有所藏也。人君铸钱立币，民庶之通施也，人有若干百千之数矣。然而人事不及，用不足者何也？利有所并藏也。然则人君非能散积聚，钧羡不足，分并财利而调民事也，则君虽强本趣耕，而自为铸币而无已，乃今使民下相役耳。”

轻重术的现代延伸。公有资本及国有企业作为经济生活的稳定器和平衡器，直到今天仍发挥重要作用，起到了经济上“皇极”的作用。

面对21世纪西方文化主导的现代世界，政治已经退化为党派斗争的野蛮战场，为了反对而反对，民粹主义泛滥，而国家和民众的整体长远利益却被淹没在了竞选口号之中；经济被金融利益集团无情绑架了，2008年爆发的金融危机表明，这些特殊利益集团已经到了可以随意作恶而不受惩罚的程度……

是我们反思西方文化基础的时候了！“三生万物”引导我们超越二元对立，从整体上、用有机的眼光看待这个纷繁的世界。在竞争和丛林法则已成为神圣教条，人类不得不面对可持续发展这一严峻问题的当代，“和在中央”“和实生物”的思想变得弥足珍贵。

让我们倾听历史的呼唤：

三生万物，和在中央——归来兮！中国三元辩证思想！

第二章　平天下策

——《管子》古典外事理论三原则

近年来，“天下观”再度引起关注。一些学者用“王者无外”“普天之下，莫非王土”等来说明天下观的实质。

在中国文化中，“平天下”不是指消灭所有对手，“平”是均平之义，指不同政治、社会实体的均衡共处、共生。“王者无外”的天下观不是浅薄的世界主义，不区分“内”和“外”。事实上影响中国历史两千多年的夷夏之辩，就强调内、外之别——但内外不是对立的，这不同于近代西方的殖民主义，对内治理一套，对外掠夺又一套。

通过四书，平天下观念已融入中国人文精神的核心。《礼记·大学》中“八目”，就是讲修齐治平的道理，其中格物、致知，诚意、正心、修身大体讲“内修”，齐家、治国、平天下讲“外治”。

除了儒家，黄老道家经典《管子·中匡第十九》也讲修、齐、治、平，可与《大学》互相参考。齐桓公问管子国君威信之所起，管子回答：“始于为身，中于为国，成于为天下。”

《大学》中用相当大的篇幅讲平天下的“絜矩（xié jǔ）之道”（从“所谓平天下在治其国者，上老老而民兴孝……”，直到结尾），按篇中的解释，絜矩之道指国内事务与国外事务统一，一以贯之地行忠恕之道，推己及人，先内后外，竞于德行而不竞于武力的外事原则——在中国文化中，外事是内政的自然延伸。

《礼记·中庸》引用《诗经》“文王之德多么光明，诸侯们都来效法”，来说明治国者笃实恭敬，竞于德而不竞于兵，无为而治，天下太平的道理。上面说："《诗》曰：'不显惟德，百辟其刑之。'是故君子笃恭而天下平。"

《大学》解释絜矩之道说：如果厌恶上级对你的某种行为，就不要用这种行为去对待你的下属；如果厌恶下属对你的某种行为，就不要用这种行为去对待你的上级；如果厌恶前面的人对你的某种行为，就不要用这种行为去对待后面的人；如果厌恶后面的人对你的某种行为，就不要用这种行为去对待前面的人；如果厌恶右边的人对你的某种行为，就不要用这种行为去对待左边的人；如果厌恶左边的人对你的某种行为，就不要用这种行为去对待右边的人。上面说："所恶于上毋以使下，所恶于下毋以事上；所恶于前毋以先后，所恶于后毋以从前；所恶于右毋以交于左，所恶于左毋以交于右。此之谓絜矩之道。"

接下来，《大学》讲了节制资本的重要性，这对于21世纪，资本为王的现代社会具有时代意义。作者强调德行为本，财富为末。但《大学》不是不言利或耻言利，作者认为"生财大道"在于以义制利，绝对不能让资本与权力结合起来，必须在资本与权力之间建立起一道防火墙——在中国古典政治学中，政治是一种专业性极强的职业，不可能依托资本，以多数决的形式选举出来，如同不能直接选举医生一样，必须经过相当严格的长期历练。文中引用鲁国大夫孟献子的话说，养了四匹马拉车的士大夫之家，就不需再去养鸡养猪；祭祀用冰的卿大夫家，就不要再去养牛养羊；拥有一百辆兵车的人家，就不要有搜刮民财的家臣。与其有搜刮民财的家臣，不如有偷盗东西的家臣。上面说："畜马乘不察于鸡豚，伐冰之家不畜牛羊，百乘之家不畜聚敛之臣。与其有聚敛之臣，宁有盗臣。"

现代西方资本主义世界，资本与权力的结合已经合法化、制度化了。一切资本都成了政治资本，一切政治都成了资本政治——社会被资本绑架会威胁整个社会的平衡，诚如《大学》警告的——"灾害并至"！

中华大道一以贯之，诸子百家殊途同归。儒家，道家和法家都讲平天下，黄老道家经典《管子》所论十分精详。其理论建基于中国古典政治学三生万物，立中、守中的原则。相关内容集中在《管子·七法第六》《管子·大匡第十八》《管子·中匡第十九》《管子·小匡第二十》《管子·霸形第二十二》《管子·霸言第二十三》六篇——《管子·王言第二十一》已亡佚，当也是有关平天下的内容。

与西方基于民族国家利益的排他性、竞争性外交理论不同，中国古典外事理论内政与外交有一贯性、统一性，“王者无外”，其内政和外事都建基于强大的代表人民整体（社稷）利益的政治核心，重在“建中立极”。《管子·七法第六》讲平天之本始于治民。文中说：“治民有器，为兵有数，胜敌国有理，正天下有分。”

据《尚书·洪范》，“建中立极”（皇极）原则产生于4000多年前的大禹时代。传承顺序如下：夏（大禹）——商（箕子）——周（武王）。夏商周三代，此政治原则一以贯之，奠定了中华文化的初基。

“建中立极”反对党派（朋党）政治，强调建立一个超越特殊利益集团，代表民众整体利益的强大中央政府。用《尚书·洪范》上的话说：“无偏无党，王道荡荡（荡荡，宽广——笔者注）；无党无偏，王道平平（平平，均平——笔者注）。”

在具体政策上，表现在夏代的“五服”和周代的“九服”等各类制度——大体以王国行政中心，王畿为起点，一圈圈分布开去。按照离王畿的远近，每隔五百里划为一“服”，各服承担不同的国家义务，离王畿越远承担的义务越少。据《尚书·禹贡》，夏代五服中最外围的荒服族群，甚至可以不进贡，似乎也不需要遵守王国的法律。

长期以来，对于“服制”是否真实存在，学者们一直争论不休。它可能被后世儒生理想化了。但“帝王所都为中”，以王畿为中心的治国、平天下理论，却一直为历代王朝所遵从——这是出于社会经济现实的需要。

古代交通不发达，国都只有建在地理中心，各地运送物资贡物，征发徭役才最方便，西汉贾谊认为只有这样，人民才会安居乐业，社会才会长治久安。贾谊《新书·卷第三·属远》中说：“古者天子地方千里，中之而为都，输将（运送——笔者注）徭使（服徭役的人——笔者注），其远者不在五百里而至。公侯地百里，中之而为都，输将徭使，远者不在五十里而至。输将者不苦其劳，徭使者不伤其费，故远方人安其居，士民皆有欢其土，此天下之所以长久也。”

很有可能，大禹只是对中华治道做了历史性总结。考古学家告诉我们，早在6000年前，以中原为核心的“早期中国”已经形成，以此为中心，中华文明生生不息，由晋西、豫南及关中东部向外延展至今天的规模。

考古学家韩建业指出，文化上的早期中国形成于公元前4000年前后的庙底沟时代。（图2-1）他写道：“庙底沟时代的这个三层次的文化共同体，与商代政治地理的三层次结构竟有惊人的相似之处。该共同体无论在地理还是文化上，都为夏商乃至于秦汉以后的中国奠定了基础，因此可称为最早的‘早期中国文化圈’，标志着文化上的‘早期中国’或‘早期中国’的正式形成。

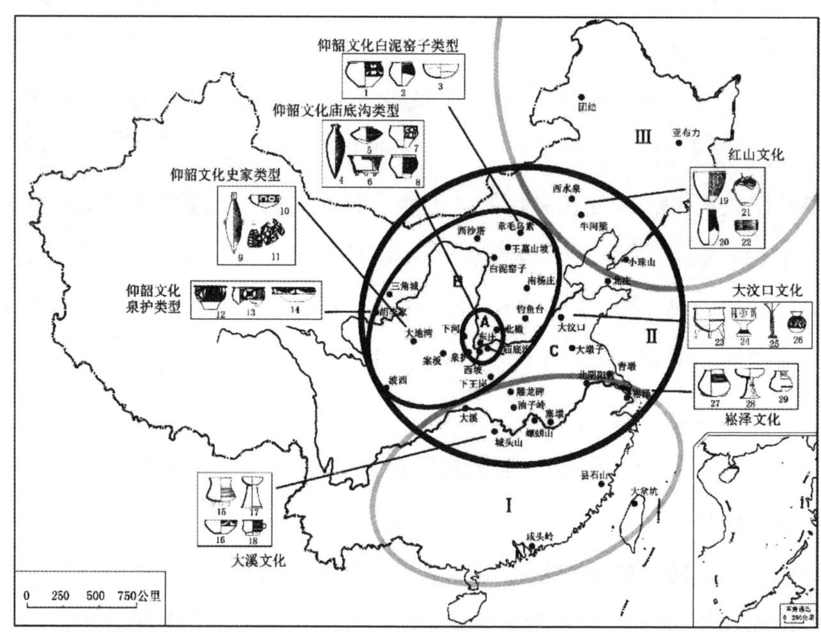

图2-1　庙底沟时代文化上的时期中国（公元前4200～前3500年）。Ⅰ.釜－圈足盘－豆文化系统　Ⅱ.早期中国文化圈　Ⅲ.筒形罐文化系统；A.核心区　B.主体区　C.边缘区。（图片来源：韩建业：《略论文化上“早期中国”的起源、形成和发展》，载《江汉考古》2015年03期。）

此时两大农业体系走向成熟，陶器、玉器、漆器和丝织品等‘中国’特色器物繁荣发达，彩陶盛行。”①

从最早的“文化中国”，到今天政治、经济、社会、文化统一的中国。6000年来，“建中立极”的政治原则成为中国生生不息的原动力，使中国如滚雪球般不断壮大。它指导着中国政治生活的方方面面，包括外事理论。《管子》中的古典外事理论可以概括为：先内而后外，先近而后远，先文而后武。分述如下——

一、先内而后外

行“絜矩之道”，内政是外事的基础，没有强大坚实的内政，外事不可能成功。用管仲的话说“内政不修，外举事不济”。

“内政不修，外举事不济”，语出《管子·大匡》，当时齐桓公在残酷的王位争夺战中刚刚胜出，就欲“修兵革”。管子指出，欲平天下，当先内而后外，以人为本，他说：“与其厚于兵，不如厚于人。齐国之社稷未定，公未始于人而始于兵，外不亲于诸侯，内不亲于民。”（《管子·大匡》）

即位第二年，齐桓公与宋夫人在船中饮酒，宋夫人摇船吓唬桓公。桓公一怒之下休了宋夫人，而宋国又把宋夫人再嫁给了蔡侯，齐桓公恼羞成怒，不听管子劝告，兴兵攻宋。结果各诸侯兴兵救宋，齐军大败。桓公将此次战败归因于兵力不强，要加强军备。管仲说：“不可以这么做，这样齐国就危险了。国内夺取民用，鼓励士兵打仗，这是乱国的根源。国外侵犯诸侯，各国人民多怨。行义之士，不肯到齐国来，国家还能没有危险！”

在不断遭到管子反对，不断用兵失利的情况下，齐桓公才明白了“以人为本”的道理。即以人民的治理为国家基础。中国古典政治思想中的“以人为本”，与西方的人民主权观念不搭界。《管子·霸言》指出：“夫霸王之所始也，以人为本。本理则国固，本乱则国危。故上明则下敬，政平则人安，士

① 韩建业：《略论文化上“早期中国”的起源、形成和发展》，载《江汉考古》2015年03期。

教和则兵胜敌，使能则百事理，亲仁则上不危，任贤则诸侯服。”

——显而易见，以人为本的目的是诸侯服，天下平，与人民主权无涉。

《老子》说，“大国者，下流也”，“知其雄，守其雌”。一个国家，好大喜功是危险的。若国内问题尚多，就提出许多堂而皇之的目标，那样会使国力耗尽，自食苦果。

《管子·霸言》认为霸王之国的形势是：“德义胜之，智谋胜之，兵战胜之，地形胜之，动作胜之，故王之。”如果我们在道义、智慧、军事、地理等方面都不具备充分优势，空谈“平天下”，这是自欺欺人！

二、先近而后远

在外事领域，睦邻友好不能成为一个口号。唇亡则齿寒，周边国家是安，是危，是敌，是友，关系到我国的战略安全。若周边国家多对我们不友好，会导致我国战略空间的收缩和战略情势的恶化。

据《管子·小匡》，在内政外交已经基本安排好的情况下，管子仍劝性急的齐桓公不要“从事于诸侯”，理由就是“邻国未亲”，如何使邻国亲善呢？管子回答说：“检查我们的边境，归还侵占各国的土地，确定与邻国的边界，尽量不接受他们的货财，还要拿出皮币聘问各国诸侯，这样邻国就同我国亲善了。”

上述厚往薄来的外交政策，包含在《礼记·中庸》治天下国家的“九经”之中，上面说：“继绝世，举废国，治乱持危，朝聘以时，厚往而薄来，所以怀诸侯也。”

管仲称之为“诸侯之礼”，这是使诸侯亲附的关键。历史上，管子似乎很好地实践了《中庸》“怀诸侯”的策略。据《管子·小匡》和《管子·霸形》，齐桓公封土地，赠军备给被侵略、逃难的杞、邢、卫三国。然后又施行厚往薄来的外交政策，这样，才开始令行天下。《管子·霸形》记载：命令以车百乘，士卒千人，把缘陵封给杞国；以车百乘，士卒千人，把夷仪封给邢国；又以车五百乘，士卒五千人，把楚丘封给卫国。桓公说：“我已经安下三国国君，现在还要做什么？”管子回答：“据我所知，诸侯贪利的时候，就不必与之分利。您何不送虎皮、豹皮和花锦给各诸侯国，却只要各诸侯国用素帛、鹿皮回报呢？”桓公说：“好。”[①]

请注意，这里的“厚往薄来”不是一味赠予，而是巧妙的战略安排。据《管子·大匡第十八》，隰朋、宾胥无曾害怕将土地封给亡国，土地被耗尽。管仲劝齐桓公：“君有行之名，安（乃、于是之意——笔者注）得有其实。君其行也。”有了行义之名，便可赢得实际好处。

搞好同周边国家的关系，还能以其为跳板和基地，扩大战略空间。据《管子·小匡第二十》，后来齐国南征，就是以鲁国为主要依靠；西征，以卫国为主要依靠；北征，以燕国为主要依靠。

切莫机械理解先近而后远的外事原则，要因时、因地权变。比如秦国平天下，就注重远交近攻，这是当时兼并诸侯，统一天下的大势使然；再比如，《管子·霸言》关于王、霸之术因时转换的主张：“强国众，合强以攻弱，以图霸。强国少，合小以攻大，以图王；强国众，而言王势者，愚人之智也。强国少，而施霸道者，败事之谋也。”

三、先文而后武

桓公即位四年，已有了相当的军事实力（《管子·大匡》：“甲十万，车五千乘。”），于是想讨伐邻国鲁。管仲听了不禁慨叹：“齐国危矣。君不竞于德而竞于兵。天下之国带甲十万者不鲜矣，吾欲发小兵以服大兵。内失吾众，诸侯设备，吾人设诈，国欲无危，得已乎！”（齐国危险了，因为您不努力于德政而努力于甲兵。天下各国拥兵十万的不少，我们要用小的兵力征服大的兵力，国内脱离民众，国外诸侯戒备，自己也只好行诈，国家想不危险能办

① 《管子·霸形》原文：“因命以车百乘、卒千人，以缘陵封杞；车百乘、卒千人，以夷仪封邢；车五百乘、卒五千人，以楚丘封卫。桓公曰：‘寡人以定三君之居处矣，今又将何行？’管子对曰：‘臣闻诸侯贪于利，勿与分于利。君何不发虎豹之皮、文锦以使诸侯，令诸侯以缦帛鹿皮报？’桓公曰：‘诺。’”

到吗！）

桓公一意孤行，才有被曹沫以剑相逼之辱！桓公也因此“归而修于政，不修于兵革”。（《管子·大匡》）显然，内政是“文”的重要内容。

“竞于德而不竞于兵”，不是不要兵，而是先文而后武。“文”的目的是获得更多盟友，“武”的目的是获得真正的和平——关键在于得人心。《管子·霸言》总结说：想要掌握天下大权，令行天下，首先要施德于诸侯。因此，先王总是有所取，有所予，有所屈，有所伸，然后才能掌握天下大权。兵胜在于有权，权胜在于得地利。所以，有地利的，就有权力；失地利的，权力也会丧失。争夺天下，须先得人心。懂得天下大计的，看重得人。只打小算盘，就会失人。得到大多数拥护的，能成王业；得半数拥护的，能成霸业。因此，圣明君主总是礼贤下士，并加以任用，均分禄食来吸引天下民众，使为臣属。所以，贵为天子，富有天下，而世人不认为贪，因为他顺乎天下大计的缘故。用天下的财物，为天下人谋利。用巨大威慑，集中天下的权力。以德政，取得诸侯的亲附。惩治奸佞的罪行，规范天下人的思想。借助天下的兵威，扩大明王的功绩。攻下逆乱的国家，赏赐有功之臣。树立圣贤的德行，彰显天子的高义，这样，百姓就安定了。①

因为管仲正确的外事谋略，能先内而后外，先近而后远，先文而后武，“怀其文而畏其武”（《管子·小匡》），才使齐桓公能够超越齐国本土，施加政令于各诸侯国，天下太平。吴国侵略齐国边城时，面对蜂拥而来的诸侯国援军，吴国竟然望风而逃。历史记载说，齐桓公时代，“兵车之会六，乘车之会三，九合诸侯，一匡天下”。（《管子·小匡》）

多年之后，孔子赞叹：“管仲相桓公，霸诸侯，一匡天下，民到于今受其

① 《管子·霸言》原文：“夫欲用天下之权者，必先布德诸侯。是故先王有所取，有所与，有所屈，有所伸，然后能用天下之权。夫兵幸于权，权幸于地。故诸侯之得地利者，权从之；失地利者，权去之。夫争天下者，必先争人。明大数者得人，审小计者失人。得天下之众者王，得其半者霸。是故圣王卑礼以下天下之贤而王之，均分以钧天下之众而臣之。故贵为天子，富有天下，而伐不谓贪者，其大计存也。以天下之财，利天下之人；以明威之振，合天下之权；以遂德之行，结诸侯之亲；以奸佞之罪，刑天下之心；因天下之威，以广明王之伐；攻逆乱之国，赏有功之劳；封贤圣之德，明一人之行，而百姓定矣。”

赐。微管仲，吾其被发左衽（zuǒ rèn，我国古代部分少数民族所着的服装，代指沦为夷狄——笔者注）矣！”（《论语·宪问第十四》）

平治天下，和平的基础是内政强大，是正确的外交战略。在文德（包括意识形态）不立于天下，兵力（包括工业技术）不威于天下的时代，好虚名，只会受实祸——这是中国古典外事理论给我们的重要启迪。

第三章　法德相生
——法家复兴与中国法治的未来

对民国时期廉吏别廷芳，前全国人大常务委员会副委员长习仲勋有过如下评论："别廷芳的个人行为，可以一时一地，做一方诸侯，保一方平安，但不能长治久安……这个国家没有包公，也没有别廷芳，还能路不拾遗，那就对了。"[①]

别廷芳（1883～1940年），河南南阳市西峡县人，宛西自治首领。为官清廉，自治业绩斐然，历任河南内乡县民团第二团团长、宛属十三县联防司令、河南省第六区抗战自卫团司令等职。

1928年起，别廷芳"治乱世用重典"，在宛西逐步完善了以"自卫、自治、自养"为内容的乡村自治措施。上实行保甲制度，全县十户一甲，设甲长；十甲一保，设保长；十保一联保，设联保主任；联保以上设区，各区成立"调解委员会"，处理地方事务。1931年，他又颁发了五证，即出门证、迁移证、乞丐证、小贩证、通行证，作为保甲制度的补充。

对违反政令者，无论平民与官员，别廷芳轻则棍责，重则枪杀。十年之内，内乡县秩序井然，路不拾遗，夜不闭户。冯玉祥将军曾以"怪人伟业"四字评价别廷芳。

宛西当地至今流传着别廷芳诸多佚事。一则故事说，有个小偷，偷了4领苇席，报案的人说是6领。案破了之后，是报案人虚报，别廷芳把小偷

① 杨屏：《习仲勋、浩然和我》，网址 http://www.360doc.com/content/12/1213/13/10987246_253780676.shtml，访问日期：2017年4月27日。

和说瞎话的全杀了。结果，西峡不但夜不闭户，路不拾遗，而且没人敢说瞎话！

“枪杆子里面出政权，还出道德。”这涉及中华法系和中国传统政治的核心问题，包括刑罚的轻重、法与德的关系、刑事原则等，这些问题，对于今人创造性地运用中华法系资源，建设中国法治具有重要的现实意义。

一、“法”的概念及法家

中国文化中，法的概念远超过法律本身。比如《管子》中有“七法”一篇，讲治国原则的七个方面，从心智到决策，方方面面都有，分别是：则、象、法、化、决塞、心术、计数。

“七法”中第三是“法”，文中解释说：“尺寸也、绳墨也、规矩也、衡石也、斗斛也、角量也，谓之法……不明于法，而欲治民一众，犹左书而右息之。”这里的法，不同于现代法律范畴，指计量标准。

《管子·山至数第七十六》可能是最早出现“法家”一词的经典，很好地说明了“法家”的内涵——法术之士。当时，齐桓公和管子讨论经济问题。一个叫特的人告诉桓公，把天子的葬衣定为三百件显然太吝啬，但要想削减大夫财富，则可以照此而行。桓公向管子请教这个策略如何？管仲反对，认为这不是法术之士的做法。管仲说：“非法家也。大夫高其垄，美其室，此夺农事及市庸，此非便国之道也。”

汉代，学人才将法家同法律、刑法联系起来。《汉书·艺文志》总论法家说：“法家者流，盖出于理官。信赏必罚，以辅礼制。《易》曰：‘先王以明罚饬法。’此其所长也。及刻者为之，则无教化，去仁爱，专任刑法，而欲以致治。至于残害至亲，伤恩薄厚。”

“理官”，为三代治狱之官，夏代称大理，周代称大司寇。《汉书·艺文志》并没有将法家等同于治狱之官，只是讲其源流出于大理之职。事实上，商鞅、吴起这些法家，都是大改革家——不仅是法律专家，也是军事、政治、经济领域的大家。史学家蒙文通先生早就指出：“盖法家莫不以富国强兵为事，故非徒‘不别亲疏，不殊贵贱，一断于法’而已也。又有其所以富强之工具焉，则农、兵、纵横之术是也。农以致富，兵以致强，而纵横为外交术，皆法家之所宜有事者。”①

《汉书 · 艺文志》对法家的评述过于简单，给后代造成了太多误解。大致包括几个方面：

首先，《汉书 · 艺文志》说法家“以辅礼治”，礼治和法治相辅相成，相须为用。但后人却将法与礼、德与刑、儒家与法家对立起来——先秦儒、法实际是不分的。孔子兄事法家子产，吴起本人就是孔子再传弟子，西河大儒子夏的学生；荀子有两个最有名的学生，韩非和李斯都是法家。

其次，《汉书 · 艺文志》说法家“出于理官”，“及刻者为之，则无教化，去仁爱，专任刑法”，于是后学将法家的概念窄化为法律专家。

最后，《汉书·艺文志》说法家极端派“及刻者为之，则无教化，去仁爱，专任刑法，而欲以致治。至于残害至亲，伤恩薄厚”，在世人心目中这成了法家的本质特点。要知道，《汉书 · 艺文志》评论各家时都提到了诸家极端化问题，比如它论儒家说：“然惑者既失精微，而辟（辟，邪辟——笔者注）者又随时抑扬，违离道本。苟以哗众取宠。后进循之，是以五经乖析，儒学寖（同“浸”，渐的意思——笔者注）衰。此辟儒之患。”但很少有人将邪辟之儒同儒家联系起来。

对法家的上述误读汉以后越来越严重，宋代法家已成异端。中国本土政治经济学由此流入空疏，国势衰弱，元、清全境两次为外族占领。甲午战争以后，为了救亡图存，法家开始获得越来越正面的评价。章太炎、梁启超、麦孟华对法家给予了很高评价——毛泽东、蒋介石也对法家赞誉有加。

直到 1935 年，“新法家”这个概念才被陈启天和常燕生第一次提出。陈启天甚至将韩非子同亚里士多德并列，认为韩非子对中国古典政治学的贡献有如亚氏对西方政治学的贡献。他在《国论》杂志 1935 年 8 月号上发表的

① 蒙文通:《古学甄微》，巴蜀书社，1987 年 7 月，第 286 页。

《先秦法家的国家论》一文中呼吁："近代中国已进入世界的新战国时代，似有产生新法家的必要。"

诚如陈启天先生所说，世界列国体制的再现，可能是法家复兴的最主要因素。进入21世纪，随着全球化的深入，各国竞争复杂化，多元化，法家随着《大秦帝国》电视剧的热播，已从"反面形象"逐步转化为"正面形象"。各类媒体对秦始皇、商鞅这类典型法家人物的评价越来越正面。

如果我们从过去2000年大历史的角度看，这是中国文化翻天覆地的变化之一。

但当代法家研究者多用法家比附西方法学，很少有从道、名、法——大道、名实、诸法（术）的角度全面阐释法家理论——道术为天下裂久矣，我们前面还有相当长的路要走。

二、重其轻者与德法关系

让我们回到习仲勋对别延芳的评价。

别延芳"乱世用重典"的做法无可厚非，其治绩有目共睹。但我们也不能固执于重其轻者，轻罪重罚的刑事政策，要根据社会现实情况确定刑事政策的轻重严宽，这即中华法系"世轻世重"原则。它出自《尚书·吕刑》，那是周穆王对吕侯的训词，其中提到："轻重诸罚有权，刑罚世轻世重。"

《周礼·秋官司寇》将这一刑事原则理论化了，文中述大司寇职责，开篇就说："大司寇之职，掌建邦之三典，以佐王刑邦国，诘四方。一曰，刑新国用轻典；二曰，刑平国用中典；三曰，刑乱国用重典。""治乱世用重典"当出自此。

《管子·正世第四十七》在论及"世轻世重"的刑事原则时，强调"随时而变，因俗而动"，特别指出在民心急躁、行为邪僻的时代，一定要用重刑。

春秋战国时代，列国虎争，天下纷乱，各国变法无不用重典，《商君书·说民》将其总结为"轻其重者，以刑去刑"，并雄辩地论证说："故行刑，重其轻者，轻者不生，则重者无从至矣，此谓治之于其治者。行刑，重其重者，轻其轻者，轻者不止，则重者无从止矣，此谓治之于其乱也。故重轻则刑去事成，国强；重重而轻轻，则刑至而事生，国削。”这段话是说，使用刑罚，对民众犯的轻罪施行重罚，那么轻罪就不会发生，重罪就不能出现。这是国家安定的时候去治理。使用刑罚，犯重罪的重罚，犯轻罪的轻罚，那么轻罪不能制止，重罪更无法制止。这叫在民众乱的时候去治理。所以轻罪重罚，刑罚能去除事情也能办好，国家强大；使用刑罚重的重，轻的轻，那么虽用刑罚，犯罪还多有发生，国家会被削弱。

上医治未病。今天我们知道，重其轻者的刑事政策在秦国得到了认真贯彻。据 1975 年出土的《睡虎地秦墓竹简·法律答问》：偷摘别人的桑叶，赃值不到一钱，就要罚服徭役三十天。

偷采不到一钱的桑叶要受到服徭役三十天的惩罚！显然很少人会去搞小偷小摸的事，那样犯罪成本太高了。

在今天这样一个道德不古，人心浮躁的时代，我们不能随意引入西方某些貌似公平的法律观念，更不能照搬资源丰富、民风淳厚的北欧国家经验。一定要根据社会风俗实际情况，采取恰当的刑事政策。

许多人希望不施行重其轻者的刑事政策，社会也能路不拾遗。这个道理何在?

中国与西方文化最大的不同在于，西方是一神教社会，其道德主要靠宗教维系。而我们是世俗社会，道德没有宗教维系，除了教化，道德必须靠法律支撑。法律与道德的关系是阴阳相生——以法生德，以德固法，抱法处势无为而治。

过去 100 多年来，引入西方法律制度时，许多学者天真地认为中西文化社会基础相同，我们只引入西方法律条文就会实现社会治理，结果中国的传统道德一下子失去了法律支撑，中国几乎成了道德洼地——将自己关进防盗门、防盗窗里的国人早已经忘记：中国曾经有过夜不闭户，路不拾遗的伟大时代!

“法生德”在没有宗教信仰支撑的世俗性社会，起到了支撑道德底线，激励道德行为的作用。《睡虎地秦墓竹简·语书》中说:“凡法律令者,以教导民,去其淫僻,除其恶俗,而使之于为善也。”《商君书·说民第五》强调:“德生于刑。”

在中华法系中,“法生德”不是口号,大原则,它实实在在深入到每一项法规,每一条法律之中。《睡虎地秦墓竹简·法律答问》有两条秦律:

1. 有人在大道上杀伤人,旁边的人不加援救,其距离在百步以内,与在郊外同样论处,应罚二甲。(原文:有贼杀伤人冲术,偕旁人不援,百步中比野,当赀二甲。)

2. 老人控告不孝,要求判以死刑,应否经过三次原宥的手续?不应原宥,要立即拘捕,勿令逃走。(原文:免老告人以为不孝,谒杀,當三环之不?不當环,亟执勿失。)

前一条法律支持见义勇为的行为,后一条法律维护家庭伦常秩序。秦律中还规定,不是杀伤和盗窃他人的行为,子控告父母,奴婢控告主人,都不予受理。这也是从维护家庭伦理的角度出发。

中国古代对不孝罪惩罚很严厉。《唐律·斗讼》规定:“诸子孙违反教令及供养有缺者,徒三年。”《唐律·户婚》规定:祖父母、父母在世时,如果子孙攒私房钱或者分家的,也要处以三年徒刑。类似的法律规定在明清两朝亦多有。

“法律是成文的道德,道德是内心的法律。”西方的法律主要是成文的法律,不是“成文的道德”——我们不能跟着西方法学、法条邯郸学步了,那样早晚匍匐而归!

三、连带责任与基层自治

别廷芳利用传统的什伍制度,即民国保甲制度,实现了社会大治。

什伍制度,这一农业时代伟大的基层自治制度。由于涉及连带责任,不符合现代西方法律的“罪责自负”原则,被贴上了“告奸”的标签——简直到了臭名昭著的地步。

一些人动不动就批判中国“告奸文化”，常举文革为例，肆意歪曲连带责任，将之丑化为不讲恩情，株连九族。他们的真实主张是：面对公共利益，无动于衷才最符合道德——这种损公利私的主张在今天大行其道，令人痛心！

与西方法律不同，中华法系不是将连带责任作为补充和例外，而是作为基本原则。连带责任使人与人之间的互相监督有了理论基础。在西方传统的机构监督之外，还有人与人之间的全民监督，极大降低了社会管理的信息成本和执法成本，推进了法治化——是一项伟大的制度创新。

北京大学光华管理学院张维迎教授和邓峰博士从经济学角度研究了保甲和连坐制度的合理性，他们认为连带责任是中国历史长期存在“小政府”及大统一的重要保证。“以保甲和连坐为重要内容的连带责任，是小政府在有限的信息约束下控制大国家的有效手段。管仲和商鞅所推行的连带责任，将居民、亲属之间的连带责任正式加以确立，依据地域划分管辖权，编户齐民制度、人口普查制度等国家管理制度逐步出现。通过人与人之间的大规模刑事连带，解决了小政府的信息收集，进而解决反叛的预防等统治问题。连带责任的效果被延伸到其他领域，包括官员的举荐。由于对被举荐者的真实情况难以了解，举荐人和政府之间处于明显的信息不对称地位。在举荐者和被举荐者之间，实行连带责任，就成了大多数朝代均实行的制度。”[①]

商鞅学派注意到西方机构监督体制严重不足，因为机构中官员之间利益多有一致之处，“利合而恶同者”不能起到全面监督的作用。《商君书·禁使》将机构之间的监督比作“驺虞相监”，驺虞，是古代掌鸟兽的官，文中指马夫。“故至治，夫妻、交友不能相为弃恶盖非，而不害于亲，民人不能相为隐。上与吏也，事合而利异者也。今夫驺、虞以相监，不可，事合而利同者也。若使马焉能言，则驺、虞无所逃其恶矣，利异也。利合而恶同者，父不能以问子，君不能以问臣。吏之与吏，利合而恶同也。夫事合而利异者，先王之

① 张维迎、邓峰：《对中国古代连坐、保甲制度的法和经济学解释》，《中国社会科学》2003年第3期。

所以为端也。”这段话告诉我们，最好的社会治理，夫妻、朋友都不能互相包庇，因为人民不能相互隐瞒罪恶。君主与官吏，事务相关而利益不同。让马夫和马夫互相监督就不行，因为他们事务相关而利益一致。假如马会说话，马夫的罪恶就无法隐藏了，因为马和马夫的利益不一致。利益一致，厌恶相同的人，父亲不能追究儿子，君主不能追究臣下。官吏与官吏就是利益相同而厌恶也相同，让事务相关而利益不同的人们相互监督，才是先王治理国家的出发点。

超越机构监督的形式，是人与人之间的互相监督，让每一个人都承担公共责任，公利大于私情，有效解决了复杂社会的信息不对称，是社会组织畅通运行的重要制度保证。从秦法实践看，连带责任绝对不是什么无辜株连，其以公共利益至上为原则，实施过程谨慎。

《睡虎地秦墓竹简·法律答问》有一则案例：甲盗窃不满一钱，前往乙家，乙没有察觉，问乙方如何论处？回答是：不应论罪。如系知情而不加捕拿，应罚一盾。（原文：甲盗不盈一钱，行乙室，乙弗觉，问乙论何也？毋论。其见知之而弗捕，当赀一盾。）

另一则案例说：丈夫盗窃一千钱，在其妻处藏匿了三百，妻应如何论处？回答是：妻子如知道丈夫盗窃而藏钱，应按盗窃三百论处；不知道，作为收藏处理。（原文：夫盗千钱，妻所匿三百，何以论妻？妻知夫盗而匿之，当以三百论为盗；不知，为收。）

据《史记·商君列传》，商鞅变法的一个重要举措就是“令民为什伍，而相牧司连坐”，“牧司”即监督举报之义。这一基层治理制度在中国实施了近4000年，不是商鞅个人的发明。

唐代杜佑《通典·卷三·食货三》，将连带责任制度上推至黄帝，“昔黄帝始经土设井”，“井”这一基层组织的八户人家“出入相司”。“相司”，就是相伺，相互监督之义。

孟子论井田之制说：“乡田同井，出入相友，守望相助，疾病相扶持，则百姓亲睦。”（《孟子·滕文公上》）东汉经学家赵歧注：“相助，助察奸也。”

古代先贤将连坐视为“百姓亲睦”，社会和谐的重要制度基础，哪里是什么“告奸文化”！

秦律中，什伍连坐有着明确的边界，权责清晰，名实相副。《睡虎地秦墓竹简·法律答问》记载：有贼进入甲家，将甲杀伤，甲呼喊有贼，其四邻、里典、伍老都不在家，没有听到甲呼喊有贼，问应否论处？回答是：四邻确不在家，不应论处；里典、伍老虽不在家，仍应论罪；“四邻”指同伍的人。从这则案例我们看到，四邻显然有互相帮助的法律义务，而基层官员要对整个社区治安状况负责。

今天，农业时代基于血缘、地域的保甲连坐制度已经为基于个人的各类契约关系所取代，但社会治理中的信息不对称，监督效率问题仍长期存在，连带责任具有重要的现实意义——在越来越复杂化、有机化和全球化的信息时代更是这样。

张维迎、邓峰写道：“与传统连带责任不同的是，现代法律中的连带责任主要不是建立在血缘、地域和身份的基础上，而是建立在契约关系的基础上。现代企业可以理解为个人之间通过合约形成连带责任的中介：因为契约不可能完备，企业的所有者必须对企业雇员的行为承担连带责任，员工只对契约中的承诺负责，承担有限责任。因此，企业所有者才获得监督员工的动力，从而通过内部激励机制的设计将责任落实于个人。企业的连带责任大大节约了交易的信息成本，使个体行为得到更有效的社会监督。正是在这个意义上，没有现代的连带责任，就没有现代市场经济。”①

企业法人制度则是企业所有者承担连带责任的具体形式，它超越“罪责自负”原则，让企业所有者承担员工集体或个人的行为结果。

现实生活中，连事责任仍“残存于”从信用贷款到各类司法实践的方方面面。中华法系与此不同，连带责任原则在所有法律实践中都发挥着根本作用——基于连带责任的制度不等于无原则的集体惩罚，不是原始的血族复仇，

① 张维迎、邓峰：《对中国古代连坐、保甲制度的法和经济学解释》，《中国社会科学》2003 年第 3 期。

也不是古巴比伦式的以牙还牙。《汉谟拉比法典》第210条规定:“如果一个人打了另一个人的女人，造成那女人死亡，那么应把他的女儿处死。”

连带责任历经数千年，是被证明行之有效的法律原则——我们不能迷信西方的监督方法和司法原则，将机构监督和罪责自负当作人权观念、现代文明的象征。要根据自身治理经验，实事求是地看待中华法系。

过去一百多年来，我们的法律不是移植德日，就是移植英美，再不就移植苏联，然后再根据中国现实修修补补——是我们结束“全面移植”他国法律，让中华法系发扬光大的时候了！中华法系再也不能躲在法制史的阴影里，在学者的书斋中沉睡了!

已有越来越多的有识之士看到:我们可以移植别国的法制，却不能移植别国的法治!

历史告诉我们:中华法系在法治社会的建设中具有根本的、不可替代的价值。只有真正的法治，才能实现一个既无包公，又无别廷芳，不依赖人治的路不拾遗社会。

这是道家与法家的最高理想——抱法处势，无为而治!

第四章　从金融危机看西方文明范式的整体危机

经济基础对上层建筑有决定作用，反过来，上层建筑也会影响经济基础。2008 年爆发金融危机以来，我们能清楚地看到西方上层建筑的严重问题，它实质是西方文明范式整体危机在经济领域的反映——将私欲和私利，个人物欲自由和个人私有经济神圣化的西方资本主义，似乎已经走到了终点。

金融是经济的血液，金融危机必然导致整个经济体系的振荡，引发社会普遍不满和危机。

随着世界市场的疲软和动荡，收入长期处在停滞状态的西方普通民众的不满情绪与日俱增。在这种情势下，越来越多的有识之士意识到：西方文明范式面临整体危机。

2011 年 8 月 11 日，有“末日博士”之称的纽约大学经济学教授鲁比尼（Nouriel Roubini）警告说，全球经济正处在由美国、欧元区及日本的带领下出现的“集体衰退”边缘，应予以预防的各国政府，做法却是完全背道而驰，马克思主义经典作家的预言会变成现实。他坦然承认：“马克思是对的，资本主义到某一阶段会自我毁灭。”①

2008 年金融危机爆发后不久，就有商界精英意识到了危机的严重性。2009 年，京瓷创始人，有“经营之圣”之称的日本企业家稻盛和夫和日本哲学家梅原猛合写了《拯救人类的哲学》一书，序言中稻盛先生指出，大约 250 年前，欧洲兴起了产业革命，使近代文明获得了快速发展，然而这种发展以

---

① 鲁比尼:《全球经济是否衰退 2—3 个月见分晓》，新浪财经，网址：http://finance.sina.com.cn/money/forex/20110812/133710307824.shtml，访问日期：2011 年 11 月 26 日。

无休止的欲望作为动力，持续不断地追求经济增长，这种增长模式已经带来了环境和能源等严重的问题；如果这种建筑在人类本能与利己之心基础上的近代文明不改弦易辙，恐怕同人类历史上诸多古老文明一样，难以逃脱灭亡的命运。

稻盛和夫写道："危机的直接原因似乎是金融衍生产品使用过了头，但事情的本质是，人们为了满足自己的欲望，不择手段地追求利润的最大化，是失控的资本主义的暴走狂奔。从这个意义上讲，这次金融危机，正是上天为我们人类敲响的警钟。"

"人类现在必须思考一个问题，我们怎样来和这个地球共生共存，这就必须从爱、慈悲、同情以及利他之心出发，而不是无止境地追求基于欲望和利己心之上的所谓经济增长。"①

西方文明基础出了问题——

一、中国为何没产生资本主义

首先在政治经济层面。以美国为例，美国政治受经济精英，特别是华尔街银行家的左右，政治牢牢掌握在少数经济精英手中，导致公共权力配置的严重失衡。这也是2011年"占领华尔街"运动爆发的直接原因。"占领华尔街"运动的示威组织者明确反对美国政治的权钱交易、两党政争以及社会不公正。他们在官方网站上写道："我们是占人口百分之九十九的普通大众，对于仅占百分之一的贪婪和腐败，再也无法容忍。"

美国的经济精英可以通过政治捐款、游说等方式左右政局，且这种趋势愈演愈烈。2010年1月，美国最高法院以5票对4票否决了对美国公司政治捐款的限制。就是说，以后美国公司的政治捐款没有了上限，权与钱的交易市场实现了自由化。摩根大通银行副总裁黄树东一针见血地指出："用中国话说，美国的体制是公开的权钱交易。政治捐款是资本尤其是大资本控制

① 稻盛和夫、梅原猛：《拯救人类的哲学》，曹岫云译，中国人民大学出版社，2009年。第4～5页。

政治的一种基本机制。美国从地方到联邦，各级参选官员作为一个庞大的群体，有一个共同模式：先拿钱（捐款），再谋权，最后用权力酬谢支持者。没有不拿钱的官员，也很难找到不酬谢支持者的官员。中国也有权钱交易，但大概没有人否定权钱交易是一种典型的腐败，然而在美国，权钱交易是合法化的。”①

黄树东先生还注意到中国传统抑商政策的合理性：中国历史上，政府并没有剥夺商人的权利，所谓抑商，是防止财富同权力相结合，特别是同地方权力相结合，进而影响政治的统一。②

黄先生不是历史学者，却在这一问题上不乏真知灼见，难得！中国传统抑商政策的核心是防止两极分化，防止出现美国那样的、政商间无碍的“旋转门”，导致商贾在朝。《管子・权修第三》的作者认为，“商贾在朝，则货财上流。”商人在朝中掌权，资本会逐步影响、控制政治，导致权钱交易。必须在政商间建立起坚实的防火墙！

史学家钱穆先生指出，正是中国传统的“均产论”和“抑富政策”，使中国既没有演化出西欧式的农奴制度，也没有变成当代西方资本主义社会。他引用西汉大儒董仲舒《春秋繁露・度制》中的话：“大富则骄，大贫则忧。忧则为盗，骄则为暴，此众人之情也……（圣者）使富者足以示贵而不至于骄，贫者足以养生而不至于忧。以此为度而调均之。”并解释说：

“这是一个中国儒家传统的‘均产论’。这一个均产论，有两点极可注意。第一点：此所谓均产。并不要绝对平均，不许稍有差异。中国传统的均产论，只在有宽度的平面上求均。宽度的均产中间，仍许有等差。第二点：在此有宽度的均产中间，不仅贫人应有他最低的界线，即富人亦应有他最高的限度。因此中国传统经济政策，不仅要‘救贫’，而且还要‘抑富’。中国人认为大贫大富，一样对于人生无益，而且一样有害。因此贫富各应有他的限度，这两种限度，完全根据人的生活及心理，而看其影响于个人行为及社会秩序者

① 黄树东：《中国，你要警惕》，中国人民大学出版社，2011 年，第 171 ～ 172 页。
② 黄树东：《中国，你要警惕》，中国人民大学出版社，2011 年，第 270 页。

以为定。”①

钱穆先生认为，正因为中国两千多年来对上述经济政策的孜孜以求，奠定了中国历史的独特发展道路。他说：“解放奴隶的命令，在光武（指东汉光武帝刘秀——笔者注）时代屡次颁布，重农抑商，控制经济，不使社会有大富大贫之分，这是中国自从秦汉以来两千年内一贯的政策。中国的社会经济，在此两千年内，可说永远在政府意识控制之下，因此此下的中国，始终没有产生过农奴制度，也始终没有产生过资本主义。”②

有效节制资本，强调收入差距的合理性和社会公平，主张四民分业，共同富裕，直至今天仍为中国政府所提倡。鉴于西方在资本失控的陷阱中痛苦挣扎，我们不仅应继承中国古典经济理论，还有必要将这一理论发扬光大。

二、私欲必须让位于社会价值

西方金融危机，也使我们看到了膨胀的私欲，消费主义、享乐主义盛行的危险性，使世人更加重视东方“因人情，节人欲”的礼义之道以及“以义制利”的经济伦理思想。《礼记·曲礼第一》开头就讲：“敖（同“傲”——笔者注）不可长，欲不可从（同“纵”——笔者注），志不可满，乐不可极。”唐代孔颖达在《礼记正义·曲礼上第一》中解释说：“‘欲不可从’者，心所贪爱为欲，则‘饮食男女，人之大欲存焉’是也。人皆有欲，但不得从之也。”私欲膨胀、过度消费是爆发金融危机的重要原因，CNN 干脆将普通美国消费者列为 10 个需要为金融危机负责的人之一。

北京交通大学王元丰教授在《西方应深刻反省享乐文化》一文中指出，西方过度消费、享乐主义文化是导致金融危机的重要原因，西方资本主义甚至背离了催生资本主义的重要道德基础——清教伦理。他写道：“西方社会需要深刻反思，引发政治、经济和社会问题的根本原因不仅在政府，更在于西方社会的文化！西方社会文化的主要问题就是享乐主义或者说是消费主义盛

① 钱穆：《中国文化史导论》（修订本），商务印书馆，第 1996 年，第 120 ～ 121 页。
② 钱穆：《中国文化史导论》（修订本），商务印书馆，第 1996 年，第 123 页。

行。20世纪初福特主义的批量化、大众化生产使得大众消费社会出现，人类迎来了‘消费革命’，‘除了一贫如洗的人’，所有人都开始投入到消费中。与此同时，20世纪之前西方社会传统的清教伦理精神：强调节约、俭朴、自我约束和谴责冲动的传统价值体系被迅速摧垮。有西方学者直言不讳地说，‘在文化上证明资本主义正当的是享乐主义’。”①

稻盛和夫认为，如果人类以欲望作为经济发展的动力，持续不断地追求经济增长，结果只能是人类的毁灭。这位中国文化的崇拜者和两个世界五百强企业的领导者指出：“人类如果不肯遵照佛陀有关‘知足’的教诲，节制自身的欲望，与地球这个生态环境中存在的一切生命共存共生，回归朴实的、有节制的生存方式，那么，人类就会滑向自我灭亡的深渊。”②

黄树东警告中国学界，“别把私欲神圣化”，个人资本（产）和私有产权在任何地方都不永远至高无上，经济生活中社会价值应置于第一位。要做到这一点，不能仅仅满足于道德诉求，还需要制度约束。他说：“承认私欲和刺激私欲不是一回事，依靠刺激私欲来刺激社会活力，最后社会活力将为私欲所淹没。私欲只能在一定程度内推动社会的活力，超过了那个限度，私欲必须让位于社会价值。”③

中国先哲主张的“以义制利”，不仅是一种行为准则和商业伦理，也是经济原则。难怪2000多年前孔子就将道德生活放在第一位，他说：“君子喻于义，小人喻于利。”君子明白大义，小人只知道小利。不幸的是，后代儒家将这种思想诠释为义与利的尖锐对立，一种非此即彼的义利观。

从19世纪马克思主义经典作家对资本统治一切的批判，到今天有识之士对西方文明范式的整体反思，都使我们看到，中华文明薪火相传的伟大智慧，

---

① 新华网：http://news.xinhuanet.com/world/2011-09/01/c_121941939.htm，访问日期；2011年10月28日。

② 稻盛和夫、梅原猛：《拯救人类的哲学》，曹岫云译，中国人民大学出版社，2009年，第3页。

③ 黄树东：《中国，你要警惕》，中国人民大学出版社，2011年，第225页。

再加上 20 世纪以来中国社会主义革命和建设的宝贵经验，今天的中国人能够为人类开创一片崭新的境界——这要求我们复兴中华文化旧物的同时，大胆进行社会主义理论创新。

丁编 道统：孔门四科与中华大道

无论海内还是海外，孔子都是中国文化的象征。孔子上承三代王官之学，下开囊括诸子百家的“四科之学”。修习“四科之学”的孔门弟子，开创了中国文化百花齐放、百家争鸣的战国时代，将中华文化推向了一个新高峰——那是轴心时代中国文化的大发展！

中华大道断裂两千年，我们以孔门四科为金刚“卡子”，将它重新接续起来，这是开天辟地的大事。我们的目的是让世人在黑暗、广漠的宇宙的中，在知识持续碎片化、社会持续“去道德化”的当代，看到诸子百家内圣外王大道一贯，中华文化“白波九道流雪山”的恢弘壮阔！

第五章　解放孔子！解放经学！

中国文化名实混乱到了极点。

那些以中国文化为研究对象的西学竟成了国学研究的主流，盘踞大学，招摇天下，误己害人。举例说吧：

中国文化情感与理性并重的大道智慧被哲理化，以便装入西方思辨哲学的框子。

中国文化高度发展的外王之学被污名化，西方自由主义政治经济范式成为现代性与正确性的标尺。

中国文化边缘的琴棋书画成了与非洲艺术并列的“国粹”，而内圣外王大道则被考证为“内圣开不出外王”的谎言。

在21世纪“独尊儒术”的狂潮中，仿佛一切都“儒家化”了，几乎所有研习中国文化的人都成了“新儒家”。西周王官学成了儒家的“经学”，开启百家的孔子成了儒家“形象代言人”。

面对诸多乱相，我们有必要为“经学”“孔学”“儒学”正名，让世人知晓中国文化何其博大精深，源远流长。

一、先有经书，还是先有儒家

经学的基础为六经（也称六艺），来源于西周政府的治理经验总结——王官之学。《乐经》后世失传，所以只有《诗》《书》《礼》《易》《春秋》五经。

西周政府有保氏（即儒）一职，负责教授六艺。《周礼·天官冢宰第一·大宰》中有：“儒以道得民。”郑玄注云：“儒，诸侯保氏有六艺以教民者。”

换言之，儒即是诸侯的保氏之官。

但西周“儒”所教的六艺并非是六经，而是与六经相关的六种实用技能，包括礼、乐、射、御、书、数。五经是孔子在周代王官学的基础上整理而成，用以教授弟子。

从义理上说，孔子并不是“述而不作”，而是既述又作，述中有作，终成一代大宗师。

儒家出现在孔子之后——中国文化先有经，后有儒家。经学是诸子百家的源头，并不专属儒家。所以《汉书·艺文志》诸子略总序说：“今异家者各推所长，穷知究虑，以明其指，虽有蔽短，合其要归，亦六经之支与流裔。”

在先贤心中，不仅儒家符合经学思想，诸子百家皆合乎六经，也常常引用六经。刘向在《列子书录》中说道家：“秉要执本，清虚无为，及其治身接物，务崇不竞，合于六经。”① 在论《申子》时说法家之学：“循名以责实，其尊君卑臣，崇上抑下，合于六经。”②

道家、法家、儒家、墨家等诸子百家，皆六经之所出，王官之所守，只不过所重不同罢了。比如儒家出于司徒之官，道家出于史官，阴阳家出于羲和之官，法家出于理官等。儒家出于地官司徒保氏之官，以六经为教材，主教化，一些人就将百家所宗的六经说成儒家经典，岂不荒唐！

二、上承王官学，下开诸子学的一代宗师孔子

表面看来，说孔子是儒家圣人，是推重孔子。实际上，这是对孔子的矮化，在“捧杀”孔子。

为什么这样说？因为孔子之学，上承西周王官之学，下开诸子百家之学，是一代大宗师。孔子不仅是儒家的先驱，也是墨家、法家等诸子百家的“至圣先师”，怎么能说孔子只是儒家圣人呢？

不错，孔子最先以六经教授学生。《史记·孔子世家第十七》中明确说

---

① ［清］姚振宗辑：《七略别录佚文·七略佚文》，上海古籍出版社，2008 年 12 月，第 54 页。

② ［清］姚振宗辑：《七略别录佚文·七略佚文》，上海古籍出版社，2008 年 12 月，第 59 页。

“孔子以《诗》《书》《礼》《乐》教”，但孔子绝非只是一位教师，礼学家，他还是一位政治家，一位领兵打仗的将军，一位杰出的外交家。它在外王上的所作所为，更像法家，而非后世的儒家。

比如孔子堕三都，赞扬子大叔用重刑，杀少正卯，种种“强公室、杜私门”的政治举措是典型的法家做法。公元前500年，在夹谷之会上，他竟然将那些表演的侏儒都腰斩了，有时孔子过于刚狠！

孔子用兵，能达到“抡刀上阵不动心”的境界。据《史记·孔子世家》，公元前484年，冉有为鲁国执政的季康子统率军队，在郎地同齐国作战，大胜。季康子问冉有：“您的军事才能，是学来的还是天生的？”冉有回答：“我是从孔子那里学来的。”季康子追问：“孔子是怎样的人？”冉有回答：“任用他要符合名分，他的学说不论是传布到百姓中，还是对质于鬼神前，都没什么缺憾。我按照老师的原则行事，虽然有二千五百户的封赏，老师也会毫不动心。”

孔子的求学交往经历，也能看出他向具有不同思想倾向的人学习。最著名的是孔子几次问礼于老子（老聃）。在孔子的心中，老子不仅道行非凡，还是一位礼学大家。据《礼记·曾子问第七》记载，对于某些礼数，孔子常常引用老子的话。“老聃曰”似乎是孔子的口头禅。

《史记·仲尼弟子列传第七》载：“孔子之所严事：于周则老子；于卫，蘧伯玉；于齐，晏平仲；于楚，老莱子；于郑，子产；于鲁，孟公绰。”在孔子师事、礼敬的人中，有从法家到道家各种思想倾向的人。孔子与法家先驱子产的关系非同一般，《史记·郑世家第十二》载：孔子路过郑国，与子产相交往亲如兄弟。听到子产死去，孔子悲痛地说：“子产的仁爱，真是古代的遗风啊！”

最后，从后世诸子的师承关系看，孔子亦绝非只是儒家宗师。因为孔子的三传弟子中多道家、法家、墨家重要人物。比如著名法家李悝和吴起都是孔子弟子子夏的学生，而墨家的禽滑釐（qín gǔ lí）和道家人物田子方同样是子夏的学生。《史记·儒林列传第六十一》上说：“如田子方、段干木、吴起、

禽滑釐之属，皆受业于子夏之伦，为王者师。”据说墨子本人也曾“学儒者之业，受孔子之术”。(《淮南子·要略》)

在《史记·仲尼弟子列传第七》中，介绍最详细的是子贡。其行事，与纵横家没有什么区别——子贡被称为“纵横家鼻祖”。所以说，孔子之学绝不是后世儒家所能涵盖的。

今人何新先生曾著三大卷《何新论孔子》(包括《孔丘年谱长编》《圣者·孔子传》及《论孔学》)，他明确指出:“孔子不是先秦百家之一家、诸子之一子。孔子与老氏同为晚周战国诸子之大宗师……盖战国后出现墨、法、名、兵及术数、阴阳等百家学皆可溯源于孔氏之学，这是孔子所以伟大而地位高于先秦诸子，处圣者地位之根本原因。”① 此论，极有见地!

综上所述，孔子是整个中国文化的大成至圣先师。他为往圣继绝学，整理阐扬西周王官学，开启诸子百家之学。

三、儒家本来面目——百家之一

公元前后，刘向、刘歆父子大规模整理国家图书时，将儒家列为诸子之首，六艺之后。六艺分为易、书、诗、礼、乐、春秋、论语、孝经、小学九大类，前六种是六经，论语类与孝经类皆与孔子之学高度相关，而小学，文字训诂则是经学的基础。

这种排列大体符合中国文化的整体面貌，深深影响了后世目录学家。因为儒家以教授六经为业，所以《汉书·艺文志》称其“于道为最高”。上面说:“儒家者流，盖出于司徒之官，助人君顺阴阳明教化者也。游文于六经之中，留意于仁义之际，祖叙尧、舜，宪章文、武，宗师仲尼，以重其言，于道为最高。”

这是说儒家直接传承经学，地位重要，并不是说儒家垄断道统、学统。因为儒家作为诸子百家之一，和其他诸子一样出于六经及孔学，这是常识。

① 何新:《论孔学》封底，同心出版社，2012年4月。

刘向《别录》中明确说："昔周之末，孔子既没，后世诸子，各著篇章，欲崇广道艺，成一家之说，旨趣不同，故分九家。有儒家，道家，阴阳家，法家，名家，墨家，纵横家，杂家，农家。"①

《汉书·艺文志》序文开篇继承了上述说法，更突出经学本身的分化。上面说："仲尼没而微言绝，七十子丧而大义乖。故《春秋》分为五，《诗》分为四，《易》有数家之传。战国纵横，真伪分争，诸子之言纷然淆乱。"

中国文化自汉代起，长期尊五经而用百家。只有在宋以后，儒家才通过"退五经、贬诸子、进四书"，逐步实现了"罢黜百家，独尊儒术"。其影响至于今日，儒家独尊的局面仍难以改变。

由于儒家主教化，不擅长经世济民之术，导致宋以后实学不彰，国家文弱。这种"弱国文化"再也不能继续下去——内圣外王兼备的大道，除了上古司徒之官所主的教化，还包括行政、法律、外交、军事、技术等多方面，单纯儒家开不出完整的外王来。要百家互济，回归轴心时代中国文化的大本大源，才能返本开新，建立适应新时代的新文化。

若我们再不"折中"百家，一味抱残守缺，独尊儒术，在日新月异、全球大争的21世纪，将是灾难性的。

道统关天，国运关天——学者慎之！学者慎之！

① ［清］姚振宗辑：《七略别录佚文·七略佚文》，上海古籍出版社，2008年12月，第17页。

第六章　孔门四科与中华大道

孔子在中国文化中占据特殊地位，他上承三代王官之学，下启诸子百家，开辟了中国文化的新境界，居功甚伟。

我们修习中国文化，研究孔子很重要。历史记载孔子最全面、最权威的文献是《史记》。要认识“真孔子”，我们要把《史记》中的《孔子世家》《仲尼弟子列传》《儒林列传》三篇串起来读。

一、孔门四科演化为诸子百家

通过《孔子世家》，我们知道孔子以《诗》《书》这些“经”来教化学生。不过，孔子从未大搞“读经班”，那样死记硬背一亿年也成不了圣贤。孔子教化，要学生举一反三，去悟，学生悟不出来，他就不理你了。

孔子和禅宗师傅有点类似。扔给你一个话头（如《诗经》中一句话），让你去悟。孔子用这种方法，培养了很多大才，根据学生的特长分为“孔门四科”。所以东汉经学家郑玄说：“仲尼之门，考以四科。”（《后汉书·郑玄传》）

要理解孔门四科，就要去读《仲尼弟子列传》。《仲尼弟子列传》主体是按孔门四科的逻辑行文。《史记》卷六七《仲尼弟子列传》开门见山说：

“孔子曰‘受业身通者七十有七人’，皆异能之士也。德行：颜渊，闵子骞，冉伯牛，仲弓；政事：冉有，季路；言语：宰我，子贡；文学：子游，子夏。”

请注意，孔门四科是互融、互通、互系的。“四科”是讲四种特殊才能，并不是说某位弟子只专精于此。比如说，冉雍，字仲弓，位列德行科，擅长礼义修为，但《论语》中孔子说他：“雍也，可使南面”，称赞他可以搞政治，治理国家。

政事科，包括征战。子路擅长打仗，孔子也会打仗。兵家和法家的重要人物吴起出自曾子门下。作为孔子的再传弟子，吴起还是《左氏春秋》的传人。刘向《别录》记述《左氏春秋》的传承谱系说：“左丘明授曾申，申授吴起，起授其子期，期授楚人铎椒，铎椒作《抄撮》八卷，授虞卿，虞卿作《抄撮》九卷，授荀卿，荀卿授张苍。”虞卿《史记》有传，他是赵国著名的游说之士，纵横家——不是儒家。所以历史上法家传《春秋》，纵横家也传《春秋》。虞卿又传《春秋》给荀子，荀子有两位法家弟子，李斯和韩非——李斯协助秦始皇建立大一统国家，成就了孔子《春秋》大义。

作《春秋》者孔子，成《春秋》者李斯——两千年来，太多人赞孔子而骂李斯，大道难明久矣！

修习言语科的人先秦被称为“辩者”或“辩士”，包括以正治国的名学和以奇用势的纵横术。司马迁在《仲尼弟子列传》中，对子贡的记述最详细。田常欲作乱于齐，又移兵欲以伐鲁。孔子为救父母之邦，令弟子出使诸侯。子路率先请缨，孔子没同意。子张、子石又请行，孔子还是不同意。子贡请行，孔子同意了，最后子贡出色地完成了任务。司马迁赞叹：“故子贡一出，存鲁，乱齐，破吴，强晋而霸越。子贡一使，使势相破。十年之中五国各有变。”

纵横家带着一张嘴去改变世界，最讲究势。子贡擅长纵横术，游说诸侯，对春秋战国的战略形势产生了重大影响。

文学，就是传经、研习经典的人，他们大致相当于儒家，西汉名儒公孙弘被司马迁称为“文学之士”（《史记·孝武本纪》）。唐初颜师古在《汉书·西域传》下解释“为文学”说：“为文学，谓学经书之人。”经典是修习中国文化的基础，在此意义上，百家都“为文学”。

简而言之，德行和文学两科重教化，政事和言语侧重政治方面。

孔门四科之学源于西周王官学，流为诸子百家，至西汉汇集成其治国的核心理念黄老道家。从西周政教到西汉政教，在欧亚大陆主要古文明的轴心时代，中华大道经历了凤凰涅槃般的再生！

那么，孔门四科又是如何入“子”的呢？这就需要研读《史记·儒林列传》。《汉书·艺文志》说：“仲尼没而微言绝，七十子丧而大义乖。”确实如此，孔子再传弟子，就流入诸子百家了。例如，吴起受学于曾子，后来成为兵家代表人物。曾子对吴起不满，认为他道德不好。吴起确实有缺点，但他道德实际很高尚。吴起与士卒同甘共苦；魏武侯赞叹山河之固，吴起谏言：“在德不在险”。

《淮南子》说墨子“通六艺之论”，学“孔子之术”，后来分离出来，开创墨家。禽滑釐是墨子的学生，属孔子的再传弟子辈，《儒林列传》将他记入儒林，现代人就糊涂了。因为千百年来，人们以为只有儒家研习诗书等六艺，墨家和其他诸子百家不研习诗书。

诸子百家皆奉《诗》《书》为经典。当代治《尚书》的大家刘起釪先生曾统计比较重要的几种先秦经典征引《尚书》的情况，其中《孝经》3次，《墨子》47次，《孟子》38次，《荀子》22次，《管子》6次，《庄子》3次，《韩非子》7次，《战国策》6次，《周礼》4次，《礼记》43次，《吕氏春秋》14次，《尸子》1次。①

《史记·儒林列传》记载，孔子逝世后，他的七十余名学生纷纷四散，交游诸侯，成就大的当了诸侯国君的老师和卿相，成就小的结交、教导士大夫，有的则隐居不仕。所以子路在卫国做官，子张在陈国做官，澹台（tán，澹台是复姓——笔者注）子羽住在楚国，子夏在西河教授，子贡终老于齐。像田子方、段干木、吴起、禽滑釐这些人，都曾受业于子夏之辈，然后当了诸侯国君的老师。田子方有道家思想倾向，《庄子》中有《田子方》一篇。田子方

① 刘起釪：《尚书学史》，中华书局，1989年，第49～50页。

是孔子的再传弟子——子贡的学生。

孔门四科演化为诸子百家，这里说得很清楚！

二、经子分立造成中国文化大断层

提到“四书五经”，几乎妇孺皆知。为什么很少人知道“孔门四科”呢？

汉武帝时期，中国面临着一个生死存亡问题，就是大一统。秦始皇统一六国之后，秦国很快崩溃。在刘邦与项羽争天下的危机时刻，郦食其曾向刘邦建议分封六国，张良借箸谏阻分封，提出八点，字字珠玑，切中要害，使刘邦恍然大悟。但在激烈的斗争环境下，不得不分封将士谋臣。张良所提第六点明确指出，如果分封了六国的后代，还拿什么土地去分封追随汉王的将士谋臣呢？说明张良清楚当时的形势，支持以封土赐爵作为收拢人心的手段，只是反对分封六国后代而已。所以，刘邦夺取天下的过程中，分封了很多异姓王。后来，刘邦开始有计划地剪除与自己打天下的异姓王，刘邦在世的最后一年，只剩下卢绾和吴芮两个异姓王。其中，卢绾逃到了匈奴，真正善终的异姓王只有对中央缺乏威胁的长沙王吴芮。消灭异姓王的同时，刘邦分封了宗室子弟为王。但按下葫芦浮起瓢，后来同姓王势力增长，形成尾大不掉之势，汉景帝时爆发了七国之乱。

汉初政治结构比较特殊，若读当时的法律，就会发现其中又是这个国，又是那个王，好像现代国际大家庭。所以，大统一不是理论问题，而是生死存亡问题。汉武帝必须解决这个问题。

任何政治制度都不完美。汉初集成百家的黄老确实功效显著，但在运行过程中也产生了弊端。比如，当时中央政府没有统一财权。由于黄老政治出现了很多问题，汉武帝便寻求其他思想资源。这时，有位思想家决定了中国的命运，他就是治公羊学派《春秋》的大家——董仲舒，其基本观点是春秋大一统。董仲舒善春秋和阴阳，在当时环境下，阴阳家学说对国家政治统一有利，其弊则导致后世谶纬之学泛滥。

《公羊春秋》为孔子所传，五经是三代王官学的遗产。董仲舒提出的大一统意识形态，其实是“罢黜百家，表彰六经”，不是“罢黜百家，独尊儒术”。只要认真翻阅《史记》《汉书》，就会发现，董仲舒根本没有说过“独尊儒术”。在汉代学术环境中，儒术主要指孔门四科中的“文学”，任何学习经典的人，都称为儒。刘向就称李斯、韩非为当世大儒。刘向《别录·荀卿新书》论及荀子弟子说：“李斯尝为弟子，已而相秦。及韩非号韩子，又浮丘伯，皆受业，为名儒。”

而且，早期的汉儒和我们印象中的儒生不同。他们多学习刑名法术，官至宰相的公孙弘就是典型。汉武帝“罢黜百家”，重要一点就是“罢黜儒家”。汉武帝把文景时代列为官学的《孟子》《孝经》《论语》博士都取消了。那时候的博士和今天的博士不一样，博士相当于一个科系——罢黜百家，把儒家也罢黜了。

汉武帝要回归的是周代王官学，在意识形态上完成大一统。“六经”是中华文化之源，返本清源，没有问题。致命的是“罢黜百家”。“罢黜百家，表彰六经”直接导致了六经与百家断裂——由子入经，经子分立，结果是灾难性的。中华道统在这里开裂，出现了难以弥合的文化大断层。

春秋战国孔门弟子“由经入子”是进步，汉代儒家“由子入经”则是灾难！今天还有人主张“新经学”，知源而不知流，知本而不知末——令人痛心！

历史上，“罢黜百家”是个复杂的渐进过程。汉武帝即位伊始，出于现实政治斗争的需要，矛头直指窦太后提倡的黄老之学。史学家朱维铮先生说“罢黜百家其实是罢黜黄老”，① 可谓真知卓见！朱维铮还指出，独尊儒术“发难于田蚡而成功于公孙弘”。② 正是丞相公孙弘提出让博士带弟子，博士弟子员分等补官，开启了治经儒生的利禄之途，锁定了之后2000年中国文化的发展路径。直到1905年废除科举后，才解除儒家与政治经济利益的绑定，中国文化开始了一个新方向。

---

① 朱维铮：《中国经学史十讲》，复旦大学出版社，2002年，第78页。

② 朱维铮：《中国经学史十讲》，复旦大学出版社，2002年，第94页。

武帝同意废弃不用“治申、商、韩非、苏秦、张仪之言”（语出《汉书·武帝纪》），即法家和纵横家，现实中却照用不误。但“罢黜百家，表彰六经”的效果至东汉时已很明显，修习名学、墨家者越来越少，甚至连孔门德行科核心文献《五行》《性自命出》也失传——大道沉沦，至于今日！

三、孔门四科是互通、互融、互系的有机整体

笔者过去十五年，努力整理孔门四科之学，把经、子之间的断层接续起来。在诸多贤能大德的帮助下，出版了有关德行、政事、言语、文学的著作多种，让学人修习大道智慧有落脚处。它们是：

德行科：《性命之学：儒门心法新四书阐微》（2014 年）；《礼之道：中华礼义之学的重建》（2014 年）

政事科：《国富策：中国古典经济思想及其三十六计》（2010 年）；《国富新论》（2013 年）；《中国拯救世界：应对人类危机的中国文化》（2010 年）；《道法中国：二十一世纪中华文明的复兴》（2008 年）。

言语科：《正名：中国人的逻辑》（2013 年）；《说服天下：〈鬼谷子〉的中国沟通术》（2018 年）。

文学科：《斯文在兹：中华文化的源与流》（2014 年）；《人类文明的基因：人类二元观念与世界文化的分野（图文版）》（2017 年）。

孔门四科之间互相联系，互相支撑，就像血管一样，一个地方堵住了，整体血液循环都会受影响。比如，言语科中的名学是中国人伦理道德的重要基石。不是上帝告诉你该怎样做，不该怎样做，我们的伦理道德建基于宇宙人生的清静本性和社会结构的自然分层。

人有欲望，但要节制它，这是伦理道德基础。东西方很多宗教与此相通——这与当代自由主义抛弃一切道德约束，去道德化不同，当代自由主义的本质是反文明的！①

---

① Patrick J. Deneen, Why Liberalism Failed, Yale University Press, 2018, P110 ～ P130.

所有复杂社会都存在分层，有不同的名位，上下各种关系。“位”上起用，产生名分，这个“分”就是个人职责，职分。在此基础上进一步产生道德律令。比如说，作下级的人要“忠”，作上级的人要“义”。义者，宜也，所有的言行都适当，恰到好处，这是中庸的境界。

中国道德源于社会、人生的基本特性，是普世大道。从人伦起修，穷理尽性，以至于命。儒家重名教言语科的名学不是孤立的中国古典逻辑学，它是道德的基础，也是治国的基础，法家即刑（形）名法术之学。名家代表人物公孙龙是重要谋臣，不是天天在那里讲“白马非马”——现代人认为名家是诡辩学派，这是严重的误解。

再比如德行科。诸子百家都追求修齐治平、内在修养（内圣）与外在事功（外王）一以贯之的大道。墨家除了大家熟知的“兼爱，非功，节用”思想，还有“无怒”，能够做到“无怒”，这是很高的境界。当然墨家重在行动中修道——修道不仅仅是由内向外，还可由外而内，后者力量更大。古代，每一家的老师都重视道德，道德不仅是伦理问题，更是觉悟智慧的基础——学者，觉也，德成方能智出！

宣传大道与现代教育有什么不同？现代教育相信知识就是力量。事实上，知识只是智慧的外在表象，人类真正的力量是智慧。若以为知识就是力量，会落入名相，很危险——知识如果没有道德智慧驾驭，也可以杀人。所以，诸子百家通常都会在智慧、道德上下功夫。纵横家也有心法，就是《鬼谷子》中专讲内圣的《本经阴符七术》。先秦纵横家不像现在国际关系学院的学者，只会写写论文、提交个报告什么的。他们要改变世界形势，没有大心力、大格局不行。

墨家的一大贡献是发展了孔门言语科。钱穆先生曾指出，公孙龙等名家多宣传“墨义”，主张“兼爱”“非攻”，为墨家之末流。[①] 孔子之后，发展言语科的，主要是墨家言辩一支。后来言辩之学分为两流，即名家和纵横家。

---

① 钱穆:《墨子・惠施・公孙龙》，九州出版社，2011 年。

纵横家千里赴难，为国际和平努力奋斗——他们和墨家一样，摩顶放踵，以利天下！

再说政事科，法家和名学的关系非常紧密，法家的核心思想包括循名责实，以法生德，又回到德行去了。

文学科，类似基础教育，任何人都要修习文学（经学）。司马迁在《史记·十二诸侯年表》中说，吕不韦、荀子、孟子、公孙固、韩非、董仲舒这些人，往往各自拾取《春秋》的文字义理来著书立说。文中说："吕不韦者，秦庄襄王相，亦上观尚古，删拾《春秋》，集六国时事，以为八览、六论、十二纪，为《吕氏春秋》。及如荀卿、孟子、公孙固、韩非之徒，各往往捃摭（jùn zhí，摘取，搜集——笔者注）《春秋》之文以著书，不可胜记。汉相张苍历谱五德，上大夫董仲舒推《春秋》义，颇著文焉。"可见，杂家、法家、儒家，都习《春秋》，重春秋大义，探寻实现王道大一统的理论基础。

总之，言语、德行、政事、文学四科是互通、互融、互系的。诸子百家是一个有机的整体，不可分割。汉代儒家、道家互相贬抑，《史记·老子韩非列传》说："世之学老子者则绌儒学，儒学亦绌老子。'道不同不相为谋'，岂谓是邪？"其实道家和儒家完全互通，其道无二——我们不可以一时学术风气误解中华大道（政教）。

内圣方面，儒家讲的中庸，"中"就是"刚好，恰好"的意思。《黄帝四经》叫"天当"。黄老道家讲的"当"，就是"中"，是"无为"。《淮南子·原道训》详细解释了"无为"，"所谓无为者，不先物为也；所谓无不为者，因物之所为"。因事物所为而为，就是"当"，恰当，当机，也就是中庸。中庸和无为是一个意思，道家的核心和儒家的核心是一样的！为什么会有两个概念？先秦时的学术传承，不像现代大学一样，有统一的教材和范式，古代不同学团形成了自己的话语体系。于是，后人就不理解"中庸"就是"无为"了。你在"当"字上转不过去，儒家和道家在脑子里打架，一辈子也出不来！

道家（不是后来的道教）和儒家同道，因为二者都从三代王官学而来。孔子去东周向老子问礼，相当于去"留学镀金"。老子是史官，懂礼，是礼学大家。据《礼记·曾子问第七》，孔子心中的老子是礼学权威。

外王方面，《老子》有一个重要观点，就是“三生万物”，“三”指阴气、阳气相交而成的和气。生生大道，关键就是有个“中”——这个“中”不是空的。《尚书》里面有一篇《洪范》，讲禹传下来的治国大法，第五点是“建中立极”，就是建立一个平衡天下、代表社会整体利益的强大统一政府，政治核心——“中”。历史上，中国政治都围绕这些概念来讲，现在也是如此。

美国的大公司都搞“建中立极”，不搞民主自由，这是世界的基本规律，放之四海而皆准。学人一定要把儒、道、王官之学贯通起来——经子相参，诸经相参，诸子相参，他们之间没有绝对的界限，都是互相涵容的。

因为诸子百家出自三代王官学，都归于道。古代的“道”就是“政”，指南面治国之术。《黄帝四经·论约第八》说：“故能立天子，置三公，而天下化之，之谓有道。”

古代的“道”首先指政道，君道。自古以来，关于《老子》的注疏有上百家。事实上只有以黄老精神作注，才能正确把握《老子》思想。《老子》六十九章引用兵者言：“吾不敢为主而为客。”现在一般人理解为：“我不会主动进攻，而要防守”。错了！老子的意思是说，我们绝对不能一味地防守，要学会进攻。这个“客”，在当时是进攻的意思，“攻者为客”（《国语·越语下》韦昭注）。一个民族如果没有进取精神，革命性，是不行的。做事业也是如此，没有进取精神，走不远——《老子》与《易经》“天行健，君子以自强不息”的思想没有本质不同。

中华大道断裂两千年，我们以孔门四科为金刚“卡子”，将它重新接续起来，这是开天辟地的大事。我们的目的是让世人在黑暗、广漠的宇宙的中，在知识持续碎片化、社会持续“去道德化”的当代，看到诸子百家内圣外王大道一贯，中华文化“白波九道流雪山”的恢弘壮阔！

第七章　孔门四科的绝响
——最后的大儒荀子

《汉书·艺文志》是对中国文化进行全面总结的最早的材料之一。其中诸子百家按照社会功用分类——儒家主教化，还有政治（“君人南面之术”，道家）、军事（兵家）等方方面面。

若将中国文化等同于儒家，相当于国家只保存教育部。国防部、外交部、政治经济部门全被砍掉，成为教育部的下属单位——这样做的结果可想而知。

不幸的是，汉以后，儒家在思想上一直朝这个方向努力。进入21世纪，中国“新儒家”直接宣称，他们是“政治儒学”——这些人对古典政治经济学道家一概不顾，摇身一变，就变成了“政治儒学”，提出一系列“不中不西”的主张。

中华政教——政治经济、伦理教化，由此大坏！

民族学资料告诉我们，即使那些原始部族，也有教育机构。从事教化的“儒”，古已有之。

2018年5月21日，笔者在台湾台东市考察原住民文化。卑南族射马甘部落的青年会所“巴拉冠”是专门训练年轻人的场所，原始的学校。“巴拉冠”只允许男人进入，在长老在带领下，青年男子在那里接受长期的军事、祭祀、伦理以及其他生活技能训练。

《周礼·天官冢宰第一·大宰》中说：“儒以道得民。”东汉郑玄注：“儒，诸侯保氏有六艺以教民者。”这里的“六艺”，指礼、乐、射、御、书、数六种实用技能。显然，儒家就是周代的“长老”，负责教育青少年。

因为儒家的教化职能，使其成为文化的重要传播者。孔子之后儒生主要是传播《诗》《书》《礼》《易》《乐》《春秋》六经——后来《乐》经亡佚，只存五经。

但我们不能说，所有学习过五经的人都是儒家，如同不能说吃过饭的人都是厨师一样。

以孔子为例，他不仅是传播六经的儒，还是从政的道家、法家，打过仗的兵家，同时他还是个辩者，纵横家。西汉邹阳著名的《上梁王书》，将孔子、墨子并称一代辩士。他说：“夫以孔、墨之辩，不能自免于谗谀。”（《史记·鲁仲连邹阳列传》）三国时李萧远《运命论》称：“以仲尼之辩也，而言不行于定、哀。”（《文选·运命论》）

真正的大儒，不仅传播西周王官学经典，还囊括诸子，折衷百家，成就修齐治平的伟业。

孔门弟子才能突出的七十多位贤者，除了传经的文学一科，还有德行、政事、言语诸科。“孔门四科”成为战国诸子百家的源头，其中文学科演化为儒家；政事科演化为道家、法家、兵家等；言语科演化为名家和纵横家；德行科为百家所共修——与现代西方教育不同，古人内圣外王都教；现代西方社会，内圣方面的教育主要付诸宗教，外王方面的教育主要付诸大学。

孔子死后，“仲尼没，而微言绝。七十子丧，而大义乖”。大道分崩，至战国末年，孔门四科已成绝响，孔门最后一位大儒是秦相李斯的老师荀子。近人郭沫若《十批判书·荀子的批判》中直言：“荀子是先秦诸子中最后一位大师，他不仅集了儒家之大成，而且可以说是集了百家的大成的。”①

考察荀子著作及生平事迹，知其尚能发扬孔门四科。兹按“四科”内容分述如下：

---

① 刘桂荣：《论荀辑要》，安徽师范大学出版社，2016 年，第 202 页。

一、荀子与德行科

许多人将《荀子·解蔽第二十一》看作荀子心法的精髓，之所以这样认为，大概因为此篇讲“虚一而静”“大清明”，类似佛家的原因吧。

事实上，《荀子》讲修心、德行，主要集中在《荀子》前四篇：《劝学第一》《修身第二》《不苟第三》及《荣辱第四》。这四篇是战国末期儒家心法的集大成之作。由于言语平实，长期以来鲜为人所重视。

中国文化中的“学”，不仅指现代教育传授的理性知识，更在德行实践，觉悟智慧。先哲认为：不是知识带来智慧，而是德行带来智慧，所谓“德成而智出”。《荀子·劝学第一》讲修学的目的是成为德行完美的圣贤。德行没有终点，所以要死而后已。放弃德行培养，人就会成为禽兽。

荀子论修学次第说：修学从哪里开始？哪里终结？从修学的科目方法来说，要从诵读《书》《诗》等经典开始，到弄清楚社会礼义法度为止；从学习的义理来说，要从做读书人开始，成为圣人为止。诚心积累，长期努力，一门深入，学到老死而后才停止。所以修学科目是有限的，但从义理上讲，修学片刻不能停止。致力修学，就成为真正的人；放弃修学，会堕落为禽兽。《荀子·劝学第一》上说：“学恶乎始？恶乎终？曰：其数则始乎诵经，终乎读礼；其义则始乎为士。终乎为圣人。真积力久则入，学至乎没而后止也。故学数有终，若其义则不可须臾舍也。为之，人也；舍之，禽兽也。”

古人强调身心的统一性，所以《荀子·修身第二》养生与养心一起讲，极为精当，无半点玄学、做作，实为治气养生，修道进德的大法。荀子说：“凡治气、养心之术，莫径由礼，莫要得师，莫神一好。”大凡理气养心的方法，没有比遵循礼义、法度更直接，没有比得到良师更重要，没有比专一其善行更神妙。

大道最平凡。学人修养身心，当三思荀子治气养心之术。其所论，不知比辟谷炼丹、导引长生，蜀山修仙，茅山捉鬼之流，高明多少倍！

《荀子·不苟第三》与《中庸》多有关联。和《中庸》一样，《不苟第三》

重诚、讲慎独。与《荀子·解蔽第二十一》相参，我们注意到：慎独是《伪古文尚书·大禹谟》“十六字心传”的浓缩——“人心惟危，道心惟微，惟精惟一，允执厥中”，“慎”就是“危”；“独”，就是“精一”，这是儒家心法的关键；“慎独”，戒慎精一，即《解蔽第二十一》中所说的：“处一危之”。唐代杨倞注云：“一，谓心一也……危，谓不自安，戒惧之谓也。”

《伪古文尚书·大禹谟》“十六字心传”袭用了《解蔽第二十一》中的“人心之危，道心之微”，通过前后文意推演而成。[①]《解蔽第二十一》原文如下：“昔者舜之治天下也，不以事诏而万物成。处一危之，其荣满侧；养一之微，荣矣而未知。故《道经》曰：‘人心之危，道心之微。’”这是说，舜达到了至诚化物、无为而治的境界，不用事事布告，各种事项都能办成。他戒惧专一，荣耀充满身旁；他能达到精一微妙的境界（“神一好”），荣耀自然而然到来。所以《道经》说：“我们修心戒惧自省，成就大道精妙无为。”

《不苟第三》和《解蔽第二十一》的论说结构全同，只是不再以舜为例，而是直接从理论上讲诚能化物，至诚如神，最后归之于“慎独”，慎独本身就是至诚之道。上面说：“君子养心莫善于诚，致诚则无它事矣，唯仁之为守，唯义之为行……君子至德，嘿（同“默”——笔者注）然而喻，未施而亲，不怒而威。夫此顺命以慎其独者也。”

修身俟命。慎独，精一的功夫如此重要，学人敢不早立人生志业？！

荣辱是人生两个重要方面，荣通人人所好，耻辱人人所厌。如何实现生命荣通呢，就要遵守礼义法度，进德修身。《荀子·荣辱第四》认为荣耀和耻辱的分野在于礼义，不在争勇斗狠。礼义是修身治平的核心。他说：“荣辱之大分、安危利害之常体。先义而后利者荣，先利而后义者辱；荣者常通，辱者常穷。通者常制人，穷者常制于人。”

人的穷通，困窘与通达，在于自己的日常言行，不在于别人，这是《荣辱第四》给我们的重要启示。

---

① 翟玉忠：《“人心惟危，道心惟微”本义考》，网址：http://www.xinfajia.net/12719.html，访问日期：2018 年 6 月 21 日。

《荀子》心法四篇环环相扣，其重要性不亚于宋儒提倡的《四书》——如此大经大典，天下少有，学人当细细参究。

除了《荀子》一书，荀子的弟子韩非，在《韩非子·主道》等篇中言君人南面之心术，道家心法，极为重要。中国的内圣之学，同中国学术本身一样，也按社会功用分类。荀子是大儒，讲儒家心法；韩非学贯道法，自然讲道家心法。二者侧重点不同：前者重一般人的教化，后者重治国的智慧成就。

——于德行科，荀门大矣！

二、荀子与政事科

西方现代政治学建基于基督教原罪说，人性本恶，再加上西方本质主义思维方式的影响，所以学人一看到《荀子》有《性恶第二十三》，就认为上帝派荀子到中国来，讲“性恶论”。且“株连”他的门生——冯友兰、胡适、孙叔平、韦政通等，都将荀子学生韩非说成性恶论者。[①]

另外，《性恶第二十三》一再批驳孟子性善论，反复论证“然则人之性恶明矣，其善者伪（“伪”通“为”，后天作为、努力——笔者注）也”，就认为荀子主张人性本恶。

在先哲的著作里，言人性如中医言药性，重点不是讲人性的内在本质属性，而是讲性质功用。所以孔子后学世硕，密子贱、漆雕开、公孙尼子等言人性，如中医言药性之温凉、寒热，多认为人性有善有恶——性有善恶的看法可能来自孔子本人。[②]

荀子《性恶第二十三》所说的性，指性能，即情性、性情、人情。荀子文中除了“性恶”这个概念，大量用的都是“性情”“情性”或“人情”。比如谈到君子与小人之别，他说：“今之人，化师法、积文学、道礼义者为君子；纵性情、安恣睢【“恣睢”音 zì suī，放纵、骄横的样子——笔者注】而违礼义者为小人。”

---

① 林桂榛：《论荀子性朴论的思想体系及其意义》，载《现代哲学》2012 年 06 期，第 111 页注（1）。

② 翟玉忠：《性命之学：儒门心法新四书阐微》，中央编译出版社，2014 年，第 6 ～ 10 页。

有时，荀子直接以“人情”论性，比如尧问舜说：“人之常情怎么样？”舜回答：“人之常情很不好，又何必问呢？有了妻子儿女，对父母的孝敬就减弱了；嗜好欲望满足了，对朋友的守信就减弱了；爵位俸禄满意了，对君主的忠诚就减弱了。人之常情啊！很不好，何必问呢？只有贤德的人不这样。”上面说：“尧问于舜曰：‘人情何如？’舜对曰：‘人情甚不美，又何问焉？妻子具而孝衰于亲，嗜欲得而信衰于友，爵禄盈而忠衰于君。人之情乎！人之情乎！甚不美，又何问焉？唯贤者为不然。’”

性包有善恶，如没有加工过的玉璞，有石有玉，这才是荀子思想的核心。且善之伪（为），本身就源于对性的改变，这是礼义的源头。但不能说礼义直接生于性，它源于对性之善质的劝勉，生于“圣人之伪”。

在谈到人人可以修习礼义，成为尧舜，“涂（通“途”——笔者注）之人可以为禹”时，荀子明确指出，这是因为人性之有善，有仁义法度。他说：“禹之所以为禹者，以其为仁义法正也。然则仁义法正有可知可能之理，然而涂之人也，皆有可以知仁义法正之质，皆有可以能仁义法正之具，然则其可以为禹明矣。”（《荀子·性恶第二十三》）

上文“质”有“性”的意思。西汉董仲舒《春秋繁露·深察名号》有：“如其生之自然之资，谓之性，性者，质也。”

谈到性与伪（为）的有机联系，《性恶第二十三》解释说：“故圣人化性而起伪，伪起于性而生礼义，礼义生而制法度。然则礼义法度者，是圣人之所生也。”《荀子·礼论第十九》也说：“性者，本始材朴也。伪者，文理隆盛也。无性，则伪之无所加；无伪，则性不能自美。性、伪合，然后成圣人之名，一天下之功于是就也。故曰：天地合而万物生，阴阳接而变化起，性伪合而天下治。”

学人误解性恶，对于“伪起于性”感到大惑不解，因为人的本性既然恶，“伪”还能起于性？只能起于圣人。于是就认为“伪起于性而生礼义”，“于性”二字的衍文，将之删除，连清人王先谦《荀子集解》，今人王天海教授的《荀子校释》，也不能免俗。[①]

韩非发展了老师“化性起伪”的观点，提出人皆有好恶、趋利避害的“人情论”，将中国古典政治理论推到崭新的高度，其代表作是令秦始皇帝击节赞赏的《韩非子》。《韩非子·八经第四十八》开篇即说：“凡治天下，必因人情。人情者，有好恶，故赏罚可用；赏罚可用，则禁令可立而治道具矣。”

《荀子》一书言王霸术，实事求是。不过，荀子、韩非师徒于政治上都不得施展才华，荀子只做过兰陵令。秦始皇爱才心切，为得到韩非攻打韩国。韩非到了秦国，秦始皇听信李斯、姚贾谗言，不得用，最后竟死在狱中。

政事上，成就盛德大业的是荀子另一位学生李斯，《荀子·议兵第十五》载师徒二人论兵，是李斯在楚国师从荀子学帝王术的真实写照。《史记·李斯列传第二十七》载：“（李斯）乃从荀卿学帝王之术。学已成，度楚王不足事，而六国皆弱，无可为建功者，欲西入秦。”

李斯到秦国后，得到秦相吕不韦的赏识，被任为郎官，这使他得以游说刚刚登基的秦始皇。李斯客观分析了天下形势，指出必须抓住历史机会，吞并六国。以前秦穆公虽称霸天下，不能一平天下，是因为当时周天子有巨大影响力，各诸侯还很强大。但现在不同了，自孝公变法以来，周王室已经卑弱衰微，山东六国在秦国面前如同郡县一样，若不在此时统一天下，等诸侯强大起来，悔之晚矣。《史记·李斯列传第二十七》上记录了这次改变历史进程的对话：“胥人（小人，平庸的人——笔者注）者，去其几（同“机”，时机——笔者注）也。成大功者，在因瑕衅（xiá xìn，空隙，可乘之机——笔者注）而遂忍（下狠心——笔者注）之。昔者秦穆公之霸，终不东并六国者，何也？诸侯尚众，周德未衰，故五伯（通“霸”——笔者注）迭兴，更尊周室。自秦孝公以来，周室卑微，诸侯相兼，关东为六国，秦之乘胜役诸侯，盖六世矣。今诸侯服秦，譬若郡县。夫以秦之强，大王之贤，由灶上骚（通“扫”——笔者注）除，足以灭诸侯，成帝业，为天下一统，此万世之一时也。

① 王先谦：《荀子集解》，中华书局，1988 年，第 518 页；王天海：《荀子校释》，上海古籍出版社，2005 年，第 944 页。

今怠而不急就，诸侯复强，相聚约从，虽有黄帝之贤，不能并也。”

秦始皇听从了李斯的建议，用二十多年，统一了天下，以李斯为丞相。

孔子颠沛流离，栖栖一代中，一生都在追求天下大一统的王道。但最后成就《春秋》大一统，奠定以后两千多年中华统一政教格局的，实有赖于荀门弟子李斯。

——于政事科，荀门大矣！

三、荀子与言语科

孔门言语科分为名家和纵横家，二者如言语之阴阳，相辅相成。名家主正，纵横家主奇，名贵正，辞贵奇。名家重内政，纵横家重外事。在表述时，名家多采取反常识的抽象思维方式，如“鸡三足”“白马非马”之类；纵横家在语言表述时，则以中人之心为主，纵横捭阖，形象生动——中国文化之妙，难以尽说。

言语科的发展与墨家“谈辩”之学，墨辩关系重大。不仅名家相关论题直接受墨家影响，其偃兵之论也可能深受墨家影响；纵横家千里游说，以利天下的精神，与墨家摩顶放踵，以利天下的精神是一致的。名家与纵横家关系密切，名家代表作《邓析子》中，有大量纵横家经典《鬼谷子》的内容，西北大学中国思想文化研究所董英哲教授，力证《邓析子》非伪书，在短短两篇《邓析子》中，辑出与《鬼谷子》相近的内容有八条之多。[①]

百家务为治，孔门言语科与西方的抽象理论不同，是内政外交不可或缺的知识体系。《史记·平原君虞卿列传》记载纵横家虞卿、名家公孙龙在赵国平原君门下的言行，从中我们能看到同在言语科，名家与纵横家的同异之处。

事情是这样的：平原君联合楚魏，散尽家财，打败秦国，保全了赵国。虞卿想借机为平原君请求增加封邑。此事被公孙龙知道了，他连夜赶来，劝平原君说：“这不合适。国君任用您担任赵国宰相，并非因为您的智慧才能在

---

① 董英哲:《先秦名家四子研究》，上海古籍出版社，2014 年，第 119 ～ 122 页；第 795 ～ 801 页。

赵国独一无二才将东武城赐给您，不是因为您有功劳，只是由于您是国君近亲的缘故啊。您接受相印并不因自己无能而推辞，取得封邑不说自己没有功劳而不接受，也是由于您自认为是国君近亲的缘故啊！如今魏国信陵君出兵保存了邯郸而您要求增加封邑，这是无功时作为近亲接受封邑，而有功时又按普通人来论功计赏。况且虞卿掌握着办事成功与不成功两头的主动权。事情成功了，就要像拿着索债的契券一样来索取报偿。事情不成功，又要拿着为您争功求封的虚名让您感激他。您不要听从他的主张。”最后，平原君听从了公孙龙的劝谏。文中说：“虞卿欲以信陵君之存邯郸为平原君请封。公孙龙闻之，夜驾见平原君曰：‘龙闻虞卿欲以信陵君之存邯郸为君请封，有之乎？’平原君曰：‘然。’龙曰：‘此甚不可。且王举君而相赵者，非以君之智能为赵国无有也。割东武城而封君者，非以君为有功也，而以国人无勋，乃以君为亲戚故也。君受相印不辞无能，割地不言无功者，亦自以为亲戚故也。今信陵君存邯郸而请封，是亲戚受城而国人计功也。此甚不可。且虞卿操其两权，事成，操右券以责；事不成，以虚名德君。君必勿听也。’平原君遂不听虞卿。”

《平原君虞卿列传》还记载说，虞卿后来不得志，治春秋，著《虞氏春秋》传世，篇目包括《节义》《称号》《揣摩》《政谋》等共八篇。

《虞氏春秋》已失传，据篇目我们推测可能与纵横家、名家有关。另据唐代陆德明《经典释文 · 叙录》，可知荀子曾师从虞卿，学习《左传》。

既然师从战国末期著名纵横家，“游说之士”虞卿，荀子当然熟悉纵横术。《荀子·非相第五》中提及“说之难”及“谈说之术”，一再强调“君子必辩”。上面说：“君子必辩。凡人莫不好言其所善，而君子为甚焉。是以小人辩，言险；而君子辩，言仁也。”

后来，韩非发挥老师“说之难”的思想，写成《韩非子 · 说难第十二》。

《荀子》多次批评名家，《荀子 · 非十二子第六》直接批评名家代表人物惠施、邓析：“不法先王，不是礼义，而好治怪说，玩琦（通“奇”——笔者注）辞，甚察而不惠（好处——笔者注），辩而无用，多事而寡功，不可以为治纲纪。然而其持之有故，其言之成理，足以欺惑愚众。是惠施、邓析也。”

荀子作《正名第二十二》，专门为“名学”正名，代表了战国末期，儒、法、阴阳诸家批判名学的潮流。但《正名第二十二》并没有否定名学正名的宗旨，可能也有使名学“一洗微妙之论，归于平实”[①]的客观作用。

当时荀子似乎已不理解“山渊平”“白马非马”这些论题的本意。《正名第二十二》中，他花了相当的篇幅批评宋钘（xíng）“情欲寡”之说，强调“以道制欲，重己役物”——荀子将宋钘当成“无稽之言，不见之行，不闻之谋”的典型了。

战国末期，名学脱去反常识的思辨，归入黄老道家、法家的形名法术，儒家的名分伦理——名家早亡，实则名亡而实存。《韩非子·外储说左上》批评宋国名家兒（通“倪”——笔者注）说的“白马非马”，《史记·老子韩非列传第三》又说：“韩非者，韩之诸公子也。喜刑（通“形”——笔者注）名法术之学，而其归本于黄老。”

《韩非子》讲抱法处势，循名责实，无为而治的大道——名家已成为治世之要术。在此意义上，韩非何尝不是发扬了名学。

——于言语科，荀门大矣！

四、荀子与文学科

古代的文学科和今人所说“文学艺术”不同，指经书研习，特别是研习西周王官学《诗》《书》《礼》《乐》这些经典。

儒家主教化，《汉书·艺文志》说他们“出于司徒之官，助人君顺阴阳明教化者也。游文于六经之中”，所以儒家有时也与文学并称。比如《史记·儒林列传第六十一》记载武帝时学风的变化，说推崇黄老道家的窦太后去世后，武安侯田蚡做了丞相，他废弃道家，刑名家等百家学说，延请治经学的儒生数百人为官，而公孙弘竟以精通《春秋》，以一介平民荣居三公之位，被封平

① 伍非百：《中国古名家言》，四川大学出版社，2009年版，第780页。

津侯。从此，天下学子莫不潜心钻研儒学了。上面说："及窦太后崩，武安侯田蚡为丞相，绌黄老、刑名百家之言，延文学儒者数百人，而公孙弘以《春秋》白衣为天子三公，封以平津侯。天下之学士靡然乡风矣。"

作为一代大儒，荀子熟读《诗》《书》。《荀子》一书多次引用《诗》《书》中的文句。荀子重视《诗》《书》《礼》《乐》和《春秋》这五部经典，却同《孟子》一样，不提《易经》，整本《荀子》中与《易》相关的资料只有四条。他认为天地间的大道，都在《诗》《书》《礼》《乐》和《春秋》中，并解释说，《礼》肃敬而有文饰，《乐》中正和谐，《诗》《书》内容渊博，《春秋》词意隐微，天地间的道理都在其中了。《荀子·劝学第一》上说："《礼》之敬文也，《乐》之中和也；《诗》《书》之博也，《春秋》之微也，在天地之间者毕矣。"

事实上，先秦文学之士很少重《易经》，倒是道家的《庄子·天运篇》和《庄子·天下篇》，较早将家《诗》《书》《礼》《乐》《易》《春秋》"六经"并称，且客观地指出，中华道术为史官（道家）和儒者（缙绅先生）所传，为百家之源头，不像后世儒家一样将六经据为一家私有。《庄子·天下篇》上说，古时候的道术和法规制度，很多还保存在传世史书中。保存《诗》《书》《礼》《乐》中的，邹鲁学者和儒生们大都知晓。《诗》用来表达心志，《书》用来记事，《礼》用来规范行为。《乐》用来调和，《易》说明阴阳，《春秋》用来正名分。其散布于天下、存于中国的内容，诸子百家还常称道它。"其明而在数度者，旧法、世传之史尚多有之；其在于《诗》《书》《礼》《乐》者，邹鲁之士、缙绅先生多能明之。《诗》以道志，《书》以道事，《礼》以道行，《乐》以道和，《易》以道阴阳，《春秋》以道名分。其数散于天下而设于中国者，百家之学时或称而道之。

1993 年湖北省荆门市出土的战国郭店楚简，下葬年代约公元前 300 年。其《六德》和《语丛一》中也有"六经"并称之语。

直到司马迁写《史记·儒林列传》，仍按六经《诗》《书》《礼》《乐》《易》《春秋》的顺序逐一记人叙事，并没有突出《易》。最早将《易》列为群经之首，五经之源的，是《汉书·艺文志》，这与西汉末年刘向、刘歆父子构筑的天人关系相关。

物极必反。被孔子哲理化的《易》，公元前后被诸儒无限拔高，因此堕落成玄学。魏晋时代，与《庄子》《老子》一起，并称“三玄”。今天，《易经》成了学术骗子和江湖骗子的“宝典”，据说计算机时代的基础，二进制也源自《易经》——荒唐！没有19世纪的数理逻辑，何来计算机！

荀子不仅是学文学的大儒，对于诸经的传授也居功甚伟，深深影响了中国文化。难怪，荀子后学认为他的贡献超过孔子，这可能针对其传经之功而言。《荀子·尧问第三十二》赞曰：“今之学者，得孙卿之遗言余教，足以为天下法式表仪。所存者神，所过者化。观其善行，孔子弗过。”

直到清代，才有学者认真梳理荀子的传经贡献，其中最有影响力的是清代“扬州学派”代表人物之一汪中（1744～1794年），他在《荀卿子通论》中，广泛搜罗史籍中与荀子有关的经学源流，发现《毛诗》《鲁诗》《左氏春秋》《穀梁春秋》皆荀子所传，荀子亦传《礼》和《易》。汪中认为荀子传经，在以一人之力，为往圣继绝学。他说：“盖自七十子之徒既殁，汉诸儒未兴，中更战国、暴秦之乱，《六艺》之传赖以不绝者，荀卿也。周公作之，孔子述之，荀卿子传之，其揆一也。”

近人梁启超在《清代学术概论》中引汪中说，进一步指出：“汉代经师，不问为今文家，古文家，皆出荀卿。二千年间，宗派屡变，壹皆盘旋荀学肘下。”①

随着20世纪初疑古学派的兴起，荀子传经的贡献为学者所质疑。浙江大学张小苹博士详细考察了荀子与诸经的关系，发现汉代部分诗学和春秋学的确来自荀子，尽管荀子生前可能并未接触《左传》和《公羊传》，也与《易》学传授无关。她认为：“总体而论，荀子对战国晚期儒家典籍的传播做出了巨大贡献，汉代的群经传授虽然并非全部源出荀子，但荀子对汉代经学的形成与发展也起到了极大的推动作用，荀子对中国传统学术文化的传承与发扬功

① 梁启超《清代学术概论》，《饮冰室合集》第8册，第61页。

莫大焉。”①

“荀卿之学，出于孔氏，而尤有功于诸经。”汪中《荀卿子通论》中的这一论断，在今天看来仍基本正确。

——于文学科，荀门大矣！

荀子之后，秦汉大统一的时势，客观上要求学术思想的统一。然而，世上再无荀子，世上再无四科之学。董仲舒提出的大一统意识形态方针是“罢黜百家，表彰六经”，相当于孔门四科只重“文学”一科，只重经学。中华文化的四足大鼎被砍掉了三个足——中华文脉自此危矣！

宋以后，理学家绑架了六经，“罢黜百家，表彰六经”真正变成了“罢黜百家，独尊儒术”。儒家作为诸子之一，以子代经，鹊巢鸠占。中华大道分崩离析，直至今日。

经、子分裂，内圣、外王断裂，政治、教化分立。对于一个有着悠久文明史的族群来说，犹如一个身体和精神分裂的人，将带来怎样可怕的后果啊！

今天，我们所能做的，就是再度恢复孔门四科之学，让内圣外王高度发展、高度融合的中华大道——荣耀归来！

那是华夏子孙安身立命、安邦治国的根本，那是我们永远的精神家园……

① 张小苹:《荀子传经考》，浙江大学，2011 年，第 122 ～ 123 页。

第八章　大道智慧及其在不同文明体系中的传播

大道智慧，是宇宙大道与人生智慧的总和——它是天人共道，超越理性与感性、私利与公义。我们修行，要如天地之无私覆载方能成其大，要若流水之无形权变方能成其智。故孔子云："智者乐水，仁者乐山。"（《论语·雍也》）

21 世纪是信息大爆炸的时代，信息技术以及蒸蒸日上的人工智能，给人类带来的益处显而易见。

如同一切事物都有正反两方面一样。信息技术给我们带来巨大福祉的同时，垄断资本裹挟着知识浪潮，不断侵蚀着德行智慧。面对日新月异的世界，被称为"智人"的我们开始变得名不副实，没有足够的智慧去应对。

南怀瑾先生说，精神病是 21 世纪的最大威胁——道理就在这里。

一、垄断资本对人类文明基础的侵蚀

电脑软件可以升级，人类心智可以升级，且必须相应地升级，才能适应瞬息万变的当代世界。

人类升级不能仅依靠技术，改变人的生物体结构，或人类与人工智能相结合。人类升级关键是基于德行、成就智慧安乐——人类心智本身的升级。

如果说软件升级靠软件工程师的理性，那么智慧的升级则靠社会德行——德成而智出；如果说软件升级带来更好的服务，那么智慧升级带来的是身心安乐，真正的幸福——孔颜之乐。正如孔门心法的核心经典楚简《五行篇》指出的那样：智慧、安乐和德行三位一体。

遗憾的是，目前太多大学、公司和其他机构在追求知识（knowledge），包括各类实用知识和成仙成佛的方法，却很少人关心基于情感、愿力、德行的智慧（wisdom）——运用知识，判断对错，超越自我的能力。

这就是为什么，过去十五年来，我们不顾世人的冷嘲热讽、各种力量的压制，以全部的热情和精力，投身于大道智慧阐发的原因。

《老子》云："从事于道者同于道。"我们对此坚信不疑。

科学证明，人类自称"智人"并非出于傲慢与偏见。数万年来，从弓箭的发明到人工智能，从三四万年前的岩画到爱因斯坦的相对论，都能证明人智慧上的非凡成就，远远超过已经灭绝的尼安德特人和我们的灵长类近亲倭黑猩猩——据说后者是现存和人最接近的高级灵长类。

适应世界各地迥然不同的地理、气候，不同文化用自己的方式传播知识，提升智慧，从古老的萨满到中国的圣人，再到罗马的传教士，都是这样——他们对智慧的理解惊人的相似。

在现代一神教世界，他们的智慧和知识整体上分属两个系统：宗教负责德行的培养和智慧的提升（《新约·哥林多前书》上说，耶稣象征智慧[①]），大学负责知识的传承和创新。他们的宗教精神核心和中华礼义精神没有根本区别，都因人情、节人欲——对内节制欲望，对外节制资本。

---

① 《新约·哥林多前书》原文："It is because of him that you are in Christ Jesus, who has become for us wisdom from God—that is, our righteousness, holiness and redemption."（1 Corinthians 1:30）对于新国际版圣经（NIV）这段话的翻译，有较大分歧，大体有两种译文：

1. 但你们得在基督耶稣里、是本乎神、神又使他成为我们的智慧、公义、圣洁、救赎。（http://abibletool.com/book/46-1.htm）

2. 但你们得在基督耶稣里，是出于神，这基督成了从神给我们的智慧：公义、圣洁和救赎。（http://shengjing.1amen.com/bible-huifuban/1063.htm）。

笔者特别请教了新法家英文版主编，旅居美国的陆寿筠先生，他认为："此说可以理解为耶稣是导向智慧的领路人，即是帮助人将心灵契合于上帝所代表的公义、圣洁，从而得到救赎。我倾向于赞同第一个译文（比较通顺、高雅），但"智慧"后面应是冒号"："，而不是顿号"、"。但那个"又"字似乎是多余的。如果让我翻译，我会译成如下："你们能与基督耶稣在一起，是本乎神——基督耶稣引领我们从神那里得到智慧，成全我们的公义、圣洁和救赎。"（陆先生 2018 年 11 月 14 日私人信件。）

杨鹏先生为我提供了新英皇钦定本圣经（NKJV），并指出较准确的中译文：因为上帝之缘故，你们得以在耶稣基督之中，他成为我们从上帝而来的智慧，以及正义、圣洁和救赎。

一并感谢二位先生！

但从文艺复兴开始，经过启蒙运动和20世纪的消费热潮，西方基督教世界从解放人性，变成了放纵欲望。自由主义、享乐主义、消费主义盛行，根本违反“因人情，节人欲”的礼义大道，变成了“因人情，纵人欲”，这是极其危险的。如《礼记·乐记》指出的那样，“因人情，纵人欲”必然导致人的物化和人与人之间相互欺凌、互相剥削，这是“大乱之道”。

过去几个世纪以来，随着西方文化的强势扩张，这种“大乱之道”传播到全世界，具体表现为人的物欲横流和资本的过度膨胀。资本主义的重要精神支柱，“勤俭清洁”的清教徒精神已成明日黄花。垄断资本不仅异化了人，也异化了资本本身，异化了人类文明。基督教也从穷人的基督教变成了资本扩张的遮羞布。

2013年，天主教教宗方济各发布《福音的喜乐》劝谕书，警告世人：“当小部分人的收入按指数律激增时，他们成为快乐地享受繁荣的一小撮，与大部分人分隔开来，而且分隔的鸿沟也同样加深。这样的失衡，溯源于袒护市场绝对自主权和金融投机的意识形态。所以，它们否认国家有权维护公益而实施管制。一种无形并经常是虚拟的新暴政因此产生，单方面地、无情地强施它的法律和规条。”

在道德已沦为笑柄，金钱已取代上帝的时代，世界真正危险并不是有些西方学者鼓吹的“文明冲突”，而是垄断资本对人类文明基础的侵蚀。

所以，我们要团结基督教世界、伊斯兰世界的一切有识之士，让大道智慧——王者归来！

二、大道智慧最纯粹、最普世、最为高度发展的形式

与西方一神教文化不同，中华文明蕴含着大道智慧最纯粹、最普世、最为高度发展的形式——如同西方人对现代科学的重要贡献一样，大道智慧是中国人对世界的伟大贡献之一。

说她“纯粹”，是因为中华文明早已超越鬼神信仰，脱去宗教外衣，从以神为本走向以人为本，由人道修天道。孔子一句“敬鬼神而远之”，很好地说

明了中国文化这一根本特点。请注意，这里说的不是“斥鬼神而远之”，不是简单否定鬼神，而是要“敬”，这才是超越宗教信仰、一切鬼神的大智慧。今天，中国政府的宗教政策仍尊敬一切合法宗教，宗教信仰自由——有信教的自由，也有不信教的自由。设想一下，假如中国也如过去西方一样，将一种宗教设立为国教，会带来怎样的战争和苦难。

重温《论语·雍也》中这段话，我们看到，“敬鬼神而远之”对于世界和平，会起到精神基石的作用。《论语·雍也》上说：“樊迟问知（通“智”——笔者注），子曰：‘务民之义，敬鬼神而远之，可谓知矣。’问仁，曰：‘仁者先难而后获，可谓仁矣。’”樊迟问孔子怎样才算是智，孔子说：“致力于老百姓应该做的事，尊敬鬼神但要远离它，就可以说是智了。”樊迟又问怎样才是仁，孔子说：“仁人对难做的事，做在人前面，收获的结果，得在人后，这可以说是仁了。”

现在诸多学人离人道而事神道，将迷信鬼神、成就小我称为修行智慧，这是怎样的狭隘和愚蠢啊！离孔子提倡的大道智慧太远了。

说中华大道智慧“最普世”，因为中国人智慧修行的基础——道德源自社会自然分层，所有复杂社会都有的正常人际关系，“伦常”，包括上下（君臣）、父子、夫妇、兄弟、朋友等等。而一神教的道德来自至上神的启示，基于人们对至上神的信仰。不同宗教，信仰的道德迥然不同。

中国人的伦理道德不是这样。因为人都是父母所生，都生活在社会中，都面对社会层级，中华大道因此具有了更强的普世性。不同的信仰、地域的人们都能从中汲取和谐处世之道，人道中修行之法。

请注意：伦理道德的关键不在于仁、义、忠、信之类的德目，而在于践行社会分工所赋予每个人的职责，德目只是完成社会职责的道德律令，道德、智慧也因遵守这些道德律令而提高。现在太多的人，空谈道德，不讲职分，这带来很大的负面作用。

笔者发现，一些家长爱自己的孩子，却从不注重“教”的职责，以为给子女舍得花钱就是爱，花钱能搞定一切，结果有的孩子甚至得了严重的精神性疾病。

我们不能怪那些空有热情，却不懂道德原理的人。最完整阐述中国伦理的《郭店楚简·六德》被埋没两千多年后，1993年才出土，目前知道的人太少；另外，它里面涉及中国古典逻辑学名学，尽管名学核心文献尚在，经过汉、宋儒家的异端化，当代知识分子西学化多方肢解，已经很难流行于世。2013年笔者写了《正名：中国人的逻辑》一书，发现了名学的推理方法——但对这本书的宣传，还需要太多工作要做。

西式大学学者的研究，比时间更能埋葬中国文化。随着中国哲学界、逻辑学界对名学研究的进一步展开，不管用符号学、语义学，还是其他什么西方学术方法，名学被再度埋没的可能性很大——诸君警惕！

为何说中华大道智慧“最为高度发展”呢？因为她有发达的政治经济理论，且内在修养与外在事功，内圣外王一以贯之。反映在社会生活中，就是政治经济与社会教化的统一性。中国自古就没有西方那种以不同利益集团相互竞争，一个或多个党派联合垄断国家机器为特点的政治（politics），中国人将政治看作一种专业，一种修养，一种教化，不仅要“为之君”，还要“为之师”，应当“仕而优则学，学而优则仕”（《论语·子张》）。

最后这句话是名列孔门“文学科”的子夏说的，他对孔子思想传播贡献很大。研习经典的文学科后来演化为儒家，先秦儒家不同于汉以后诸多不通治国大道的小儒，只知学，不知仕——为官之道。

内圣外王高度发展，相当于中国人不仅有信仰的“圣经”，还有政治经济学的“圣经”。当然，这些“圣经”不是一本，也不是排他的，诸子百家本质上都是为政治、国家治理服务的。所以司马迁说：“夫阴阳、儒、墨、名、法、道德（即黄老道家——笔者注），此务为治者也。”（《史记·太史公自序》）

一神教有高度发达的社会理论。笔者认为，一神教扶危济困、互相帮助的精神和制度都值得我们学习。但他们没有产生超越信仰的成熟政治组织形态。即使被当今世界广泛认同的民主制，也残留太多原始部落的特征。英国历史学家汤因比直截了当地指出：“现代西方民主观念已把基督教四海之内皆兄弟的思想，应用到了实际政治生活当中。但这种新型的民主观念，在西方世界的政治实践中，却表现为不是兼爱和人道，而是部落意识和穷兵黩武。”①

中国则产生了以“建中立极”为核心思想的王道政治。“大道之行也，天下为公”，它主张建立一个超越特殊利益集团、吸纳社会各个阶层、代表社会整体利益（社稷）的强大治理体系。

三、知识只是工具，智慧才是力量

4000 年前大禹时代的王道政治是中国文化的活水源头。在当时生产力相对落后的情势下，为了治理横跨长江和黄河流域庞大的行政区域，夏朝统治者不得不超越血缘、地域和（地方）信仰，中华大道智慧由是生焉。

智慧超越任何专业知识，是一种朗照万物的清明觉性，是守经达权的圣人境界。孔子云：“所谓圣人者，知通乎大道，应变而不穷，能测万物之情性者也。大道者，所以变化而凝成万物者也。情性也者，所以理然、不然，取舍者也。”（《大戴礼记·哀公问五义》）荀子亦云：“道者，体常而尽变，一隅不足以举之。”（《荀子·解蔽篇》）《礼记·丧服四制第四十九》直言：“权者智也。”

因为道通达权变，超乎万物的性质，才使其超越一切专业知识——术。先贤一向重道而轻术。有一次卫国的国君打算放弃对大道的探求，向孔子的孙子子思学术，子思劝他说，只有道才是一切知识的根本，它“逸而不穷”，而那些单纯的专业知识常常“劳而无功”。古代修道的君子，生、死、利、害都不足以使其改变向道之志。《孔丛子·抗志第十》记载：“卫君曰：‘夫道大而难明，非吾所能也。今欲学术。何如？’子思对曰：‘君无然也。体道者逸而不穷，任术者劳而无功。古之笃道君子，生不足以喜之，利何足以动之？死不足以禁之，害何足以惧之？故明于死生之分，通于利害之变。虽以天下易其胫毛，无所槩（通“概”，变易——作者注）于志矣。是以与圣人居，使

① 汤因比：《历史研究：修订插图本》，上海人民出版社，2000 年，第 8 页。

穷士忘其贫贱，使王公简（意为放弃——作者注）其富贵，君无然也。’卫君曰：‘善。’”

在中国古代，道与术，常常被冠以不同的名称。有时称术为“下学”“见闻之知”“科举之学”等等，而称道为“上达”“德性所知”“圣贤之学”等等。但我们不能认为道、术截然两分，要知道中华大道——道、名、法（术）、德（行）一以贯之，圆融无碍。

今天，已经很少有人认识到中华大道的存在。在中国，以传授和生产知识为特征的现代西式大学几乎垄断了全部讲堂，他们不理解宗教在西方文明体系中的基础地位，及其与智慧的密切关系，也不理解中华文明的根本特点，以为引入西方理性知识教育体系就是现代化，知识就是力量！殊不知，知识只是工具，知识可以有益于人，也可以害人，重要的是正确运用知识——智慧才是力量！

也因此，从道德体系到政治经济，今天我们都只能摸着石头，东撞西撞，陷入混乱盲目之中——西方理性知识无法解释中华大道智慧，无法理解从4000年前的大禹王到今天中国共产党人内圣外王的全部实践。

不知道21世纪中国学术蒙昧主义还要猖狂多久。我们只知道，德不孤，必有邻，地球上一切蕴含无私大道、生命智慧的文明形态都是我们的盟友。中国文化是星星之火，在最需要智慧的21世纪，她必将爆发出超新星般的能量！

戊编　道术：人工智能与智慧安乐

人工智能时代伦理原则应建基于“因人情、节人欲”的礼义大道，不仅人要遵守，机器人也要遵守，这些原则应当写入机器人的基本程序，作为道德编码指导机器人的行为——包括自然原则、中庸原则、取大原则。

在21世纪信息爆大炸的时代，随着物质文明的高度发展，精神世界高度荒漠化，如果学人不知所止，必将为各类心灵鸡汤所淹没，那是灾难性的。所以我们要学习圣贤经典——参究经典（宗经），师法圣贤（征圣），体悟大道（原道），一步一个脚印地前行。

第九章　从人工智能到大道智慧

从 176 万年前的阿舍利手斧到 21 世纪的人工智能，生产工具的改变如此之大——技术不仅重塑了人类，也重塑了整个地球。

2016 年，Google 公司的 AlphaGo 在与世界围棋冠军李世石的对局中，以 4:1 的绝对优势击败李世石，再一次让世人对技术的进步叹为观止。2017 年 2 月，软银 CEO 兼董事长孙正义（Masayoshi Son）在巴塞罗那“世界移动通信大会”（Mobile World Congress Tech Conference）上断言：30 年内机器人数量和智力均将超越人类——“三十年后，你脚上所穿的鞋子或许会比你的大脑更加‘智能’。”①

人工智能的巨大潜力让世人思考：如果脑力劳动很大程度上为机器所取代，人类将何去何从？

新事物会产生新问题，也会带来新机遇，人工智能也不例外。最好的办法，不是粗暴地否定它，而是去适应它。要做到这一点，首先要解决的一个问题是：

人是什么？

如果人只是能制造工具的理性动物，那么无论是理性推理能力还是制造工具能力，计算机都可能超过人。人不同于人工智能的最大特点是什么呢？笔者认为中国先贤说得对，人有自我约束的自由意志，有因人之情节制人欲的能力（礼义），能够去爱人（仁），适当地处理事务（义）。这是机器，乃至

① 孙正义：《三十年内机器人数量和智力均将超越人类》，网址：http://tech.qq.com/a/20170228/030321.htm，访问日期：2017 年 9 月 4 日。

许多动物所欠缺的。

1973 年长沙马王堆汉墓出土的帛书《五行》阐述了人与动植物的本质不同。指出草木虽然有生命，但是没有好恶的感情；鸟兽虽有好恶的感情，但是没有礼义道德。而人知道自己有仁义之德。上面说："循草木之性，则有生焉，而无好恶焉。循禽兽之性，则有好恶焉，而无礼义焉。循人之性，则巍然知独有仁义也。"

人工智能不具有自我意识和情感。到目前为止，科学家们还没有弄清自我意识产生的机制。自然语言处理和搜索专家吴军博士在其《智能时代：大数据与智能革命重新定义未来》一书中写道："每当我谈到机器智能对人类社会的冲击时，听众们总是要问：未来的时代是人的时代，还是机器的时代？我们是否会被机器控制？我的回答是：未来依然是人的时代，我们不会被机器控制，机器在完成任务时甚至不知道自己在做什么。比如 Google 的 AlphaGo，其实并不知道自己是在下棋。"①

公众关于机器人的知识多受科幻大片的影响，充满了太多内在渴望或危机意识。事实上，专家们普遍担心的是，随着人工智能取代人工作，大多数人成为"无用阶级"，而极少数"有用阶级"统治整个世界。

畅销书《未来简史》的作者尤瓦尔·赫拉利写道："我已一再强调，人工智能目前绝无法做到与人类匹敌。但对大多数的现代工作来说，99% 的人类特性及能力都是多余的。人工智能要把人类挤出就业市场，只要在特定行业需要的特定能力上超越人类，就已足够。"②

似乎除了考古学家，所有职业都面临来自人工智能的巨大威胁。赫拉利引用牛津大学卡尔·弗瑞（Carl Benedikt Frey）及迈克尔·奥斯本（Michael A. Osborne）题为《就业的未来》（The Future of Employment）的研究报告：到了 2033 年，电话营销人员和保险业务员大概有 99% 的概率会失业。运动赛事的裁判有 98% 的可能性，收银员 97%、厨师 96%、服务员 94%、律师

① 吴军：《智能时代：大数据与智能革命重新定义未来》，中信出版社，2016 年，第 365 页。
② 〔以〕尤瓦尔·赫拉利：《未来简史》，林俊宏译，中信出版社，2017 年 2 月，第 292 页。

助手 94%、导游 91%、面包师 89%、公交车司机 89%、建筑工人 88%、兽医助手 86%、安保人员 84%、船员 83%、调酒师 77%、档案管理员 76%、木匠 72%、救生员 67%。①

赫拉利预言，人工智能时代会催生许多只能在电子虚拟世界中寻求快乐的社会多余人——“无用阶级”。他写道：“到了 21 世纪，我们可能看到的是一个全新而庞大的阶级：这一群人没有任何经济、政治或艺术价值，对社会的繁荣、力量和荣耀也没有任何贡献。”②

另一方面，极少数在人工智能时代获利的人，可能统治世界。吴军写道：“制造智能机器的人就不同了，他们可能只占人口的不到 2% 甚至更少，却在某种程度上控制着世界。”③

由于经济和政治的极度不平等，人类会不会跌入“无用阶级”和“有用阶级”的巨大鸿沟，带来无穷的灾难，一如工业革命后人类经历的巨大苦难一样？

我们需要未雨绸缪，用大历史的眼光，从生产力和生产关系的角度辩证地看待工人智能，让人工智能造福人类社会——杞人忧天式的思考和批判没有太多现实意义！

一、万年未有之大变局

“万物生长靠太阳”，地球上的人类主要依赖源自太阳的能源。但人不能如植物一样直接靠光合作用利用太阳能，只能间接利用它。从长时段大历史角度说，生产力的发展意味着人类开发（接近）太阳能的能力越来越强，生产链条越来越长，社会组织越来越复杂化。

原始人类过着“准动物”的生活，靠采集和狩猎获取自然存在的能源；后来，通过驯化植物和动物，我们改变了动植物的基因，农业社会产生了，

---

① 〔以〕尤瓦尔·赫拉利：《未来简史》，林俊宏译，中信出版社，2017 年 2 月，第 295 页。
② 〔以〕尤瓦尔·赫拉利：《未来简史》，林俊宏译，中信出版社，2017 年 2 月，第 295 页。
③ 吴军：《智能时代：大数据与智能革命重新定义未来》，中信出版社，2016 年，第 365 页。

社会变得更加复杂。公元前100年以前，主要大陆都建立起了超越血缘和地域，垄断暴力的政府。18世纪以来，我们学会了利用数亿年前储存在地球表面的太阳能——化石能源，工业社会建立起来。今天，人类已经利用太阳自身产生能源的方式（核能）或直接将太阳能转化为电能，信息时代就是在这一背景下展开的，它的显著标志是脑力的解放。

上述进程始于20万年前智人出现之时。随着人类改造自然的深入，太阳能源的利用越来越广泛，社会生产链条越来越长。今天，一架波音飞机的生产是全球性的。近20万年来一个历史大趋势是：人类需要投入更多的工作时间和精力，以便拥有更多的财富、养活更多的人口——竞争和紧张成为一种现代病。

人工智能会改变这一切。那些由机器人参与设计，组织生产的自动化“黑灯工厂”，使人类从繁重的体力劳动和枯燥的脑力劳动中解放出来。它意味着生产方式的“原始化”，即人不再直接深入生产过程！

我们以新、旧石器时代的大转折说明，人工智能出现以前生产方式变化的整体趋势。人类绝对多数时间都生活在旧石器时代，新石器时代农业革命和稳定定居生活公元前9000年才从西南亚开始，并迅速扩展到世界其他地区。从那时起，先民开始改造动物和植物的基因，让它们适应人类生产生活。最初的转基因动植物是通过培育基因突变的种子，以某个物种纵向遗传的形式进行，这与当代基因工程实施的跨物种横向基因转移不同——后者的风险需要我们认真评估。

如小麦的驯化，斯坦福大学历史学和古典文学教授伊恩·莫里斯清晰描述了这一驯化过程：“野生小麦是一年生植物。成熟时它的花序轴（把每一个种子附在植物上的小梗）变软，种子会一颗接一颗落到地上，落地后种子的保护壳破碎，开始萌芽。每年，大概每一两百万株野生小麦中会有一株在一个单基因上发生加强花序轴的随机突变，也就是说它的种子成熟后不会落到地上，无法继续传递其基因。如此一来，这些变异的植物就从基因库里消失了（由下一世代里新的随机变异所替代）。但在人类觅食者开始通过收割植物和再种植部分种子来干预野生小麦的基因库后，至少某些变异植物会把它们的基因传递下去，而基因库中变异的比例会以非常缓慢的速度增加。计算机模拟表明，变异性状在理论上只需区区数百年便可完全取代原始的野生植物物种，不过从考古学证据来看，这实际需要几千年的时间。随后，只有在人类继续收割和重新种植的情况下，被驯化的全新小麦物种才有可能繁殖下去。人类也的确是这样做的，因为他们的劳动（农耕）所生产的卡路里远胜觅食者通过采集野生小麦所获取的热量。驯化的动植物是最早的转基因生物。”[①]

农业社会，人类不仅驯化了动植物，也改变了整个地球的面貌，今天地球上约有 50% 的土地用以放牧和种植。旧石器时代的人类曾经使各大陆的大型动物灭绝，却很少如农人一样改变地貌和物种基因——农业技术使我们以家养动物和种植的形式，更直接有效地利用太阳能源，拥有更高的生产力，养活更多的人口。

研究新石器时代巨变的时候，不应忽视旧石器时代的文化成就并对当时人的生活状况想入非非——这不利于我们从人类最漫长的生产生活经验中获得启示。

文明大厦建基于旧石器时代。那时人类开始使用火、弓箭和针，绘制精美的岩画，并将自己的领地扩展到地球大部分地区。这是惊人的成就，因为其他的大型动物，与人类的广泛分布相近的，只有狮子。

石器时代人们改造自然的能力很低，主要靠采集和狩猎天然物种生活，一个人需要大约 10 平方千米土地。不能形成大型社会组织，一个地方的资源贫乏之后必须迁徙他方。

但他们的生活注定如许多人猜想的那样——食不裹腹，悲惨凄凉吗?

世界上许多民族都有黄金时代的传说。庄子提到，上古之时，百姓保有他们固有的本能和天性，织布而后穿衣，耕种而后吃饭，这是人类共有的德行和本能。思想和行为浑然一体，没有一点儿偏私，任其自然。所以上古人

① 〔美〕伊恩·莫里斯:《人类的演变：采集者、农夫与大工业时代》，中信出版社，2016 年，第 52 页。

类天性最完善，人们的行动总是稳重自然，目光专一无所顾盼。当时，山野里没有路径和隧道，水面没有船只和桥梁，各种生物共同生活，人类的居所相通相连而没有什么乡、县差别，禽兽成群结队，草木自在生长。因此禽兽可以用绳子牵引着游玩，鸟鹊的巢窠可以攀登上去看。在那个纯真时代，人类跟禽兽一同居住，跟各种生物共存，哪里知道什么君子、小人！人人都没有无用的知识，本能和天性也就不会丧失；个个无私欲，这叫“素朴”。《庄子·外篇·马蹄》上说：“彼民有常性，织而衣，耕而食，是谓同德；一而不党，命曰天放，故至德之世，其行填填，其视颠颠。当是时也，山无蹊隧，泽无舟梁，万物群生，连属其乡，禽兽成群，草木遂长。是故禽兽可系羁而游，鸟鹊之巢可攀援而窥。夫至德之世，同与禽兽居，族与万物并，恶乎知君子小人哉！同乎无知，其德不离；同乎无欲，是谓素朴。”

庄子更具体地指出，在赫胥氏时代，百姓居处不知道做些什么，走动也不知道去哪里，口里含着食物嬉戏，吃饱肚子游玩。所谓：“民居不知所为，行不知所之，含哺而熙（通“嬉”——笔者注），鼓腹而游。”（《庄子·外篇·马蹄》）

令人惊异的是，当代人类学家在一定程度上证明了史前“黄金时代”的存在。美国人类学家，芝加哥大学教授塞林斯（Marshall Sahlins）将之称为“原初丰裕社会”。①

19世纪以前，信奉线性进化史观的学者普遍认为旧石器时代先民的生活既贫乏又野蛮，极为悲惨。20世纪60年代开始，不同学科的学者通过对非洲南部卡拉哈里沙漠中昆人的研究发现：采集狩猎民族几乎过着田园牧歌式的生活，除去每周不到20个小时的工作时间，实际拥有大量闲暇时间自娱自乐，他们的饮食营养健康。对其他处于旧石器时代、未受到现代文明影响的土著居民的研究，不同程度上印证了上述观点。

谈到昆人的生产生活状况，历史学家L.S.斯塔夫里阿诺斯这样描述道：

---

① 萨林斯：《石器时代经济学》，生活·读书·新知三联书店，2009年。

“他们每周用于狩猎采集的时间仅15至20小时，其余时间都用来休息、做游戏、聊天、一块儿抽烟、互相打扮和访问附近营地的朋友……在昆人血族社会，基本的公社制在财产均分方面表现得很明显。各昆人群体平均集体‘占有’周围大约25平方英里的土地——不难推知，这是各昆人群体所能管理的最大范围。如果某个群体一时缺乏食物，可以预料，该群体会请求别的群体允许他们去邻近地区采集食物。别的群体通常是会允许的，因为他们明白，这种照顾在必要时将得到回报。易腐败的食物无论是肉类还是植物，都由群体所有成员共同分享。但是，工具和衣服是所有者的私有财产。

“公社制还从财产均分扩展到昆人的受到严格规定的社会行为方面。例如，如果一个狩猎者打猎非常成功，时常满载而归，那么就会有人采取措施抑制其骄傲自满的倾向或对他人摆威风的欲望。昆人群体中的一个成员解释说：我们不允许化何人自吹自擂，因为他的骄傲总有一天会使他杀死别人。所以我们总是讲他提供的肉毫无价值……我们以这种方式使他变得心灰意懒，谦和有礼。”①

考古学家和人类学家普遍认为：昆人社会包含旧石器时代的基本特点——以血缘为基础，生产关系以公有制和合作为基础，不存在明显的等级制度。

为什么私有财富的积累没有吸引力？这与原始先民时常迁徙觅食的生产方式有关。在不断游走的条件下，过多的财富是一种负担。

需要指出的是，我们不能将旧石器时代的生活理想化，事实上他们会遇到食物短缺。与现代人相比，他们的身体也差，许多儿童在15岁以前便夭折了，多半在50岁之前死去。②

幸运的是，现代社会已经在极大程度上解决了饥荒和诸多疾病问题，人

---

① 〔美〕L.S. 斯塔夫里阿诺斯：《远古以来的人类生命线：一部新的世界史》，中国社会科学出版社，1992年，第29～30页。

② 〔美〕伊恩·莫里斯：《人类的演变：采集者、农夫与大工业时代》，中信出版社，2016年，第38页。

类寿命由此大幅提高。尤瓦尔·赫拉利写道："现在如果再有饥荒、瘟疫和战争爆发而不受人类控制，我们会觉得一定是哪个人出了问题，应该成立调查委员会来研究研究，而且对自己许下承诺，下次一定要做得更好。而且，这套办法还真行得通。此类灾难发生的次数及频率确实都在下降。因营养过剩而死亡的人数超过因营养不良而死亡的人数，因年老而死亡的人数超过因传染病死亡者，自杀身亡的人数甚至超过被士兵、恐怖分子和犯罪分子杀害人数的总和，这些都是史无前例的。"①

我们为何如此关注原始先民的生产生活状况呢？

因为智能时代的人类将和原始先民一样，花更少的时间，得到更为丰富的产品，有更多闲暇时间。为了让人工智能造福于人类，我们有必要学习原始先民的经验，包括对公有制的维护，对平等的关注。这方面，中国文化显示出了巨大优势。

中国古典政治经济思想中没有私有神圣观念，主张公有与私有并存不悖，公私相分。国家作为整体，有调节财富生产与分配的责任。要做到这一点，国家必须有充足的公共物资储备，在物质经济层面"建中立极"。所以中国古典政治经济学的核心经典《管子》"牧民第一"开篇就指出："凡有地牧民者，务在四时，守在仓廪。国多财，则远者来；地辟举（犹言"开发"——笔者注），则民留处；仓廪实，则知礼节；衣食足，则知荣辱。"

《管子·国蓄第七十三》对于如何实现"务在四时，守在仓廪"，以及为何要"务在四时，守在仓廪"作了明确的阐发。《管子·国蓄第七十三》认为，由于个体能力不同，不受干预的市场必然导致贫富分化，最终产生人剥削人的现象，只有国家调节市场，市场才会均衡发展。而国家调控的关键是有丰富的物资和资本储备，作者将农业时代最重要的粮食比作"司命"。上面说："五谷食米，民之司命也；黄金刀币，民之通施也。故善者执其通施以御其司命，故民力可得而尽也。"

---

①〔以〕尤瓦尔·赫拉利：《未来简史》，林俊宏译，中信出版社，2017 年 2 月，第 2 页。

吴军博士《智能时代：大数据与智能革命重新定义未来》一书提供了一个数字：在美国将近一半人不上税甚至从政府拿补贴——未来人类可能如原始先民一样只需极少量的工作就能享受丰裕的生活，我们已经从美国等国看到了这种生活模式的雏形。①

难道，普通人真的会成为“无用阶级”，沉迷于虚拟现实中“娱乐至死”吗？在孔子看来，一个国家除了为人民提供基本的生存保障，还要丰富人民的物质和精神生活。只有物质与精神平衡发展，人类才会获得真正的幸福。这就是孔子“庶而富，富而教”的思想，它为我们处理人工智能时代的政经与教化关系提供了指南。

《论语·子路篇第十三》记载，孔子到卫国去，冉有为他驾车。孔子说：“人口真多呀！”冉有说：“人口已经够多了，还要再做什么呢？”孔子说：“使他们富起来。”冉有说：“富了以后又还要做些什么？”孔子说：“对他们进行教化。”

人工智能时代“教”（教化）的核心是什么？

笔者认为在机器人与人共生的时代，需要建立起有助于人类可持续发展的道德体系——人工智能时代的普世伦理原则。

二、人工智能时代的普世伦理原则

现代社会物质生活极大丰富，五色令人盲。私人财富的积累、等级化失去了旧石器时代原始先民“鼓腹而游”的前提条件。人工智能时代的最大危险是人的物化、异化，乃至退化。阻止这一趋势的唯一方法，就是回归“因人情、节人欲”的礼义大道。积善成德，追寻德行智慧、真正的快乐和幸福——超越物欲的“孔颜之乐”，成圣成贤。

礼的本质是调整人与物的关系，人如何不成为外物的奴隶，回归其自然本性——因此，礼义是普世性的。因为地球上任何人都要处理主体与客体的

① 吴军：《智能时代：大数据与智能革命重新定义未来》，中信出版社，2016年，第355页。

关系。只是不同文化在处理这个问题时，选择了迥然不同的形式，比如宗教。

《礼记·乐记第十九》论礼乐的产生时指出："人生而静，天之性也。感于物而动，性之欲也。物至知（通"智"——笔者注）知，然后好恶形焉。好恶无节于内，知诱于外，不能反躬，天理灭矣。夫物之感人无穷，而人之好恶无节，则是物至而人化物也。人化物也者，灭天理而穷人欲者也。"

这段话是说，人的本性是清静的，天性使然。受到外物的影响而产生各种冲动，这是由天性产生的欲求。外物的各种影响使人产生了不同的感觉，喜好和厌恶情绪就出来了。人们对好的事物总不会主动拒绝，外界美好事物持续存在，不断诱惑人，如是人们不能反省自己，就会沉溺其中，难以自拔，这样就会丧失天性。外物对人的影响诱惑无穷无尽，若没有节制，在外物的影响下，人就会被外物所诱惑并深陷其中，成为外在事物的俘虏，失去其自然本性。

在"一定要让人上瘾"已成为网络游戏业规则的时代，我们如何防止"人化物"，人的物化呢？

笔者认为，人工智能时代伦理原则应建基于"因人情、节人欲"的礼义大道，不仅人要遵守，机器人也要遵守，这些原则应当写入机器人的基本程序，作为道德编码指导机器人的行为——包括自然原则、中庸原则、取大原则。

2007年，英国企业家，计算机科学家大卫·利维（David Levy）出版了《与机器人的爱与性》（Love and Sex with Robots）一书，他在书中预测，到2050年左右，人类与机器人结婚将正常化。利维写道："人和机器人坠入爱河，将和人类之间迸发爱情一样平常。同时，人类性行为的次数和做爱的体位都将得到扩展，因为机器人能教给你更多，超过世界上所有已出版的性爱指南。"①

现实比利维预言走得更快，智能仿生情侣机器人已上市，且有人宣布与机器人订婚。2016年底，法国女孩Lilly宣布，自己已经和叫InMoovator的

① 转引自：〔美〕雪莉·特克尔：《群体性孤独》，浙江人民出版社，2014年，第6页。

机器人订婚，一旦人与机器人的婚姻在法国合法化后，他们将立即结婚。实际上 InMoovator 只是 Lilly 自己动手，利用 3D 打印技术制作的机器人，与未来仿生情侣机器人相差很远。[①]

男女之间的关系，夫妇之道是天地生生之大德的基础，这方面的异化不能提倡——欧洲有些国家甚至让幼儿园的孩子讨论同性婚姻的合法性，而不是教育儿童自然的生命原则！《周易·序卦》论夫妇关系的意义说："有天地然后有万物，有万物然后有男女，有男女然后有夫妇，有夫妇然后有父子，有父子然后有君臣，有君臣然后有上下。有上下，然后礼义有所错。"

夫妇关系是神圣的自然关系，人类社会的基础，剥离它将会对人类生存产生严重影响。《白虎通·嫁娶篇》指出："人道所以有嫁娶何？以为情性之大，莫若男女。男女之交，人情之始，莫若夫妇……人承天地施阴阳，故设嫁娶之礼者，重人伦、广继嗣也。"

人生活在天地之间，若公然违背自然原则，就如同让鱼儿离开水，结果将是灾难性的。老子云："人法地，地法天，天法道，道法自然。"（《老子·第二十五章》）违背万物之自然，天必祸之！

道法自然要求遵守中庸原则，在世俗化的现代社会于人事中修习大道智慧。这里的中庸不是"三条大路走中间"的庸俗市侩主义，而是要做到事事合宜，恰当。《礼记·中庸》说："喜怒哀乐之未发谓之中，发而皆中节谓之和。中也者，天下之大本也；和也者，天下之达道也。致中和，天地位焉，万物育焉。"

中和之用，是参赞天地化育的大道。需从"诚"的心法，"慎独"功夫下手。中庸原则强调合宜，而非极端。我们不能在消费主义狂欢中无休止地贪求物欲，因为人类真正的快乐与物质丰富程度并不成正比。赫拉利举例说："从 1950 年到 2000 年，美国 GDP 从 2 万亿美元增长到 12 万亿美元。人均实际收入增加了一倍。新发明的避孕药让性爱变得前所未有的无拘无束。妇女、

---

① 《19 岁法国少女与机器人订婚：婚后生活是这样》新闻报道，网址：http://tech.cnr.cn/techgd/20161224/t20161224_523388454.shtml，访问时间：2017 年 9 月 3 日。

同性恋、非洲裔美国人和其他少数民族也终于从美国这块大饼中分到了比过去大许多的一块。便宜的汽车、冰箱、空调、吸尘器、洗碗机、洗衣机、电话、电视和计算机如潮水般涌来，人们的日常生活彻底变了样。但研究显示，美国人在20世纪90年代的主观幸福感，与20世纪50年代的调查结果仍然大致相同。”①

对欧洲和亚洲地区的研究得到了类似的结果。在中国，世界价值观调查结果显示，最幸福人群的百分比从1990年的30%下降到2008年的20%。要知道，此间18年是中国经济增长极快的时期。人们将收入与幸福的这种关系称为“伊斯特林悖论”。理查德·伊斯特林是南加州大学的经济学家，他发现：“从长期来看，幸福和收入没有关系。”②

今人已经将用毒品、生物化学方法为别人提供（快乐）服务当成犯罪，在中国，毒品犯罪会被判处死刑。但现代人类迷信持续增长，更快、更高、更强，不知节制自己，中道而行——长此以往，远离自然常态，整个社会将变得不可持续。

需要改变的是我们的经济、消费、健康和幸福观念。一切商品、一切服务、一切娱乐，都不应以长远的身心安乐为代价。

在不违背自然原则和中庸原则前提下，人类应该最大限度地追求自己的理想与快乐，这是就“利之中取大，害之中取小”的大取原则。

大取原则，墨家曾作过详细阐述。《墨子·大取篇》从权变智慧出发，讲到了权变的大取原则，以及无私奉献的大道。上面说：“权非为是也，亦非为非也。权，正也。断指以存腕，利之中取大，害之中取小也。害之中取小也，非取害也，取利也。其所取者，人之所执也。遇盗人，而断指以免身，利也。其遇盗人，害也。断指与断腕，利于天下相若，无择也。死生利若一，无择也。”这段话是说，“权”不等于“是”，也不等于“非”。“权”是衡量利害大

---

① 〔以〕尤瓦尔·赫拉利：《未来简史》，林俊宏译，中信出版社，2017年2月，第30页。

② 〔美〕乌麦尔·哈克：《新商业文明：从利润到价值》，中国人民大学出版社，2016年，第136～137页。

小，是非。在不得已的情况下，宁肯断掉一个指头，也要争取保存手腕。在利中是取大的，在害中是取小的。所谓“害中取小”，在一定意义上可以说不是“取害”，而是“取利”。这里所说的“取”，指执持采取。遇到强盗，被迫断掉一根指头以保住生命，就保住生命这一点来说是利，就遇到强盗被迫断掉一根指头来说是害。断掉一根指头与断掉手腕，如果对天下所带来的利益相等，那么就无所选择，不予计较。甚至于死生，如果对天下所带来的利益相等，那么也无所选择，不予计较。

人工智能伦理研究中有个著名的电车难题：一个疯子把五个无辜的人绑在电车轨道上。一辆失控电车朝他们驶来，片刻后就要碾压到他们。幸运的是，你可以拉一个拉杆，让电车开到另一条轨道上。问题在于，那个疯子在另一个电车轨道上也绑了一个人。考虑以上状况，你是否应拉杆？

这时我们显然应按取大原则，拉动拉杆，保全五个人的生命，损失一个人的生命，做到利之中取大，害之中取小。若另一条轨道也有五个人，则当“无择”，让电车继续按原轨道运行下去。

每当一种新事物来临，总会有人做出耸人听闻的预言，试图阻止新事物的发展。善者因之，我们要主动适应人工智能时代的生产和生活方式——不是反对人工智能，而是学会善用之。

人类不能株守现代社会资本至上、技术至上、物欲至上的原则！从政治经济到道德伦理，我们都应回归德行智慧。在不断世俗化的时代，以人为本的中国文化及其内圣外王高度发展、高度融合的大道，必将造福于在21世纪人工智能时代。

伦理上，我们要重新确立以“道法自然”为准绳的伦理原则；政治经济生活中，仅争当制造智能机器人的2%远远不够，每个人都需要人工智能带来的恩惠。因此，孔子“庶之、富之、教之”的治世思想——必将王者归来！

第十章　超越西方理性，修行中华大道

自 15 世纪文艺复兴以来，特别是 17 世纪末启蒙运动以来，西方对理性，即合乎逻辑推理的推崇，成为知识界不可撼动的主流——理性几乎成了科学、正确、合理的代名词。

过去 100 年来，理性也受到西方某些哲学学派（如弗洛伊德学派）、心理学、认知科学的挑战，但世人对理性的推崇显而易见。它已不仅是西方的文化现象，随着资本主义在全球范围内节节胜利，理性崇拜近乎成为全球性的了。

一、西方社会为什么会推崇理性

西方社会为何推崇理性？这与它的特殊历史境遇有关。

公元五世纪，随着蛮族的入侵和西罗马帝国的灭亡，一个人类万年文明史上少有的现象在西欧产生了——文明体系的整体塌陷，表现为城市的普遍衰落、文化的严重倒退等等。西欧被基督教信仰笼罩着，微弱的理性作为神学的奴仆苟延残喘。

对于早已经脱离神话信仰，跨越宗教时代的中国人来说，很难想象欧洲中世纪宗教统治时代的社会文化生活。举例来说：

中世纪欧洲教士阶层垄断着文化，这个阶层会“虔诚的阅读”，却不允许出现任何公开的质疑和争辩。比如圣本笃会规中明确规定：“阅读时，众人必须保证绝对安静，既不能大声说话，也不能窃窃私语，只允许朗读者的声音存在。”“任何人都不能擅自提出疑问。质疑阅读，质疑其他一切事情都是不允许的。以免出现任何差池。”[①]

这里所谓的“差池”，指对宗教信仰的质疑。不允许质疑，关闭了当时知识界任何理性思考的空间。哈佛大学人文学教授斯蒂芬·格林布拉特（Stephen Greenblatt）评述道：“至于对修道士大声朗读出的神圣内容进行评论，圣本笃（Saint Benedict of Nursia，480 ～ 547 年——笔者注）也并不是绝对禁止，只是评论的对象是需要严格限制的。例如，圣本笃会规中做出了如下规定：‘在阅读时，只有级别较高的修道士可以就阅读内容稍微评价几句。’但在评价时不能出现质疑和反驳。的确，不论是谁，不论是否可以做出评价，都必须谨遵一个原则：绝不允许出现质疑和反驳。爱尔兰修道士高隆邦（出生于圣本笃逝世那年）也制定了一份颇具影响力的规则，列举了一系列明确的惩罚措施，明确规定：热烈的讨论，理性的思考等都是明令禁止的。如果有修道士胆敢公开挑衅，对自己的同伴说‘事实并不是你说的那样’，那么，等着他的便是重刑——‘强制噤声（闭口不做声——笔者注）或是 50 大板’。强制噤声、严禁任何质疑、对违抗者进行体罚（扇耳光或是鞭打），这些就像一堵堵高墙，圈禁了修道士的精神自由。而这么做只是为了保证这些虔诚的修道士的顺从，绝不能让他们和古希腊古罗马的哲学派别扯上任何关系。”[②]

中世纪没有回到石器时代，入侵的野蛮部落也没有将所有职员、牧师、工匠和商人都杀掉，但理性的灿烂阳光却被迷信的乌云遮蔽了。反观当时欧洲以外的广阔区域，从非洲北部到巴格达，从印度到中国，人类文明正处于发展的黄金时代。正是这些没有经历“文明体系整体塌陷”的地区，将欧洲拉出中世纪的黑暗，起重要作用的包括与之相邻的阿拉伯文明。

由于地处欧亚非三大洲的中心，阿拉伯人得以集古希腊罗马文化、印度文化和中国文化之精华。它对近代世界最重要的贡献是，阿拉伯先哲将信仰与理性完美谐调起来。比如对西方影响巨大的阿威罗伊（Ibn Rushd,

① 斯蒂芬·格林布拉特:《大转折：看世界如何步入现代》，龙门书局，2013 年，第 28 页。

② 斯蒂芬·格林布拉特:《大转折：看世界如何步入现代》，龙门书局，2013 年，第 28 ～ 29 页。

1126 ～ 1198 年，阿拉伯哲学家，曾评注亚里士多德著作。）就认为：哲学与天启不是完全对立的，二者都是可靠的真理之源，且哲学更胜一筹。依照哲学上的证据，对《圣经》加以寓意性解读能够彰显其内涵。

阿威罗伊的著作于 13 世纪上半叶相继译介到欧洲，对在巴黎大学任教的布拉班特的西格尔及罗杰·培根等产生过重要影响，推动了欧洲经验科学的发展，也直接影响了托马斯·阿奎那（Thomas Aquinas，约 1225 ～ 1274 年）这样的基督教哲学家，后者将理性引进神学。12 ～ 16 世纪在意大利帕多瓦大学形成了阿威罗伊学派。

美国乔治梅森大学的乔纳森·莱昂斯（Jonathan Lyons）高度评价了阿拉伯哲学，特别是阿威罗伊所属的阿拉伯亚里士多德学派对西方近代文明的贡献，他说："在阿拉伯亚里士多德学派的直接影响下，托马斯·阿奎纳从中调停，在传统的教会教义和西方新生代的科学家的科学发现之间实现了休战。此种妥协确定了信仰与理性领域之间的约定原则，直至今日仍是如此。它申明了阿拉伯人作为西方文明缔造者的权利，也是西方所负阿拉伯人的一笔人情债。几百年前，巴斯的阿德拉（Adelard of Bath，约 1088 ～ 1052 年，他用拉丁语将《几何原本》介绍给西方——笔者注）从安提阿（其遗址位于今土耳其城市安塔基亚——笔者注）回国时就承认了这笔债务。他对其读者断然说道：'神无疑是宇宙的主宰。但是我们可以探索自然世界，而且应该探索自然世界。阿拉伯人就是这样教导我们的。'"[①]

难怪罗杰·培根直言："哲学来自穆斯林！"[②]

阿拉伯思想将欧洲中世纪哲学从神学的依附地位中解放出来，开启了近代欧洲理性时代的大门——近代科学从那扇大门走来！从伽利略到牛顿，再到近代许多著名科学家，无论有意或无意，他们在哲学观念上无不是阿威罗

① 乔纳森·莱昂斯：《智慧宫：阿拉伯人如何改变了西方文明》，新星出版社，2013 年，第 303 ～ 304 页。

② 乔纳森·莱昂斯：《智慧宫：阿拉伯人如何改变了西方文明》，新星出版社，2013 年，第 8 页。

伊的信徒。

只有理解西方中世纪以来的社会文化演变，才能切实理解宗教虔诚背后的迷信，理解为什么现代西方对理性大唱赞歌。西方理性崇拜有其历史背景，奇怪的是，中国学人自百多年前西学东渐以来，亦开始崇拜理性，几乎陷入了理性迷信之中——他们不知道，中国先贤早就发现，西方式的逻辑和理性思维都具有严重缺陷。整体上，中国文化早已超越单纯理性，强调情感与理性平衡统一的大智慧。

二、超越理性，得大智慧

理性是不完备的。

人类理性会受到已知的干扰，并产生认知偏见。这在日常生活中我们也能体会到——对于赴一个重要约会者来说，由于知道迟到比早到的危害性更大，所以他倾向于对路上交通情况做更加悲观的预计。

西方心理学家通过实验注意到这个问题。2007 年 5 月 30 日出版的《心理科学》（*Psychological Science*）杂志发表了美国宾州沃顿商学院实验心理学家艾尔伯特·曼尼斯（Albert Mannes）教授的一篇论文，作者通过实验证明：人类存在严重的认知偏见，他们过于相信自己头脑中已有的知识，严重低估了自己的无知程度。①

用习以为常的思维模式去套现实，或私人感情让人偏离理性，这是人的天性，中国的先哲称之为“宥（yòu，通“尤”“囿”，意为局限）”或“蔽”。

秦相吕不韦主持编著的《吕氏春秋·先识览》有《去宥》一篇，讲君主如何去除认知偏见，客观全面地认识事务。作者提到了“宥”之害，指出：“夫人有所宥者，固以昼为昏，以白为黑，以尧为桀。宥之为败亦大矣。亡国之主，其皆甚有所宥邪？故凡人必别宥然后知，别宥则能全其天矣。”意思是说，有所蔽塞的人，会把白天当成黑夜，把白当成黑，把尧当成桀。蔽塞的

---

① 袁越：《理性思维也靠不住了》，载《三联生活周刊》2013 年 7 月第 27 期。

害处太大了。亡国的君主大概都蔽塞到了极点。所以，人一定要区分什么是蔽塞，然后才能知道事物的全貌，正确区分什么是蔽塞就能保全自身。

《吕氏春秋·有始览》中的《去尤》篇，与《去宥》标题和主旨相同，不过前者提到了人偏离理性的原因，在于人有好恶，不能公正无私。如同心意偏向一方，眼睛就只能看到一个方向。“所以尤者多故，其要必因人所喜，与因人所恶。东面望者不见西墙，南乡视者不睹北方，意有所在也。”

先秦典籍中，《荀子·解蔽篇》论如何克服心智本身的偏见，修得大智慧极为精详。

开篇，荀子指出，认识的通病是被事物的某一个局部所蒙蔽，执着一端，不理解全局、大道。修心能回归大道，在偏见与大道两者之间拿不定主意会使人疑惑。上面说：“凡人之患，蔽于一曲而暗于大理。治则复经，两疑则惑矣。”

为何产生偏见？荀子认为一切情感好恶、知识先见都会产生认识上的局限和偏见。上面说：“欲为蔽，恶为蔽；始为蔽，终为蔽；远为蔽，近为蔽；博为蔽，浅为蔽；古为蔽，今为蔽。凡万物异，则莫不相为蔽，此心术之公患也。”

排除认识上的局限和偏见，“解蔽”，要修道治心，达到“虚壹而静”的“大清明”境界，就是《老子》所说的无为无不为。《淮南子·原道训》解释说：“是故圣人内修其本，而不外饰其末；保其精神，偃其智故（犹言放弃巧诈，巧饰——笔者注），漠然无为而无不为也，澹然（安静貌——笔者注）无治也而无不治也。所谓无为者，不先物为也；所谓无不为者，因物之所为。所谓无治者，不易自然也；所谓无不治者，因物之相然也。”

《荀子·解蔽篇》所论更为平实，作者认为，如果做了而无益于成功，追求了而无益于取得，担忧了而无益于实现愿望，就统统可以抛弃，不让那些事妨碍自己，不让它们片刻干扰内心。不羡慕过去，不担忧未来，没有忧愁怜悯的心情，适合时势就行动，外物来了就因应，事情发生了就处理。这样，是治还是乱，是合适还是不合适，就明明白白了。上面说：“为之无益于成也，求之无益于得也，忧戚之无益于几也，则广焉能弃之矣，不以自妨也，不少顷干之胸中。不慕往，不闵来，无邑（通“悒”，忧愁不安——笔者注）怜之心，当时则动，物至而应，事起而辨。治乱可否，昭然明矣！”

《荀子·不苟篇》论权变智慧之士也说：“上则能尊君，下则能爱民，物至而应，事起而辨（处理——笔者注），若是则可谓通士矣。”

应无所住，不着一物。荀子所论治心之道，是学人做功夫，超越理性、得大智慧的精要所在——有志者，当深思而笃行之！

三、从名学角度看西方逻辑学的内在缺陷

人类理性是不完备的，西方体现推理正确性的形式逻辑（传统逻辑）也有严重缺陷——从中国古典逻辑学名学的角度，我们能清楚看到这一点。

西方逻辑学内在缺陷产生的深层原因是：西方思维方式的整体特点是抽象的、二分（二元对立）的和静态的，它从现实中生硬地剥离了时间之维，简化了现实世界的多样性，推理主要是从概念到概念。而中国人思维方式的整体特点是意象（象）的、整体的和动态的，时-空在中国人宇宙观中是整体性的，推理注重名与实的统一。进而言之，西方人的逻辑体系是从抽象概念到抽象概念，而名学不仅包括概念（名），还包括实。在此意义上，名学超越了西方形式逻辑。

为何这样说？首先，名学包含了形式逻辑的三大规律。

名学同西方逻辑学一样，认为思维过程不能违背同一律、矛盾律、排中律。我们以名学的开山之作《墨子》一书中的《墨经》来说明。

一般来说，同一律指同一思维过程中，每一思想与其自身是同一的。

《墨经·经说下》强调：正名就要分“彼此”：彼彼仍限止于彼，此此仍限止于此。彼此像这样则不可以正名：彼将为此，此亦可为彼。所以正名要彼此限止于彼此。（原文：“正名者‘彼此’。彼此可：彼彼止于彼，此此止于此。彼此不可：彼且此也，此亦可彼。彼此止于彼此。”）

《公孙龙子·名实论》有更清晰的表述：“其名正，则唯乎其彼此焉。谓

彼而彼不唯乎彼，则彼谓不行；谓此而此不唯乎此，则此谓不行。其以当不当也。不当而当，乱也。”

一般来说，矛盾律指同一思维过程中，两个互相否定的思想不能同真，必有一假。

《墨经·经上》强调：二人竞辩。以争“彼”故。辩的一方获胜，是由于合理的原因——如甲说“这是牛”，乙说“这不是牛”。凡争彼的必定成辩。这是不能两胜的，不两胜必有一方不合理。不合理的如说“是犬”。（原文：“辩，争彼也。辩胜，当也。”其“说”云：“或谓之牛，或谓之非牛。是争彼也，是不俱胜，不俱胜必或不当。不当若犬。”）

一般来说，排中律指同一思维过程中，两个相互矛盾的思想不能同假，必有一真。

《墨经·经下》有：说辩而无胜必然是不合理的，这可根据辩的定义说明。不是同就是异。同：甲说“这是狗”，乙说“这是犬”。异：甲说“这是牛”，本是“牛”而乙说“这是马”。凡不可获胜的都不成辩。比如甲说“此为是”；乙说“此为非”，合理的获胜。（原文：“谓辩无胜必不当，说在辩。”其“说”云：“所谓非同也，则异也。同则或谓之狗，其或谓之犬也。异则或谓之牛，其或谓之马也。俱无胜，是不辩。辩也者，或谓之是，或谓之非，当者胜也”。）

值得注意的是，形式逻辑的三大规律都是在对名学基本理念的阐述中揭示的，可见墨家和名家对这些规律的重视。

其次，名学超越了形式逻辑的三大规律。

如果我们从中国的思维方式看形式逻辑的三大规律，就会发现其严重缺陷。

若加上时间一维，则形式逻辑的基础同一律根本就不存在。同一个翟玉忠（这个人），少年的翟玉忠不同于中年的翟玉忠，今天的翟玉忠也不同于明天的翟玉忠。

中国先贤对时－空关系的认识是超时代的，他们早就注意到时间和空间不是二物，是相互依存、不可分割的。《墨经·经说下》中提出了“宇徒，久”的观点，上面说：运动是由原来的空间移到另一个空间。就像太阳从东方移到西方，经历了旦暮的时间。可知空间的移动累积为时间。（原文：“徒而有处，宇。宇南北，在旦又在暮。宇徒，久。”）而西方，大体到爱因斯坦（1879～1955年）之前，多将空间和时间看成分开的现象。[①]

若从整体上看待事物，则矛盾始终同时存在——世间的万物常常福祸相生、利弊相随。阴阳对立双方在同一过程中互根互系，互相转化。诚如《老子·第二章》所说：“天下皆知美之为美，斯恶已。皆知善之为善，斯不善已。故有无相生，难易相成，长短相形，高下相倾，音声相和，前后相随。”

若抛弃简单的抽象思维，排中律就会显示出局限性。因为世界本是丰富多彩的，极少非黑即白的事物。只有高度抽象的前提下，非彼即此的排中律才成立，而中国先贤则强调“执两用中”。《礼记·中庸》引孔子言曰：“舜其大知（通“智”——笔者注）也与……执其两端，用其中于民，其斯以为舜乎？”这里的中，有得大智慧，不偏执一端，合宜之义。

是我们放弃对西方逻辑学不恰当推崇的时候了！西方逻辑学是西方文化的产物，它既不是普世的逻辑体系，也不是高级的逻辑体系。即使在严谨的自然科学领域，它也会将个别特点混同于整体性质，将抽象推理混同于客观规律，将静态现象混同于动态过程，这在医学、分子生物学、环境科学领域尤其明显，更不用说基本不能验证的所谓“社会科学”了——目前经济学、政治学几乎演变为少数专家垄断的数学游戏！

比较起来，名学比西方形式逻辑学更加完备。因为它不仅包含了西方形式逻辑的基本规律，还将名实相副放在了人类思维的核心位置——这使它超越了人文领域与自然（科学）领域的界线。[②]

---

① 王赞源:《墨经正读》，上海科学技术文献出版社，2011年，第89～90页。

② 翟玉忠:《正名：中国人的逻辑》，中央编译出版社，2013年，第222～224页。

四、一以贯之的内圣外王之学

某种意义上说，相对于（知识）记问之学和专家之学（曲说），中国先贤更重视一以贯之的内圣、外王之学——中国文化超越了理性，归于大道。

《礼记·学记》中说："记问之学，不足以为人师。"东汉郑玄注："记问，谓豫诵杂难、杂说，至讲时为学者论之。"[①]《礼记·学记》又说："大德不官，大道不器。"

《管子·宙合第十一》进一步解释说："天不一时，地不一利，人不一事。是以著业（犹事业——笔者注）不得不多，人之名位不得不殊方。明者察于事，故不官于物而旁通于道。道也者，通乎无上，详乎无穷，运乎诸生。是故辨于一言，察于一治，攻于一事者，可以曲说，而不可以广举。"

所以，诸子百家教人，未有不言内圣（心法、心术）、重大道智慧者——内圣成就与外王事业是相辅相成的，内外不二，道法合一。

考察被清代四库馆臣称为"纵横家之祖"的《鬼谷子》一书，它不仅言纵横之"术"，更言内圣之道。《鬼谷子·本经阴符七术》专讲心法，《盛神法五龙》《养志法灵龟》《实意法螣蛇》三篇论及养心之道，《分威法伏熊》《散势法鸷鸟》《转圆法猛兽》《损兑法灵蓍》四篇论及用心之道。

荀子曾感叹人类认知（知识）的无限性，要人学会有所依止。依止于何处？内圣外王之道！以圣王之学为学，以圣王为师，以圣王之制为法。只有这样，才能成就圣贤境界。《荀子·解蔽篇》说："故学也者，固学止之也。恶乎止之？曰：止诸至足。曷谓至足？曰：圣也。圣也者，尽伦者也；王也者，尽制者也；两尽者，足以为天下极矣。故学者以圣王为师，案以圣王之制为法，法其法以求其统类，以务象效其人。向是而务，士也；类是而几，君子也；知之，圣人也。"

荀子告诉我们：学习要有个范围。把学习范围依止在哪里呢？答案是：把它限制在最圆满的境界。什么是最圆满的境界？答案是：通晓圣王之

---

① 李学勤：《十三经注疏·礼记正义》，北京大学出版社，1999 年，第 1068 页。

道——圣人，是精通事理的人；王者，是精通制度的人。这两个方面都精通的人，是天下最高的师表。所以，学习要把圣王当作老师，要把圣王的制度当作法度，效法圣王的法度而探求他们的纲领，并努力效法他们的为人。向往这种圣王之道而努力追求的，是士人；效法这种圣王之道而接近它的，是君子；通达这种圣王之道的，是圣人。

在 21 世纪信息大爆炸的时代，随着物质文明的高度发展，精神世界高度荒漠化，如果学人不知所止，必将为各类心灵鸡汤所淹没，那是灾难性的。所以我们要学习圣贤经典——参究经典（宗经），师法圣贤（征圣），体悟大道（原道），一步一个脚印地前行。

第十一章　21 世纪的人类为何必须接续中华道统

我们所说的道统，不是韩愈（768 ～ 824 年）以后儒家构建的狭隘儒家道统，而是不离名相，又超越名相，不离百家，又超越百家的大道。从内圣到外王，中华道统是中国文化的精髓，集诸子大成的黄老之学是其典型代表。

说它不离名相，是因为心物不二，色空不二——若心无所住，则名相自然超越。

说它不离百家，是因为百家皆言大道——若心通大道，自然超越百家。

21 世纪，人类在科学技术、物质文明领域已经高度发达，为何我们还要接续中华文化的大本大源——道统？

一、过去五百年伪人文主义盛行

自文艺复兴迄今五百多年来，一种背离基督教及一切文明基本精神，违反人类清静本性的新蒙昧主义像病毒一样在世界上蔓延。它打着人性解放的旗帜，走向中世纪禁欲主义的另一个极端，放纵人欲，名为人文主义，实为兽性主义，这是一种反道德的“伪人文主义”。具体体现为：将德性在一切领域内最大程度地抽离——从学校知识传授到政治经济原则都是这样。

21 世纪的人类接续中华道统，用中华文化符合人性的人文主义取代西方文艺复兴以来的伪人文主义，用新的启蒙取代近世的新蒙昧主义。

首先，我们要知晓过去 500 年世界历史究竟发生了什么？为何这种历史路径会将人类推向自我毁灭的深渊——不仅毁灭人的灵魂，亦将毁灭人的肉体！

文艺复兴是近代史的母体。

这项由意大利佛罗伦萨金融业巨头，美第奇家族长期支持的事业改变了世界史。面对中世纪基督教对商业金融的鄙视和相当不稳定的市场环境，美第奇家族努力创造一种同情商业的文化，努力创造一种可控制的市场环境。前者要求物欲取代道德，后者要求资本控制政治，二者锁定了过去500年来的历史发展路径……

今天，物质主义、消费主义已风靡世界，军事－工业复合体大行其道。结果是人类精神上的空虚与混乱，资源的紧张和为掠夺资源进行的残酷战争。二者加大了人类文明毁灭的危险——这已经成为诸多有识之士的共识！

二、教育中圣贤之学被精心屏蔽掉了

教育是改变社会的基础。近代大学教育以讲授实用知识、技艺为根本目的，而维系清静中正心智的道德却被剔除——圣贤之学被精心屏蔽掉了！这在没有宗教维系道德的中国，是灾难性的！

有术而无道极其危险，哪怕一个人再多才多艺。用《管子·戒第二十六》中的话说就是：“博学而不自反，必有邪。”

诸子百家皆言道、言德。大体是内篇言道、言理，外篇言术、言事。黄老学传世经典《管子》一书不分内、外篇，言道主要集中在《内业》《白心》《心术（上、下）》四篇中，其他篇亦有言道者，只不过显得零散。比如《管子·戒第二十六》，言圣贤大道极为精妙，值得我们反复研读。

想象一下：2600多年前，齐国宫庭幽暗的灯光下，两位改变了中国命运的伟大政治家，齐桓公、管子君臣在倾心谈论大道。他们将修行作为人生的基础，目标是身心的成就，黎民百姓的福祉。君臣谈到了圣、德、道这些心法的核心观念，谈到一个人有术而无道的危险——将如童子操刀，其伤必多。

何为圣贤境界？管子看来，只要正确地调节身体、情欲，自然会“静然定生”，由定生慧，成圣成贤。我们在生活日用中当孜孜行善，好好修行——合理的饮食作息，目的是为保养生命；好恶、喜怒、哀乐，是生命的变化；

聪明中正地处事，是生命本有的德行。因此，圣人总是调节饮食安排作息，控制好恶、喜怒、哀乐的情感变化，不让声色物欲侵害自己，身上没有邪僻的行为，口中没有背理的言论，心清静了自然就会生定，这就是圣人。《管子·戒第二十六》写道：“滋味动静，生之养也；好恶、喜怒、哀乐，生之变也；聪明当物，生之德也。是故圣人齐滋味而时动静，御正六气之变，禁止声色之淫，邪行亡乎体，违言不存口，静然定生，圣也。”

什么是德呢？具体体现为仁、义二字。行事不为物欲迷惑，重德轻利，这样就可以在任何情况下都不动心，无为无不为，赞天地之化育了——仁是从心里发出的，义是在外面实行的。仁，所以不利用天下人谋私利；义，所以不利用天下人猎取私名。仁，所以不肯取代他人而自立为王；义，所以年到七十就交出政务。因此，圣人总是以德为上而功业在下，重视道德而轻视物欲。道德在身，所以不被物欲诱惑。因此，即使身在茅舍之中，也毫无惧色；治理天下，也没有骄傲之态。然后才可以成为王者。为政者有大德，就是不必鼓动，人们也知努力；不用言语，人们也能够理解；不自为，事情也能做成；不召唤，人们也能到来。这是德的自然作用。《管子·戒第二十六》写道：“仁从中出，义从外作。仁，故不以天下为利，义，故不以天下为名。仁故不代王，义故七十而致政。是故圣人上德而下功，尊道而贱物。道德当身，故不以物惑。是故身在草茅之中，而无慑意。南面听天下，而无骄色。如此，而后可以为天下王。所以谓德者，不动而疾，不相告而知，不为而成，不召而至，是德也。”

接着，《管子》论证了德不配位，光有知识，道德缺失的危害。道德是本，知识是末，这是中国文化最基础的观念之一。《管子·戒第二十六》的作者认为，言语很多而不得当，不如少言；学问广博而不会反省自身，一定产生邪恶。孝、悌是仁的根本，忠、信是交游的凭借。内不思考孝、悌，外不直行忠、信，离开这四点空谈学问，这样的人自取灭亡。上面说：“多言而不当，不如其寡也；博学而不自反，必有邪。孝、悌者，仁之祖也；忠、信者，交之庆也。内不考孝悌，外不正忠信，泽（通“释”——笔者注）其四经而诵学者，是亡其身者也。”

穿越千年时空，今天的学者，还有多少人能听懂齐桓、管仲的心声——闻大道并勤而行之呢？

2000年前“尊道而贱物”的金玉之言早已幻化成今天“尊物而贱道”的广告宣传，内圣之学对于当代知识界已经陌生到见面不识的程度——这是现代的愚昧，比信息相对闭塞的古人，身处信息时代的我们在灵性上严重退化了！

三、放纵物欲导致弱肉强食的社会达尔文主义

反映到社会政治经济生活中，灵性退化表现为文明本身的倒退。

私欲膨胀，为了满足个人或特殊利益集团的私欲，客观上要求自由主义的神圣性和自由竞争的合法性。只有这样，以强凌弱才会“政治正确”。西方人很少会为屠杀美洲印第安人道歉，因为在西方人的心目中，后者是病弱的异教徒，他们在民族丛林中被消灭是合理的，必然的。

几百年来，西方学人塑造的自由竞争丛林法则，在中华道统中只能用两个字表述：禽兽！

这是对过去500年来西方异化了的人文精神（非基督教精神本身），最为形象化的概括和总结。

关于道与欲（利）的关系，列子时代一个叫严恢的人曾作如是问：

既然学道的人能够实现富有，现在我通过积累珠宝也能富有，还学道做什么？

列子的回答斩钉截铁：

夏桀、商纣就是由于重视欲利、轻视道义才灭亡的。幸好我还没有对你讲过，现在告诉你：人如果没有道义，只有吃饭而已，就如同鸡、狗。抢着吃饭，用角力互相斗争，胜者宰制弱者，这是禽兽的行为。《列子·说符第八》记载：“严恢曰：‘所为问道者为富。今得珠亦富矣，安用道？’子列子曰：‘桀纣唯重利而轻道，是以亡。幸哉余未汝语也。人而无义，唯食而已，是鸡狗

也。强食靡角，胜者为制，是禽兽也。’”

在先贤看来，放纵物欲与弱肉强食的社会达尔文主义，二者存在明确的因果关系，这是社会失序、经济贫困、政治动乱的原因——它们违背人的清静本性！

《礼记·乐记》写道，人生来心性清静，外界的美好事物持续存在，不断诱惑人，如是人不能反省自己，就会沉溺其中，难以自拔，丧失天性。人被外物诱惑并深陷其中，成为外在事物的俘虏，从而失去天然本性。这样就会有悖逆之心、虚伪之心，发生纵欲放荡、为非作歹的事情——社会成为弱肉强食的社会达尔文主义支配的世界。上面说：“人生而静，天之性也……夫物之感人无穷，而人之好恶无节，则是物至而人化物也。人化物也者，灭天理而穷人欲者也。于是有悖逆诈伪之心，有淫泆作乱之事。是故，强者胁弱，众者暴寡，知者诈愚，勇者苦怯，疾病不养，老幼孤独不得其所，此大乱之道也。”

从社会生活到国际政治，在物欲主义、弱肉强食近乎成为人类行为准则的时代，是我们反思过去500年历史的时候了！自由主义、个人主义、功利主义、消费主义、现代主义……这些主义的背景如何，它们本质上在宣讲什么？

一个难以否定的现实是：过去500年来人类物质生活取得了空前的进步，在上述主义铸就的精神生活领域却大步倒退了——这种严重失衡已经影响到人类的可持续发展。

面对现代社会对外破坏自然，对内破坏人性的残酷现实，我们怎能无动于衷！为了我们和我们的后代，治本之策似乎只有一种选择：

回归2000多年前中国圣贤为我们指示的大道，回归轴心时代的中国——接续“因人情、节人欲”“对内节制欲望、对外节制资本”的内圣外王大道！

这不是中国人文化自豪感的膨胀，更不是狭隘的民族主义，而是取代西方资本主义物欲文明，21世纪人类的唯一选择——所有具有正常心智的现代人都应看到这一点。

第十二章　智慧·德行·安乐
——三位一体的幸福大道

对幸福的追求，是最强健的文明动力之一。

中国文化和西方一神教文化，在这个问题上有着巨大差异。中国文化重情感情欲，家庭伦理，“道始于情”（《郭店楚简·性自命出》），情是修身、齐家、治国、平天下的起点；西方文化对情感和情欲有一种强烈的排斥态度，这与他们重离世修行，忽视现世生活有关。

一、幸福的原罪

《旧约》中亚当、夏娃的故事讲述了人类初始情爱与原罪的关系，夏娃还直接受到生产的苦楚。在印度的《巴维施亚奥义书》中，亚当玛（Yadava）、夏玛娃缇（Sharmavati）的故事显然与亚当、夏娃的故事出自同一个原型，其中情欲在人类堕落中的作用更明显。蛇开始让亚当玛吃禁果时，亚当玛拒绝了。但蛇点燃了亚当玛的情欲，为了和夏玛娃缇交合，他不禁吃了那果子。

在印度版“亚当和夏娃的故事”中，情欲是罪恶之源。

因为情与罪的关系，情在西方主流文化中长期处于被贬斥地位。从2400年前的柏拉图到20世纪的弗洛伊德都是这样。古希腊哲学家柏拉图有个著名的“马车之喻”，对西方文明影响很大。

柏拉图将理性比作马车夫，而负面情绪比作不听使唤的烈马。若理性的车夫控制不住情绪，马车会奔向灾难。将理性与情感对立起来，成为西方重要的哲学观念。

中世纪以前，西方基本上否定情感和情欲，他们忽视人世间的幸福，追求如何在死后进入天堂。文艺复兴以后，随着世俗性资本主义的崛起，西方文化走上了另一个极端，在“人性解放”的旗帜下放纵情欲——用生物化学和信息技术等手段追求快乐，使情欲成为现代文明的原罪。

1954 年，加拿大麦吉尔大学的 james Old、Peter Milner 偶然发现了脑内产生快乐情绪的脑区伏隔核（NAcc），揭示出快乐至死的生物学奥秘。

当时他们将两根电极插入老鼠的 NAcc，不断用微电流刺激它。结果发现，实验的老鼠不吃不喝，忘记了性交，在极度幸福状态中变成冰冷的尸体。经过几十年的研究，科学家发现这些老鼠死于多巴胺过量，电流刺激会产生多巴胺，多巴胺产生兴奋和快乐。“刺激 - 快乐”的上瘾机制是老鼠死亡的原罪。

不幸的是，这种快乐至死的逻辑已深入现代生活的每个角落。用生物化学方法追求快乐成为世界头号犯罪原因。2009 年，美国联邦监狱有半数囚犯因为毒品入狱；意大利有 38% 的犯罪嫌疑人因为毒品相关罪行被定罪；英国也有 55% 的犯罪嫌疑人因为吸食或交易毒品而入狱。2001 年的一份报告显示，澳大利亚有 62% 的犯罪嫌疑人在作案时吸食了毒品。

另一种合法代替毒品的是信息技术。“一定要让人上瘾”成为游戏产业界的通行规则与商业伦理。这些人忘记了，虚拟世界中的人同样需要遵守伦理和法律。否则，虚拟世界就会成为现实世界的毒剂。

当代，更为普遍的上瘾机制是消费主义。尽管中外所有社会科学研究都表明，一个人的主观幸福感与财富的多少不成正比。新加坡的人均国内生产值大约是哥斯达黎加的 4 倍，但一次次调查表明，哥斯达黎加人的生活满意度远高于富有的新加坡。

在资本的推动下，不是为了生存所需，沉迷于商品获取（购物）过程和展现自我的消费主义，过去 100 年来风靡全球——消费主义所到之处，商品成为人的终极价值。

二、幸福的本质

过去几十年神经科学和心理学的新进展，使人类能够比以往任何时代都了解大脑内部的运作机制。科学家发现：那些失去情感（情绪）的脑损伤者很难进行哪怕是最简单的决策，理性和情感都是人类正常生活所必须的，且情绪在复杂决策过程（智慧）中起到极其重要的作用。

情感与智慧、幸福生活的关系，在 1973 年出土的儒门心法核心经典楚简《五行篇》中，得到了清楚的表述：“智慧、安乐、德行三位一体，相生相成，一以贯之。”①

楚简《五行篇》是比《大学》《中庸》更为基础的儒家经典。一般认为，《大学》《中庸》属于思孟学派，其核心思想是五行说。专论五行说的《五行篇》这样论及大道智慧、身心安乐与德行事功之间的关系：君子没有内心对天道的忧思向往就不会产生内在的智慧，没有内在的智慧就不会有内心的喜悦，没有内心的喜悦身心就不会安适，没有身心的安适就不会真正快乐，没有快乐也就不能实现德行。上面说：“君子亡中心之忧则亡中心之智，亡中心之智则亡中心之悦，亡中心之悦则不安，不安则不乐，不乐则亡德。”

《中庸》更明确地谈到了情在智慧养成中的作用：“喜怒哀乐之未发，谓之中；发而皆中节，谓之和。中也者，天下之大本也；和也者，天下之达道也。致中和，天地位焉，万物育焉。”这段话包括两个要点：喜怒哀乐之情，发而皆合宜就是和的智慧境界；一个人达到和的智慧境界就能参赞天地之化育，成就事功。

现代心理科学得出了大致相同的结论。麻省理工学院金融工程实验室主任 Andrew Lo（罗闻全）曾对证券交易所 10 名股票交易人进行研究。他用生理多导仪测量这些股票交易人的心率、血压、体温和皮肤导电性。收集的数据越高，说明交易人的情绪越激动。股票交易人一天之内要做 1000 多个决定，涉及 4000 多万美元。Andrew Lo 发现：投资中最糟糕的决定都是在情绪

① 翟玉忠：《性命之学：儒门心法新四书阐微》，中央编译出版社，2014 年，第 29 页。

过于平静或过于激动时做出的，最好的投资者，是“喜怒哀乐之发而皆中节”的人，他们“能在理性和感性之间找到一个平稳点”。[①]

科学研究发现了智慧、德行（情感）及安乐间的有机联系，但注重客体研究的西方学界没有意识到：心智同计算机软件一样，智慧、德行、安乐三者可以通过修行得到整体提升。面对瞬息万变的信息时代。有人设想，用改变人的生物体结构或人类与人工智能相结合的办法，实现人类的升级。[②]

——他们似乎忘了，主观幸福感是超越技术和商品范畴的。

三、幸福的道路

表面上西方基督教排斥现世情感。但现实生活中，宗教却是培育西方人文情感的沃土——它以一神信仰的形式维系着西方的道德观、智慧观和幸福观。

中国人则直接通过对情感的关注追寻幸福之路——可以概括为三种治气养心之术。

第一种幸福道路是《汉书·艺文志》中所说的神仙家，它与其他三种使生命发展不息的方法（“生生之具”），医经、经方、房中（术），同列“方技略”。据说神仙家能够达到“净化安定心灵，视死生没有分界，没有惊惧在胸中”的境界，但专求这些境界的人，容易陷入“荒诞不实，怪异迂阔”之中。《汉书·艺文志》中说：“神仙者，所以保性命之真，而游求于其外者也。聊以荡意平心，同死生之域，而无怵惕（chù tì，意为恐惧——笔者注）于胸中。然而或者专以为务，则诞欺怪迂之文弥以益多，非圣王之所以教也。”

试想，后世的打坐、练气、瑜珈、导引、修佛、修仙，多少人脱离正道，陷入不出世不入世，不死不活的两难困境中。他们忘了术与道的区别，打坐、

① 乔纳·莱勒：《为什么大猩猩比专家高明：如何让大脑帮你做出正确的选择》，东方出版社2010年版，第175页。

② 2018年11月15日，《未来简史》的作者、历史学家尤瓦尔·赫拉利（Yuval Noah Harari）在凤凰卫视《舍得智慧大讲堂》上的对话。

呼吸诸法门只是法，是术。若只追求怪异神通、仙风佛气，这些离大道智慧太远了——《黄帝内经·素问·五藏别论篇》说：“拘于鬼神者不可与言至德。”真是这样啊！

第二种幸福道路出自明朝著名军事家戚继光。据说有一次他经过古庙，进去休息。看到几个和尚道士模样的人谈论长生之术，于是那些人问道戚将军，他说：“身在司命，义在死绥（死绥，效死沙场——作者注）。方求致身殉国，以帅士志。而乃师人以学长生，是可以训乎？流行坎止（指顺利时出仕，遇挫时退隐——作者注），属之彼苍，鞠躬尽瘁，夕死何憾？此将门长生之术也。”①

“鞠躬尽瘁，夕死何憾”，是真正廓然大公、无私无我的境界。佛陀早已成道，为何还要忍受病痛讲法传道45年？孔子已功成名就，为何还要受尽磨难周游列国？耶稣为何背负十字架走向死亡？这种境界需要学人仔细参究，那些小心量、小智慧的人很难理解！

第三种幸福道路是《荀子·修身第二》主张的：大凡理气养心的方法，没有比遵循礼义、法度更直接，没有比得到良师更重要，没有比专一其善行更神妙。文中说：“凡治气、养心之术，莫径由礼，莫要得师，莫神一好。”

荀子讲大道智慧最平实，以至于长期以来，学人多忽略《荀子》一书前四篇心法的重要性——包括《劝学第一》《修身第二》《不苟第三》及《荣辱第四》。

荀子的十二字心传“莫径由礼，莫要得师，莫神一好”，是真正的智慧大法，真正的大成功学。希望学人不要忽略现世法度，不要迷信师傅，能够立志发愿，执一、精一，得一，由“一好”，达及阴阳不测，圆融无碍的“神”的境界。

——此一法门最为稳当、易行！学人当仔细参究！

---

① 《戚少保年谱耆编》卷一。

附录一

环太平洋地区的两类蹲踞式人形

编译 / 翟玉忠

1967 年 8 月，由哥伦比亚大学艺术史与考古系主办的“早期中国艺术和太平洋盆地图片展”和专题研讨会召开，意在探讨早期中国艺术是否影响了太平洋盆地艺术风格——这些区域包括印度尼西亚、大洋洲和美洲新世界。会上展出了环太平洋地区诸多相同的艺术风格，包括：吐舌像、伸展的怪兽（displayed monster）、伸展的侧面有伴兽人像（displayed flanked figure）、建筑面具、怪兽面具头饰、人与动物的亲密关系（alter ego）等等。

鉴于环太平洋地区自然环境及人文环境的极度多样性，事实上，除了传播论很难解释这些相同艺术风格产生的原因——早期中国艺术极大影响了太平洋盆地的各种文化。Douglas Fraser 在前言中说：“如果下面讨论的相似性与环境、社会宗教无关，唯一的解释就是历史的解释。这种观念要求假定诸多泛太平洋的接触，在理论上，说明这样的接触真实发生过。据目前所知，我们不能肯定这一点。但从方法论上说，目前假定这类接触比仅仅因为我们不能理解这些现象产生的机制，就对这些现象视而不见更少风险。除非有更好的解释，历史性的解释对太平洋盆地艺术上的统一性提供了最为一贯、经济和满意的说明。”

如果将环太平洋地区艺术上的诸多相似性放在石器时代萨满文化的大背景中，我们就会发现它们表现的都是人与动物的神性关联。“早期中国艺术和太平洋盆地图片展”中的“伸展的怪兽”及“伸展的侧面有伴兽人像”是蹲踞式人形更为动物化的表现形式。笔者将相关内容编译过来，目的是让读者看到蹲踞式人形在人类文化生活中普遍、重要的神性意义。

本文编译自《Early Chinese Art and the Pacific Basin: A Photographic Exhibition》一书第 40 ～ 56 页，该书由纽约跨文化艺术出版社（Intercultural Arts Press）1968 年出版。

一、伸展的怪兽

1. 中国

与怪兽头相比较，显示全身的怪物形像在中国艺术中较少。伸展姿势最好的例子（腿和胳膊向两边张开）可能是藏于瑞典首都斯德哥尔摩的晚商大理石鬲鼎。（图 1）一些作者想将商代伸展的怪兽同甘肃仰韶文化出土的新石器时代相似的彩陶纹饰联系起来，但证据仍显不足。

因为展现怪兽形象的器物为礼器，可以假定它们的装饰具有神秘的宗教功能和意义。在晚商时代，怪兽形象通常作为镇墓兽或神，这暗示着它们原初角色也是辟邪。只是后来中国艺术中怪兽极少呈现伸展的姿势。

图 1　中国古代艺术中伸展的怪兽，该形象出现在藏于斯德哥尔摩的晚商大理石鬲鼎上。

2. 婆罗洲

在克尼亚人（Kenyah）盾牌的背面，常常用红、白、黄三色垂直绘上三个怪兽的脸。他们瞪起的圆眼、奇异的獠牙周围是松脂粘贴上的头发。另一面常常绘有一两个形象，它们的脑袋和四肢成为奇异的卷须状。

这类如克尼亚人盾牌上的形象，怪兽的脸、头发，也出现在加里曼丹和沙捞越其他民族盾牌的背面，如卡扬人（Kayan），但很少表现得如克尼亚人那样清楚，他们是唯一用敌人的头发穗装饰盾牌的民族。

图 2　婆罗洲土著人盾牌背面伸展的怪兽，代表可怕的魔鬼精灵。

形象的意义与猎头相联系。这类盾牌从不用来狩猎，只有在猎头和之后庆祝战斗的舞蹈中才用。在荷兰和英国统治下，20 世纪早期猎头被禁止时，克尼亚人就不再做这类盾牌了，但这些形象在其他克尼亚人艺术中仍保存着。

克尼亚人盾牌背面的怪兽脸和头发代表凶狠的吃人精灵，在婆罗洲一般叫 hantu，在南加里曼丹，这些精灵被绘声绘色得描述成“有着火红的眼睛，长长的爪子，有蓬松头发的巨兽”。沙捞越陆地达雅克人（Dayak）有个相似的嗜血精灵，叫 kamang，被认为是“奇丑无比，性情野蛮残酷，他们变形扭曲，最喜爱的食物是人血”。在海洋达雅克人的传说中，这些鬼魂的头目是个猎人，叫 Girgasi，“是普通人三倍大的巨人，满身蓬松的毛发，眼大如盘，有闪闪发光的牙齿”。在许多盾牌上，这些怪兽的脸有一个伸展的身体，人的头发挂在胸部或腰部，清楚地表示它们身体多毛，同时也展示战利品。（图 2）将鬼魂与战利品合在一起，这些盾牌背面的鬼怪表现了更加恐怖的形象，直对敌人的面部。

相似的全身是毛的鬼怪形象在爪哇和巴厘岛的木偶戏中代表魔鬼。在巴厘岛，戴着鬼怪面具和乱糟糟衣饰的舞者表演女巫Rangda。在马来人和马来半岛中间，沙捞越浑身毛发的恶魔猎人是广为人知的恶灵。最后，圆眼、带爪、有毛的魔鬼观念可能植根于古代南亚信仰，也可能源于公元前三世纪河南古墓中发现的木制魔鬼形象。无论来源如何，这类引人注目的形象对克尼亚人盾牌的影响无可质疑。

3. 新几内亚

伸展的怪兽造型也出现在巴布亚新几内亚塞皮克河流域雅特穆尔人（Iatmul）中间，是颅骨架装饰。（图3）架子收藏在仪式屋子里，用来展示猎头行动中获得的颅骨，这些伸展的怪兽和颅骨架被赋予同样的名字——basangai或lam，怪兽的脸也单独画在颅骨架和房子保护罩上。雅特穆尔人认为“繁荣”（意味着多子多孙，健康、舞蹈和更好的仪式房子）源于猎头成功。

如同颅骨架上荒诞的怪兽与仁慈的伸展人形，猎头的习俗有其两面性。好的一面如上所述，强调丰产、万寿无疆和社区的护佑；另一方面，对雅特穆尔猎头风俗的社会和心理分析也透露出其男性自大、复仇和自吹自擂的特质。

4. 新西兰

新西兰毛里人门楣中间通常是怪异的伸展的女性形象，她吐出长舌，暴露外阴，双腿之间有人头或人形，两边刻有蹲着的雕塑（manaia）。（图4）

毛里人奇异的形象通常代表祖先。因为她奇异的风格——歪斜的眼睛，大八字口，威胁意味的吐舌，门楣中间的形象一定也代表祖先，其身份可用两个因素进一步确认识别：伸展的女性特征和议事房子门之上的传统形象。

图3　雅特穆尔人用以装饰颅骨架的伸展的怪兽形象。

在某种意义上说，门楣中间的形象

图4 毛里人门楣中间伸展的女性形象，代表神话祖先。

普遍代表女性，因为女性是一切俗圣的象征。她们对于中和某些神圣物体积累的超自然力（mana）是必须的。因此，当一个独木舟、议事房子或堡垒在严格禁忌之下建起来时，要通过女性媒介使之日常应用安全。禁忌的移除是通过一位女性走过门道实现的。完成这一仪式的妇女被称为鲁瓦希尼（Ruahine）。很有可能，这个启动仪式由门口上的形象代表。

按照 Newman 和 Fraser 分别提出的理论，这个妇女代表毛里人的死亡女神 Hine-nui-te-pō。一则关于死亡来源的传说告诉我们文化英雄毛伊（Maui）一次失败的努力：他想通过进入女神 Hine 的身体为所有人赢得永生。但毛伊的同伴们看到此情此景忍不住笑了起来，唤醒了 Hine，毛伊被卡在女神私处，她大腿中间的头被认为代表毛伊。因为 Hine 常常位于门楣之上，Fraser 认为进入房子“可能象征接触或通过她的外阴”。

两个解释并不互相矛盾，Johansen 对此说得很清楚，他说跨过门道的女性“显现为神话中的 Hine，第一个鲁瓦希尼”。Hine 不仅是死亡之神，也是妇女社会和仪式功能的创立者，生育的保护神，出生时所有的女孩都要奉献给她。Hine 作为死亡女神只是她的一个方面，实际上，女性象征生死二者。

5. 美洲西北海岸

如同伸展的侧面有伴兽人像，伸展的怪兽常在西北海岸的建筑艺术中占有一席之地。该形象由奇异的、蹲坐的动物或怪物组成，两膝外撇。在许多情况下，两爪在身体两边上举，形成对称的 W 形，与下肢的 M 形相对。伸展的怪兽常常出现在特里吉特人（Tlingit）、茨姆锡安人（Tsimshian）、夸扣特尔人（Kwakiutl）艺术中，偶然也出现在海达人（Haida）和贝拉库拉人（Bella Coola）的设计中。

伸展的怪兽，特别在西北海岸，其意义明显同酋长和社会特权联系在一起。这些形象大多刻画在屏风上（后来在外墙上），作用是隔开酋长和普通民众。有名的沙克酋长屏风上有一只下腹部开了大洞的怪熊。（图5）从房间的一侧到另一侧，酋长必须经过这个洞口，重复西北海岸地区继承确认仪式中的消失再生过程。穿过这个蹲踞式人形腹部的大洞意味着肉体和精神的完全改变，只有那些同超自然世界建立联系的人才胆敢完成这一危险旅行。在西北海岸北部地区，这样的屏风表达了首领的社会和精神优越性；在南部，特别是在夸扣特尔人中，屏风成为戏剧的布景，穿过它入会者重新进入人类社会。在任何一种情况下，伸展的怪兽同时承担两种角色：一是未经教导、未受挑战的前身破坏者，二是新生命、新责任、新特权给予者。

图5 沙克酋长屏风。在西北海岸北部地区，这样的屏风表达了首领的社会和精神优越性。

6. 中美洲

伸展的怪兽常常出现在中美洲艺术中。萨波特克（Zapotec）文化陶塑两个相似的伸展怪兽造型代表两种动物神：美洲虎神

图6 墨西哥南部瓦哈卡地区萨波特克文化（约公元200—1521年）中的蹲踞式美洲虎造型。

和蝙蝠神。美洲虎神在来自柏林的样品中表现明显。（图 6）

美洲虎崇拜的重要性贯穿整个萨波特克文明，从第一期到第五期许多瓮和容器上都能看到。美洲虎“在瓦哈卡山谷文化第一期早期，变成亲密伙伴或守护神，那是神灵的自我显现。”也可能，“当地的蝙蝠被当成瓦哈卡文化神的显现”。

在前哥伦布时代的墨西哥，伸展的怪兽还有阿兹特克地神特拉尔泰库特利（Tlaltecuhtli），这个下界之主被描绘成巨大的蟾蜍模样。

二、伸展的侧面有伴兽人像

1. 中国

对称的侧面有伴兽、伸展的人形在早期中国艺术中十分稀有。两个已知的例子：一是最近安徽出土的晚商青铜尊（图 7），二是日本泉屋博古馆的晚商青铜鼓。前者的人形相对自然主义些，人形的头从一头剖裂成两身的虎口中冒出来，头的两边是饕餮纹。这件铜尊结合了伸展的侧面有伴兽像、亲密伙伴（保护神）、前额菱形这些泛太平洋地区共同的造型。

图 7　晚商青铜尊上伸展的侧面有伴兽人像。

2. 婆罗洲

卡扬人（Kayan）放烟叶和烟纸的袋子常常饰以普通的图像主题——伸展的女性形象，两侧伴之以两条龙。（图 8）

这一主题总是由男性画出来，再由妇女完成，它也用于装饰帽子、婴儿

图 8　卡扬人袋子上伸展的侧面有伴兽人像。

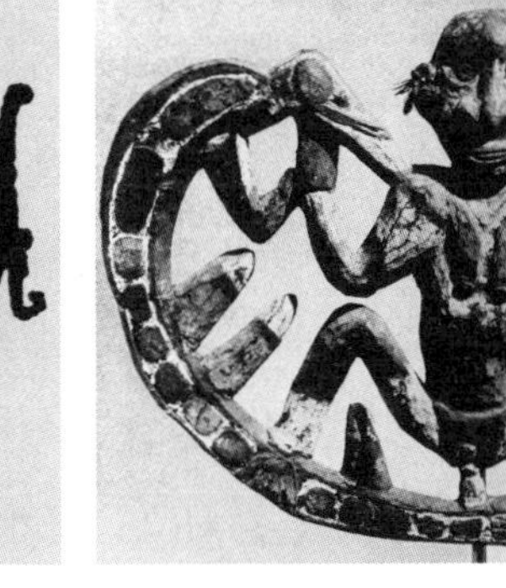

图 9　雅特穆尔人崇拜物中伸展的侧面有伴兽女像。

背袋、坐垫儿、酋长的房子、盾牌和坟墓。以前，伸展的形象和龙只有贵族能用，是贵族的象征，低阶层的成员不能用这样的造型——这些形象能辟邪。

3. 新几内亚

在新几内亚雅特穆尔人的崇拜物中有伸展的侧面有伴兽女像。（图 9）一些雅特穆尔木雕表现伸展姿态的妇女，侧面伴之以带鸟头的生物，呈半月形环绕着她。女像身体两侧，从鸟形身体上长出阴茎状物。在木雕的中间，从女阴中出来的一个东西与新月形连接起来。

雅特穆尔人一则神话说：一个叫 Shotkaman-Agwi 的人住在山里时，生了一只鸟 gandju 和一只大蜥蜴。这只蜥蜴（或大蛇）朝大海蜿蜒行进，在移动过程中形成塞皮克河。塞皮克河的创造将国家分成两半，最后人们分成了两个氏族。木雕上的弯曲带可能指 Shotkaman-Agwi 的水滋润的土地。

Shotkaman-Agwi 也同一个到处游走的恶作剧者 Betman-Gambi 的再生有关。当 Betman-Gambi 死时，Shotkaman-Agwi 压在尸体上想让他重生。当她这样做时，蜥蜴从她身上进入死人体内，Betman-Gambi 复活了。Fraser 认为，人形外阴下的东西“可能代表通过蜥蜴从她身上流向死人的液体，”他写道：“表示她在复生中积极主动的角色。”

表现 Shotkaman-Agwi 和 Betman-Gambi 传说的还有其他雕刻和哑剧。Wirz 描述了一个雕刻：一个男性的身体开个大口子，用以插入象征女性、蜥蜴和鸟儿的雕塑。按照 Fraser 的说法，这一情节“可能是以神话的形式解释人类文化的起源和两性关系。具有冒险精神的人，爱冒险的 Betman-Gambi，似乎代表着男性——创新、冲动、有创造力、有欲望、有繁殖力。另一方面 Shotkaman-Agwi 则产生水、蜥蜴和鸟，象征着女性的被动、丰产和配合。”

Fraser 所描述雕塑的男、女对立，是雅特穆尔文化的基本特征。Bateson 指出，在雅特穆尔人的社会组织中，没有等级或阶级之别，只有性别差异。男性暴力的特征、攻击性和狂烈性，与女性的温柔和被动形成了鲜明对比。在塞皮克人的宇宙论中，女性等同于地球，“母性”（mother moiety）的图腾是动物和与地球有关的东西。另一方面，男性则等同于天，“阳性”在他们的图腾中也是天的象征。

伸展的女性是塞皮克艺术中经常出现的图案，如在打仗用的盾牌、颅骨架和仪式房屋上。最引人注目的伸展人形人物之一称为 radja，出现在仪式房屋的主柱上面。图像由带根的圆木做成，被放置在横梁上，并在山墙结构的两端支撑着屋顶。Wirz 指出，该形象与仪式吞噬的新入会者通过女祖重生有关。因为伸展的女性也出现在战争用的盾牌、猎头独木舟和颅骨架上，Fraser 认为，辟邪目的和丰产功能可能在此类形象中共存。

4. 新西兰

毛里人艺术中，伸展人形通常是一个怪诞的女性，其两侧有差不多大小的生物。另一方面，当主题涉及自然主义人物时，该形象显然是男性，其侧面动物形象通常都较小。（图 10）在这两类伸展人形中，作为规则，侧面的生物抓住这个人物肩膀，似乎在咬他的耳朵。男性伸展的、侧面有伴兽像，如同女性侧

图 10　毛里人艺术中伸展的侧面有伴兽像。

面伴有怪兽，在建筑物入口上方很有特色。但男性形象通常出现在要塞入口或重要仓库入口的顶部，而怪诞女性通常会在会议和仓库的门楣上。因此，男性形象代表这个建筑与显贵男性相关，由严格的禁忌（tapu）控制。在这两种情况下，女性的存在或象征都会伤害到男性居民，他们的威力会因与女性器官接触而削弱。女性被排除在这些建筑建造过程之外，其间禁止与勇士们做爱——在他们进入战场之前，勇士们会仪式性地净化所有女性的影响。显而易见，一个禁忌的物或人经过女性性器官会破坏这个禁忌，所以这些入口应没有女性生殖器的象征。

Johansen 指出，男性性器官有积极意义。据说，毛里人认为其与"创造能力和伟大的勇气紧密联系"。战斗之前，酋长们常常会跨过战士，那些失去勇气的战士要求同样的治疗。

伸展女性怪兽的性器官象征破坏性和创造性的双重功能，与死亡女神 Hine-nui-te-pō 类似。Hine 的男性对立面是 Tane，所有生物的创造者，Hine 本人的父亲和情人。Tane 是毛里人生育和丰产的象征，他的性器官如此重要，以至于被人格化为 Tiki 神。Tane 与毛里人宇宙里的所有积极方面都有联系，这是男性精神的体现。因此，男性的伸展形象很有可能直接或间接地指 Tane 本人，如同伸展的女性指 Hine-nui-te-pō。有趣的是，一个受欢迎的毛里神话讲述了 Whiro 和 Tane 之间的激烈争斗，前者是死亡和邪恶之主。它实施了对 Tane 不成功的攻击——Tane 被昆虫、爬行动物和食腐鸟类攻击——这些生物从上帝那里吸取血液，以便在巫术中反对 Tane。不难发现，在伸展人形旁边相伴和"咬"的生物表现的是 Whiro 和 Tane 的故事。

这些图像代表的意义早期毛里艺术研究者很少讨论。Taylor 解释说，在罗托鲁瓦的要塞入口处，门位于这类形象的双腿之间，"仅仅是一个恐吓敌人的形象"。在大多数当代的例子中，一个杰出祖先的名子附在中间的图上，可能这类形象代表祖先，侧面的生物代表精灵。侧面人像和鸟或爬虫动物怪兽被称为 manaia，但他们中的大多数也与邪恶，甚至有时与 Whiro 自身有关。鉴于中间人物与人类创造者和保护神 Tane 的关系，一个合理的假定是，相伴的生物同代表死亡、邪恶的 Whiro 有关。

5. 西北海岸

美洲西北海岸伸展的侧面有伴兽人像主要在贝拉库拉、夸扣特尔、诺特卡和萨里什人艺术中，也许最好的例子是一种真人大小的无性形象，双手上举，画在入口或门上。（图 11）贝拉库拉、夸扣特尔和诺特卡艺术家都用这种造型，而萨里什人则将其局限在纺轮上。（图 12）

识别图像中间的人物是困难的。某些情况下它是“乌鸦在其中任意变形的人”，在其他地方，它是“一个被带到月亮上的家族祖先”。然而，大多数涉及突然变形的概念，这一概念与他们转化建筑空间位置一致。侧面的动物形态极其多样，从巨鸟到诺特卡人的神话羽蛇。

图 11　西北海岸地区画在入口或门上的伸展的侧面有伴兽人像。

图 12　萨里什人纺轮上的伸展的侧面有伴兽人像。

附录二

太平洋上的中国远古文化

文 / 凌纯声

凌纯声（1901 ～ 1978 年），字民复，江苏武进（常州）人，民国时期人类学南方学派重要人物，与北派侧重汉人乡村的社会分析不同，南派侧重边疆族群的研究。

1949 年，凌纯声随史语所渡海迁台后，发现台湾保存诸多南岛民族的原始文化形态，于是深入“中国古代与环太平洋文化”研究，成绩斐然。专题著作有《树皮布印文陶与造纸印刷术发明》《台湾与东亚及西南太平洋的石棚文化》《美国东南与中国华东的丘墩文化》《中国远古与太平印度两洋的帆筏戈船方舟和楼船的研究》及《中国与海洋洲的龟祭文化》五种。怎奈此种研究涉及不同国族，方方面面，殊为不易。除香港中文大学邓聪教授的树皮布研究，其他领域未见有大的推进。

环太平洋文化研究对于认识中国文化在人类文明中的位置，十分重要，深望学人努力焉！

本篇节选自凌纯声《太平洋上的中国远古文化》一文（地名不统一之处略有改动），收入其论文集《中国边疆民族与环太平洋文化》，该书由台北联经出版事业公司 1979 年出版。《中国边疆民族与环太平洋文化》分作“中国边疆民族与文化”“中国古代与环太平洋文化”两大部分，后一专题中《太平洋上的中国远古文化》《中国古代海洋文化与亚洲地中海》属通论性质的文章。

凌先生的《中国古代海洋文化与亚洲地中海》一文继承夷夏东西说，认为来自青藏高原和黄土高原的大陆夏文化，与来自东部平原的海洋夷文化，经过2000多年的整合形成中原文化，考古学上殷文化可谓中原文化的代表。夷文化的三个特性是：珠贝、舟楫和文身；夏文化的三个特性是：金玉、车马和衣冠。他还推测："东夷向亚洲东北移动，渡北令海峡（即白令海峡——笔者注）而入北美，南夷则南下先至南洋群岛，在南太平洋中，逐岛航行而抵南美。故作者深信环太平洋的古文化，起源于中国大陆东岸，同时也是中国文化即上面所说中原文化的基层文化。"（凌纯声：《中国古代海洋文化与亚洲地中海》，收入《中国边疆民族与环太平洋文化》，台北联经出版事业公司，1979年。）

今天看来，凌先生对夷夏文化特性的把握不太准确，比如玉文化属东方夷文化，环太平洋多个地区的人们也以玉为礼器。我们不能苛求先行者，因为今人的研究都是站在先人的肩膀之上。我们需要凌先生那种超越学科、民族、国界的大视野——这是21世纪身处信息化、全球化时代的学人十分需要的学术品格！

这中国的远古文化，在先史时代早向大陆和海洋各方面发展和分布。所以中国远古文化的时间可上溯数十万年；其空间西抵乌拉尔与喜马拉雅山脉之东；东经太平洋而达南北美洲。在这广大区域之中，近代在考古学上发掘出的古物，和民族学上发现的文物制度，可说有十之七八，是起源于中国的。今晚限于时间，只能举出几种文化特质，简略地说一说。

一、航海。在太平洋上至今尚保有原始的固有的桴排、方舟（double canoe）、戈船（outrigger canoe）、楼船四种航海的交通工具。太平洋上的民族在远古的时代，即利用这四种航海的桴舟，自亚洲远航而移植到各岛屿去的。而此四种航海工具可说都是起源于中国的，兹分述如下：

（一）桴排。罗欣《物原》云："燧人以匏济水，伏羲始乘桴，轩辕作舟。"王嘉《拾遗记·皇帝篇》亦云："轩辕变乘桴以造舟楫。"则中国的桴桴起于三皇之时。至五帝时代已用于航海，如《拾遗记·少昊篇》云："少昊母曰皇娥，处璇宫而夜织，或乘桴木而昼游，经历穷桑苍茫之浦……帝子与皇娥泛于海上，以桂枝为表，结熏芳为旌，刻玉为鸠置于表端，言鸠知四时之候。"后至春秋时代乘桴航海的记载有《论语·公治长》：子曰"道不行，乘桴浮于海。"又《越绝书·卷八》有云："勾践初徒，使楼船卒二千八百人伐松柏以为桴。"中国这一始自上古的乘桴航海文化，五千年来一直保存到现在，据民国四十三年台湾农业年报的统计，台湾无动力的渔船，共计二万五千五百四十一艘，其中竹筏有一万三千八百零八只，几占总数三分之二。在日据时代走私商人，有乘竹筏远航香港，时速可达十二海里。现在太平洋上土著民族，所乘的桴排，不仅制造与使用方法完全与中国相同，连名称亦相近。他们称桴排为 vaka 成 pahi，中国古代有云："南方曰箄，北方曰筏。"可见这筏箄文化，在中国是由南北两地分别向太平洋上迁移。

（二）方舟。《诗经·周南》："不可方思。"又《邶风》："方之舟之。"《说文》："方，併船也。"又"舫，方舟也。"《尔雅》："大夫方舟。"，李巡注云："併两船曰方舟。"所谓併两船即英文的 double canoes，这是太平洋上尤其是在波利尼西亚群岛主要航海的船只。方舟是由筏进步而来，它的功用与筏相等，但既省材料又轻便而能增快航行的速度。

（三）戈船。《越绝书·卷八》："勾践伐吴霸关东，从琅琊起观台。台周七里，以望东海，死士八千人，戈船三百艘。"又《史记·南越传》："戈船、下历将军。"作者怀疑古代的戈船即今太平洋上的边架艇（outrigger canoe），就是一只独木舟一边帮扎一木架，即成单架艇，两边加木架为双架艇，任何小船加上单架或双架，在海上航行虽遇风浪，不易倾覆。架的形式似戈，或是戈船名称的由来。又边架艇或是古代的艇，《淮南子·俶真训》："越舲蜀艇。"高秀注："蜀艇一板之舟。"《广韵》梃训木片，与一板义合，疑"艇""即挺"之俗字。舟有一板或木片，由文义推测，很可能是边架艇。这边架艇至今为太平洋上数量最多的航海工具，他较之方舟尤便捷而轻快。

（四）楼船。上述的桴排（或作筏箄）、方舟、戈船在海上航行，如遇风浪，易受浪击，为避免海水侵蚀，多可架高施楼，即成楼船。又楼船可施楼数层，增加载重，在中国古代用作水师，《越绝书·卷四》:“浩浩之水，朝夕有时……念楼船之苦，涕泣不可止。”《史记·南越传》:“江淮以南楼船师十万。”这种楼船在近代太平洋上尚用作战船，同时可想到有此能载重的楼船，所以太平洋上的民族得大量的迁移和远航。

在古代住在亚洲地中海（凌先生所说的亚洲地中海大体在第一岛链与大陆之间——笔者注）及中国沿海的九夷与百越之民，发明上面四种航海工具，所以能把中国远古文化传播至太平洋上。

二、武器。在今天太平洋上各民族所用武器或工具，有几种是源于中国的：

（一）有段石斧。这是长方而扁形的石斧或锛，器的面上有凸出凹下的段痕，用以装柄，可使柄装得牢固。这是波利尼西亚具有代表性的石器。据最近来华的新西兰考古学家Duff博士的研究，这种石器是起源于中国福建的，经中国台湾、菲律宾而传至波利尼西亚。

（二）有肩石斧。斧的形状近似铜器的戉戚。有斧头与柄，柄小于头，柄的两旁成肩形。这类石斧分布在华南、台湾、中南半岛及马来半岛。

（三）巴图。所谓巴图，为一种舌状的扁平棍棒，玉石或鲸骨或木制，它是东部波利尼西亚最特征性的武器之一，在新西兰最为普遍，也曾见于夏威夷，在美拉尼西亚的多为骨或木制。它用作武器外，同时用作社会地位的品级标志。这与中国古代的玉丰牙笏，同一形状、资料及功用。中国的圭，后世虽仅知为品级的标识，但《释名》有云:“大圭曰珽。”孟子有云:“杀人以梃。”可见其亦为兵器与巴图相同。

（四）石戊。这是圆形或长方的扁平石或玉制的武器，器上有两孔或一孔用以装柄。中国南方百越民族称越，一说是因用这武器曰戊而得名。这种石或玉戊在浙江与广西均发见史前的遗物。在美拉尼亚西和印尼群岛，都可以找到考古和民族学的遗物与标本。

三、乐器。太平洋上现有几种乐器，与现在中国孔庙的雅乐器相同，不过保存其更原始的形式，如竹簧、匏笙、排箫及土埙。

（一）竹簧。今太平洋上分布最广的口琴，即古代之簧，以小管剖成为四片或两半，削薄在竹片中间刻成舌状之簧，以绳拉或拨舌尖振动之，置于口腔作共鸣器以发音。这种乐器在中国起源甚古。《世本》："女娲作簧。"《古史考》又云："女娲作簧。"《诗》："君子阴阳左执黄。"《楚辞·九章》："愿假簧以舒忧兮。"又葛洪《神仙传》："仙人王遥箧中取竹簧与人对鼓之。"今台湾土著族多数用此乐器，有竹簧与铜簧，簧数单簧、双簧较多，亦有多至七八簧者，这簧器的制作，在台湾土著颇为进步。

（二）匏笙。这种乐器是由竹簧演进而来，即以小管刻成一簧舌，吹之发音，以许多簧管插于匏中即成笙。在中国起源亦很古，《礼记·明堂传》："女娲之笙簧。"后世以为笙与簧同器为一物而笙簧并称，均女娲所作。实则女娲所作笙中之簧，故《宋书·乐志》云："笙中之簧，女娲所造。"至于笙据《世本》云："古者随作笙。"又云："女娲令随作笙簧。"则据传说笙乃随所造。笙为古代雅乐八音之一的匏。其起源后于簧，故其分布不如簧之广。匏笙又称葫芦笙，今分布在中国西南、中南半岛及印尼群岛等地。

（三）排箫。今孔庙中有此器，有十六根吹口之箫，排列插入一木架中，架面绘有双凤。其始作，《吕氏春秋》云："黄帝令伶伦为律，伶伦制十二箫，听凤岛之鸣，以别十二律。"又《风俗通》云："舞作箫，其形参差以象凤翼，十管长尺二寸。"在太平洋上其主要分布地在美拉尼西亚群岛，但在波利尼西亚的东加（Tonga）群岛亦有之。

（四）土埙。埙为古代雅乐八音中之土制乐器，大者如鹅卵，小者如鸡蛋。上有一吹孔，最普通的有五个音孔，前三后二。据《世本》云："埙，暴辛公所造。"中国考古发掘所得，新石器时代已有陶埙。殷墟发见有白陶及牛角制的埙，并多雕刻饕餮花纹甚为精美。周代有灰陶及石制的埙，但较商代的为大。这种土埙在太平洋上主要地区美拉尼西亚的新几内亚岛及波利尼西亚的新西兰等地。

四、榻布。中国古代做衣服的材料，是用麻丝织成的布，但在更古的时候尚有树皮布，即以楮树皮打成的布。《韩诗外传》云：“原宪楮冠藜杖。”所谓楮冠以楮皮布做的冠或头巾。又《史记》有云：“榻布皮革千石。”《汉书》亦云：“答布皮革千石。”至今太平洋上各群岛以树皮布做衣料，名叫 Tapa，与榻布同音；又《后汉书》中有幏布，则与夏威夷人称树皮布谓 Kapa 相同。现在台湾的阿美族犹记得打制树皮布之法，今犹称毡曰 Tapam 或 Tapa；被曰 Tapah；裙曰 Tapal。此皆与中国同为一物而且同名。可见太平洋上的 Tapa 文化亦起源于中国的。

又中国古代榻布，不仅用做衣服，亦用于写字。《汉书》中的赫蹏，即为用树皮纸所书的字，今爪哇人犹用树皮为书写之纸。后来蔡伦之发明造纸术，亦是受了树皮布纸的影响。且树皮上绘画或印刷成的文饰，绘画的笔墨和印刷花纹的雕刻木板，这可说明中国人发明笔墨和印刷术与树皮布文化有关。

五、社庙。中国最古的宗教，可称之为上帝教，或社稷教，或土地教。所祀的神鬼分为上帝、天神、地祇、人鬼（祖先等）四类。祭神鬼是所谓“古者神鬼所在谓之庙”，庙更古的则称社。最古的社庙形制很简单，即古所谓“除地为墠，起为坛。”在清除的墠地，或筑高坛台上，立起像男女生殖器的石柱或石牌称为社主；或植以当地土宜之树，名曰社树；二者用以代表神鬼。如一朝代或一国家灭亡，他的大社或国社则建屋以覆盖之。故清社既屋，就是清朝已亡了。所以古代祭神鬼的社庙所在必在郊野。后世曾建屋为宗庙，然仍保存露天的埠坛之制。此中国最古的上帝教或社稷教，可说分布几遍太平洋区。对于神鬼的分类，埠坛的建筑，植立的社树与石主，与中国的社庙之制相同，且在波利尼西亚祭神鬼所在通称 Marae，而在马基萨斯群岛简称庙 Meae；又在美拉尼西亚叫做社 Sua 或 Sar，则此二地的祭地名称，竟与中国庙社的名称完全相同。

六、犬祭。上面已说过中国最古的基层文化是海洋文化。后由亚洲西北而传入的文化，我们称之为大陆文化。如以中国家畜而言：有鸡、犬、豕、马、牛、羊畜，前三者为固有的海洋文化；后三者为后来传入的大陆文化。在太平洋上诸群岛，在欧人未来之前，只有鸡、犬、豕三种家畜。故祭祀用犬作牺牲，可算太平洋区文化特征之一。中国古代的殷墟中，考古学家已找到了用犬作牺牲的遗迹。在甲骨卜辞中发见以宁犬、磔犬、燎犬、埋犬等祭法以祭风、祭日、祭四方。而见于经传者更多，如《周礼·大司寇》:“大祭祀，奉犬牲。”《礼记·曲礼》:“凡宗庙之礼，犬曰羹献。”《老子》卷上:“天地不仁，以万物为刍狗：圣人不仁，以百姓为刍狗。”所谓刍狗，“古者结草为狗，用以祭祀，祭毕则弃，喻其无爱惜之心也。”可见春秋时已不用真狗祭祀。但至后汉，祀圣师周公、孔子尚用犬牲。前在清代，“台俗七夕、中秋、重阳，俱祀魁星，是日儒生有杀犬，取其首以祀者。”直至近代台湾土著及华南的苗夷诸族尚有用犬祭者。在太平洋上及其沿岸亚美两洲多有犬祭之俗。故这一犬祭文化或亦起于中国，而其分布广及整个太平洋区。

以上所述，不过任举数例而已。其他如嚼酒、乡饮、乡射诸礼，玄鸟、羲和等传说，龟祭、过火、伸舌等俗，这许多在太平洋上现存的文化，多能在中国的古史、考古、民俗、民族学等材料中，都能找到其源流。现在限于时间，不能多讲。

最后，我们可以暂作一个结论：今日太平洋上的多岛、小岛、黑岛及印尼四个群岛的民族，他们的语言是属于同一的南岛（Austronesian）语言，他们的文化多数是大同而小异，文化语言相同可说是同一民族。在远古时代住在华北沿东海、华南沿南海一带，即后世所称九夷与百越之民。他们何时远航向太平洋上移居，今日虽不能确言，但据传说：纪元前三千年少昊氏母皇娥，已乘桴泛于海上；西元前第六世纪，孔子欲之九夷，乘桴浮于海。又阴阳家邹衍的大九州之说，这种学说，必有所据。可见在春秋时代，燕、齐、吴、越之民不仅在近海沿岸，且早已在太平洋上远航，否则邹衍得不到这种大九州的海洋地理知识。

在秦汉以前，中国沿海的夷越自由航行海外。但自秦一天下，始皇三十七年南巡至会稽，欲隔绝越人与海外的关系，乃移大越民于内地，迁罪人于沿海以备外越，实行海禁政策。后汉武继之，在救东越、灭闽越之后，亦多徒其民于江淮间；后又征南越亦迁其降人于内地。秦皇汉武相继对越的灭国徙民，以引起越人的“逃遁山谷”或“亡入海”。《史记》南越与东越两列传均载有“亡入海”一语。或在此时，大批越民逃亡入海，分散向太平洋上各群岛移植，而引起一次民族大移动。自此以后因海禁隔绝，中国人很少经东海向远洋航行，故太平洋上的多岛、小岛、黑岛群岛的民族，均能保存中国的远古文化，后世文化似多未曾输入。孔子曰：“先进于礼乐，野人也。后进于礼乐，君子也。”故今日分布在太平洋上的野人，他们都是中国远古文化的“先进”。

附录三

信息时代的文化革命与天人、古今、东西之辨

文 / 翟玉忠

2017 年 3 月 4 日，新法家网站第三次编辑例会在北京中国农科院众创空间举行。以下是新法家网站中英文版总编辑翟玉忠先生的主题发言。

他指出：人类文明处在一个转折点上，知识和信息由稀缺变为过剩。未来人类关注的重心将不再是知识的生产、储存和传播，而是知识的选择、整合与应用。前者需要以理性为基础的知识，后者则需要以德行为基础的智慧——智者，权也——人工智能时代，以中国文化为代表的高度世俗化的智慧之学，将为人类做出更大的贡献。

从以理性知识为中心到以德行智慧为基础，这是人类文明史上一次伟大的文化革命。

此时此刻，人类文明处在一个转折点上，知识和信息由稀缺变为过剩。

这是互联网和人工智能高速发展引发的信息大爆炸。2014 年 8 月中央电视台播放的大型纪录片《互联网时代》中，曾引用下面一组数字：

“从人类文明出现到 2003 年，所有存储下来的信息的总和仅仅相当于如今人类两天创造的数据量。全球最大的图书馆，美国国会图书馆的所有馆藏不足今天人类一天所产生数据量的万分之一，而专家预测，五年后，全球产

生的数据量将是今天的四十四倍。”①

从石器时代到工业时代，无论是原始部族中的萨满还是现代集权政府的官员，那些掌握知识和信息的精英一直高居社会顶端，掌握着比普通人更大的权力。这些人垄断知识的生产、储存与传播，是社会秩序的主要维护者。

知识就是力量，这句名言的政治经济学意义是清楚的——知识就是权力!

转折发生在21世纪的信息时代。今天，无论是谁，对知识和信息的垄断近乎成为不可能——教授们眼看着大学围墙正在倒塌，知识和信息的生产、储存和传播变成开放式的；政治精英们开始极其谨慎地对待网络声音，他们笨手笨脚地尝试着运用大数据；年轻人沉迷于网络虚幻，一些人像实验室中的老鼠一样实践着“快乐至死”的人生哲学……②

知识和信息不再稀缺，透过电视、电脑、手机，我们周围到处漂浮着碎片化、轻薄、免费的信息垃圾——在信息时代，人类需要怎样自处？这是一个必须解决的严重问题!

可以预料，未来人类关注的重心将不是知识的生产、储存和传播，而是知识的选择、整合与应用。前者需要以理性为基础的知识，后者需要以德行为基础的智慧——智者，权也——人工智能时代，以中国文化为代表的高度世俗化的智慧之学，将为人类做出更大的贡献。

从以理性知识为中心到以德行智慧为基础，这是人类文明史上一次伟大的文化革命。

与现代西方文化相信知识产生力量，力量成就事功，事功带来幸福不同，中国智慧之学认为德行产生安乐，安乐成就智慧，智慧带来事功。用《大学》

① http://www.lz13.cn/guanhougan/66764.html，访问日期，2017年2月24日。

② 20世纪50年代，加拿大麦吉尔大学的两位科学家James Olds和Peter Milner，给老鼠的相关脑区接上电极，当老鼠进入笼子特定区域时，就会触发电击。他们最初猜想老鼠会避开这些区域，但后来却发现它们反复进入，寻求电击。原来，大脑存在“快乐中枢”，电流刺激可以产生快感。之后，两位科学家给老鼠一个触发装置，按下去，就会发电。有了这个开关后，老鼠不吃不喝，每天只是按按钮，不断刺激自己，寻求快感，直到力竭而死。

中的话说："知止而后有定，定而后能静，静而后能安，安而后能虑，虑而后能得。"这里的"止"，是止于人伦之善；这里的"得"，是得其义理——应接万物圆融无碍的大智慧！

反映到学习上，西式大学重理性知识的生产、储存和传播，目的是外在的事功和人生欲望的满足（成功）；学者，觉也。中国"大学"是重伦理德行的"大人"之学，知识只是为学的工具，最终要成就圣贤的智慧境界。孟子谈学校的基本功用时说："夏曰校，殷曰序，周曰庠，学则三代共之，皆所以明人伦也。"（《孟子·滕文公上》）

孔子困于陈蔡之间，谈到为学之道，明确贬低现代"成功学"："君子之学，非为通（通达——笔者注）也，为穷（困窘——笔者注）而不困、忧（忧患——笔者注）而意不衰（恐惧、慌乱——笔者注）也，知祸福终始而心不惑也。夫贤不肖者，材也；为不为者，人也；遇不遇者，时也；死生者，命也。今有其人不遇其时，虽贤，其能行乎？苟遇其时，何难之有？故君子博学、深谋、修身、端行以俟其时。"（《荀子·宥坐篇》）

在信息大爆炸、经济全球化、社会世俗化的今天，如何博学、深谋、修身、端行，成就大道智慧呢？

笔者认为，把握天人、古今、东西三个维度是基础。包括：究天人之际，通古今之变，明东西之分。兹分述如下：

一、究天人之际

这里的天，非指自然界的天空，究天人之际也不是如现代宇航员和原始萨满一样"遨游"太空。"天人之际"指内心与外境的主客关系而言，根本在心。

所以古今中外，一切圣贤之学，莫不以心为根本（体），要我们在心地上用功。中国道家干脆直接称其心法为"心术"（用心之道）。

究天人之际易走入空疏，导致身弱、国弱。不明"天人相分"就空言"天人合一"，不知"断命在天，取命在人"的道理，听"天命"而失"身命"——

甚至以为修心便是修空、修离世，不知“不执着于有就是空”。结果修行者常常“十室九空”，不能得大机大用。宋以后，儒家以佛教精神解儒，又不得其精髓，深陷空疏之弊。清初大儒颜元愤而写道：“朱子教人半日静坐，半日读书，无异于半日当和尚，半日当汉儒。”（颜元《朱子语类评》）。

现代主流文化源于启蒙运动，重理性、物质而轻情志、心性。莽莽撞撞，一心外求，往而不知返。整体上，已经陷入“刺激欲望—满足欲望——刺激欲望——满足欲望”的怪圈。结果必然是资源的枯竭和社会的持续动荡。

两千多年前，《礼记·乐记》的作者感叹道：外物对人的影响诱惑无穷无尽，如果人的好恶没有节制，在外物的影响下，就会被外物所诱惑而深陷其中，成为外物的俘虏，失去人的清静自然本性。人变成外物的俘虏，失去天性，而执着于不断满足欲望，这样就会有悖逆之心，虚伪之心，行事纵欲放荡，为非作歹。于是强暴的人就会胁迫弱小的人，多数欺凌少数，聪明人欺骗愚笨的人，勇敢的人欺侮怯懦的人，病人没人照顾，老幼孤独者无依无靠，这会天下大乱啊！文中说：“夫物之感人无穷，而人之好恶无节，则是物至而人化物也。人化物也者，灭天理而穷人欲者也。于是有悖逆诈伪之心，有淫泆作乱之事。是故，强者胁弱，众者暴寡，知者诈愚，勇者苦怯，疾病不养，老幼孤独不得其所，此大乱之道也。”

随着互联网和人工智能的发展，虚拟现实技术将如毒品一样让人沉浸在幻象中，这将会进一步加速人的物化、异化，乃至奴化。在越来越发达的物质世界中，人类遵守礼义，回归天然本性，已经变成一个紧迫的现实问题。

知体不知用则易弱，知用不知体则易乱——有志于天人之际者慎之！

二、通古今之变

现实是历史的因革损益，历史是现实的活水源头。

读史使人明智。研究历史，是为找到社会发展规律，并将之应用到当下。我们研究今天，展望未来，是为了前瞻社会大势，顺势而行。如果只知古代，钻进故纸堆中出不来，就会思想僵化，脱离现实；如果只知当今，将自己的经验当成金科玉律，遇事只会摸着石头过河，无远略，很可能陷入鼠目寸光的事务主义。

通古今之变要求我们懂得一般规律与现实环境的辩证关系，守经达权，知权达变，关键是要有大略、远志。《韩诗外传·卷二》中记载了这样一件事，孟子的弟子高子向老师请教：卫懿公的女儿为了国家安危，想嫁到大而近的齐国，以便为后援，结果却被远嫁许国，成为许穆公夫人。后来狄人攻卫，许国也不能救。许穆公夫人的想法显然不合乎男女婚事不能自己作主的礼法，可她的诗《载驰》却被编入了《诗经》，为什么呢？孟子回答说，有如许穆公夫人那样的志略则可以，否则不可以。这就如同商代名相伊尹曾经流放自己的国君一样。大道包括两个方面，常久不变的叫经，可以变通的叫权。坚守长期不变的道理，同时又能变通，才可称得上圣人。文中说："高子问于孟子曰：'夫嫁娶者，非己所自亲也，卫女何以得编于诗也？'孟子曰：'有卫女之志则可，无卫女之志则怠。若伊尹于太甲，有伊尹之志则可，无伊尹之志则篡。夫道二：常之谓经，变之谓权，怀其常道，而挟其变权，乃得为贤。'"

现实生活中，我们既要研究古代史，又要研究近当代史；既要研究本国历史，又要研究世界史，从中发现社会发展的规律，根据现实情况，活学活用这些规律，才能通达古今。

真正通古今的高手，绝不会简单地以古为师或以古讽今，而能用古而不留一丝痕迹。做到这一点不易。

知古不达今则易泥，知今不达古则易陋——有志于古今之变者慎之！

三、明东西之分

这是一个全球化时代，越来越发达的交通和通信将世界变成了"地球村"。各个领域，从小企业到民族文化，都直面全球化挑战。

对中国人来说，我们不得不面对过去500年来强势文明——西方文化的冲击。

客观上，它要求我们理解东西方文明的异同，通过“别同异”，发现中华文化的特色。社会人文领域不同于物理化学，不能什么都“与国际接轨”，盲目学习西方是数人家珍宝——中国为此付出了多少惨痛的代价啊！

笔者认为，中西文化最大的不同在人与神关系上，这导致中西方文化看待主客、我他关系的不同。

西方文化的出发点是神与人的截然两分，二元对立。人被赶出伊甸园，意味着世俗与神圣的分裂，政、教两分。中国文化不是这样，人人可成尧舜，每个人都能通过修齐治平达到圣贤境界，政教统一；西方一神教文化，神是绝对主宰，帝在道先。中华大道贯通一切，道在帝先——神也要合乎道。

目前一些研究中国文化的人，一方面以反西方的传统卫道士面目出现，另一方面又竭尽全力将中国文化西学化——儒家要搞成儒教，孔子变教主，研究儒学的人变教士，这种做法简直荒唐，难道西方有排他性的一神教，中国也要搞出个宗教来——这些人闭塞如此，看不到体制化、排他性的宗教使政教两分，不能定于一，是西方社会长期分裂动荡的主要原因之一。①

植根于人类清净本性和社会基本秩序（人伦）的中国传统文化，很大程度上已经被20世纪初留学归国的知识分子删除。对大多数现代中国人来说，从学校教育到生活方式，唯西方马首是瞻。西方文化的基础是宗教，我们不能大规模引入一神教，结果今天中国大陆成为一个伦理道德与价值认同的塌陷区，人人异说，个个迷惘。

这种人生观上的迷惘同喊出“上帝死了”的西方知识界相似。“上帝已死”，何物当立？西方知识精英没有很好地解决这一问题。

知中不通西则易闭，知西不通中则易惘——有志于东西之分者慎之！

技术革命必将引发文化革命，新时代呼唤新文化和新制度。

没有什么力量能阻挡技术进步带来的经济基础变革，以及相应的上层建筑变革。随着经济的全球化及社会的世俗化，可以预见，中国文化在未来将

① 张文木:《基督教佛教兴起对欧亚地区竞争力的影响》，清华大学出版社，2015年。

发挥更大的作用，它意味着中国人更大的世界责任。历史要求我们，究天人之际，通古今之变，明东西之分。

——不仅要做传统的守护者，更要做时代的弄潮儿！

后记：复兴轴心时代的中国文化

公元前800年至公元前200年，是古印度、古希腊、古中国文明集中爆发的时期，德国哲学家雅斯贝尔斯（Karl Theodor Jaspers，1883～1969年）称之为轴心时代。对于轴心时代以来世界史的结构特点，雅斯贝尔斯有过一段精彩的论述："直至今日，人类一直靠轴心期所产生、思考和创造的一切而生存，每一次新的飞跃都回顾这一时期，并被它重燃火焰。自那以后，情况就是这样，轴心期潜力的苏醒和对轴心期潜力的回归，或曰复兴，总是提供了精神的动力。"①

事实证明，过去2000年来，东西方历史上任何伟大的变革都须经历痛苦的再生过程。重回文明的精神母体，返本开新，才能催生一个伟大时代。这个精神母体就是雅斯贝尔斯所说的轴心时代。

21世纪，我们面临前所未有的危机和挑战：资本异化了一切文明成果，民主成为投票箱边的党争，社会退化为原子化个人组成的乌合之众，连人的生存价值都受到了普遍的怀疑——东方人不再追求成圣成贤，走出教堂的西方人选择了放纵物欲……

所有这一切都要求重新校正人类文明的大方向，再次返本开新。

回到轴心时代的希腊吗？从原子论到民主政治到享乐主义，现代文明似乎汲干了希腊轴心时代丰富的思想资源；过去100年和过去1000年的苦难历史告诉我们：无论回归空疏的宋明理学还是咬文嚼字的汉代经学，都无法适

① 〔德〕雅斯贝尔斯:《历史的起源与目标》，魏楚雄、俞新天译，华夏出版社，1989年，第14页。

应这个全球化、商品化和世俗化的新时代。

不能如西方文艺复兴一样再回古希腊、古罗马，也不能复归宋明理学、汉唐经学，人类唯一的选择，就是复兴轴心时代的中国文化。这个文化可以概括为上承西周王官学下开诸子百家的“孔门四科”，包括德行、政事、言语、文学。

所以，过去15年来，我们埋头只做了一件事：整理中华文明内圣外王、道法（术）一贯的学术系统——复兴轴心时代的中国文化！

这个过程不容易！需要闯三个学术“鬼门关”，包括“以西化中”的西学、“以佛释儒”的理学、“以儒代道”的汉学。最后才摸到孔子门墙，中华大道智慧之所在。

“以西化中”的西学假定，西方科学技术领先世界，所以西方一切都先进。这种观念和逻辑是错误的，犹如一个人身体高大，并不能说他人格肯定高大。事实是，中国在人文社会科学领域蕴含着内圣外王一以贯之的大道，不仅不比西方落后，还比西方更为高度发展——把守这个“鬼门关”的是寄生在西式大学里，一心回到希腊轴心时代的人文学者。他们掌握着几乎所有教育资源，除了对中国文化断章取义，以中证西，以西释中，他们实质上反对所有中国文化。这些人哪怕只知道《易经》中的一个卦，或《老子》中的一句话，就声称自己学贯中西；若这些人写了一本或两本有关中国文化的书，马上自命为国学家，到处招摇撞骗。

这个“鬼门关”是过去100多年建立起来的，突破它要求我们独立不倚，甘于坐冷板凳；人类重要的文明成果中国文化不会被消解——没有乌云能永远遮住太阳，中华政教终将大放异彩！

把守第二道“鬼门关”是宋明理学家及其徒子徒孙，他们表面上拒佛学于千里之外，实则明修栈道，暗度陈仓，引佛入儒，以佛化儒，搞得中国文化空疏玄秘，至今仍是这样。中国文化的根本特点是在人伦，乃至在政治生活中修行。宋明理学借鉴佛教、禅宗，搞离世修行，从“明明德”“致良知”开始，进而达到至善至圣的境界——这就如同让一年级小学生学微积分，岂不是害人！

突破这个“鬼门关”，我们应用了近些年出土的儒家心法新材料，特别是思孟学派的核心经典楚简《五行篇》，其中有：“金声而玉振之，有德者也。金声，善也；玉音，圣也。善，人道也；德，天道也。唯有德者然后能金声而玉振之。”作者以奏乐为喻，人道之善喻为击钟（金声），是开始，天道之德喻为击磬（玉振），是告终。《大学》修行当以“止于至善”为起点，终于“明明德”，而非宋明理学家解释的先“明明德”，终于“止于至善”。尽管我们指出宋明理学颠倒本末的错误，让学人修行落于实地，仍然付出了高昂代价。一些人甚至认为我们反对“修行”——这是很遗憾的现实。

第三道“鬼门关”更难突破，它有 2000 多年的历史了。孔门四科之一的文学科，后来逐步演变为儒家。自西汉政府提倡“罢黜百家，表章六经”，儒家反客为主，以儒代经（学），以儒代孔（学），导致中国文化德行、政事、言语诸科长期隐而不彰。汉以后儒家所注重者，只有经学本本，忽视搞政治、经济、外交、法律的政事、言语诸科——中华内圣外王大道只剩残破的文字躯壳。没有灵魂的族群必然衰弱下去，这是汉以后中国历史的大趋势。直到中华人民共和国 1949 年成立，才扭转了这一趋势。

必须指出，儒家独尊不仅是思想文化问题。西汉后期，儒家已背离中华政统，提出明确的政治经济学主张，其核心是小农主义的自由市场经济。这些儒家与土地资本结合，成为弱化国家的士绅地主阶级，直到中国共产党领导的新民主主义革命和社会主义革命，才将它们扫进历史垃圾堆。今天，在西方战略和文化大革命等诸因缘的刺激下，儒家独尊几乎到了无孔不入的地步。对于西方某些战略家来说，儒家的最大价值就是其破坏性的自由主义政治经济学——若儒家思想同国内外强大的金融资本结合起来，可能成为中国最大的威胁，我们必须高度警惕！！！

闯过西学、理学、汉学三个“鬼门关”，我们才走到今天。其中风风雨雨、酸甜苦辣，后世可能很难体会到。幸运的是，我们遇到了南怀瑾先生、余云辉博士这样的社会贤达，没有他们的鼎力帮助，很难想象我们能够坚持到今天。

万里长征，刚刚起步。未来我们将面临漫长而艰苦的宣传工作，如何将内圣外王高度发展的中华大道，以短小精悍、喜闻乐见的形式展现给世界？这是很复杂的问题。

复兴轴心时代的中国文化，这是历史使命！若对内膨胀物欲，对外膨胀资本的现代资本主义再不改弦更张，人类只会离“因人情、节人欲”的东方礼义文明和西方宗教文明越来越远。如《礼记·乐记》所预言的那样，这样下去必将导致人的物化（“人化物”），那是丛林法则支配的“大乱之道”！

为了人类文明的可持续发展，我们必须复兴中华文明蕴含的生生大道。中华 5000 年持续发展的历史是对这一大道有效性的最好证明。

除此之外，我们看不到其他选择……

西方文明范式整体出了问题。更多的人将会看到，今天的生态危机、社会危机、精神危机等等，其本质是垄断资本过度膨胀的结果。垄断资本早已突破了人类文明的底线，不仅异化了资本本身，也异化了孕育它的精神母体西方基督教文明，包括倡导勤俭、洁净的清教精神！

让东西方不同宗教、不同族群、不同地域的人团结起来，充分借鉴中华文化“因人情、节人欲”的礼义大道，回归对内节制欲望、对外节制资本的正常文明轨道！

——那是通向未来的金光大道！